中外文化心理比较三书
Comparison of Sino-foreign cultural psycholog

解读"大和魂"

"缺德"的日本人

程 麻 著

中国社会科学出版社

图书在版编目(CIP)数据

解读大和魂："缺德"的日本人/程麻著.—北京：中国社会科学出版社，2012.10
ISBN 978 - 7 - 5161 - 1576 - 3

Ⅰ.①解… Ⅱ.①程… Ⅲ.①民族心理—研究—日本
Ⅳ.①C955.313

中国版本图书馆 CIP 数据核字(2012)第 239088 号

出 版 人	赵剑英
责任编辑	李炳青
责任校对	王兰馨
责任印制	张汉林

出　版	中国社会科学出版社
社　址	北京鼓楼西大街甲158号（邮编100720）
网　址	http://www.csspw.cn
	中文域名:中国社科网　010 - 64070619
发行部	010 - 84083685
门市部	010 - 84029450
经　销	新华书店及其他书店

印　刷	北京市大兴区新魏印刷厂
装　订	廊坊市广阳区广增装订厂
版　次	2012年10月第1版
印　次	2012年10月第1次印刷

开　本	710×1000　1/16
印　张	21.75
插　页	2
字　数	336 千字
定　价	48.00 元

凡购买中国社会科学出版社图书，如有质量问题请与本社联系调换
电话:010 - 64009791
版权所有　侵权必究

"中外文化心理比较三书"总序

回顾这三本中外文化心理比较研究小书的成书与积累经过，可以比附一句耳熟能详的俗语，就是"有意栽花花不开，无心插柳柳成荫"。

说得更准确点，前半句也许应改为"有意栽花花难开"才对。因为这三本书毕竟先后一一面世，不仅"开花"，也算"结果"了，但依作者的由衷感受，它们每本都并非"神来之笔"，各自成书的过程也难称顺利。其中除了自身学养浅薄，差不多每本都写得捉襟见肘之外，还遭遇过种种非个人条件的限制，当年"难产"的焦灼，与费心栽花却迟迟难开时的尴尬相比有过之而无不及。但始料未及的是，当初只是兴之所至，彼时彼地感到应该写这样几部书稿，尽管力不从心事不随意，仍执著初衷而不愿放弃，事先并没有要构成一套丛书的设计。不想一路磕磕绊绊走来，最终积累的这三本书稿，竟能组成一个小小系列：话题无非民族文化精神，中外各有侧重；论述涉及东西心理异同，多用比较方法。如今集束成系列书一起面世，或可对读者全面、系统思考中外文化关系有启示和参考价值。虽然它们充其量只能算作几株摇曳多姿的柳枝，尚无资格成为学术百花园里的国色天香，但若能为世界人文话语生态增添些许生机或绿色，则幸甚。

首本《谈古论今说"圆满"——中国文化心理偏失》原名《中国心理偏失：圆满崇拜》，写成于20世纪末，初版在新旧世纪之交。当时中国民众和学术理论界"拨乱反正"的气氛尚浓，文学研究者对"文化大革命"

登峰造极的极"左"思潮口诛笔伐不遗余力。依个人理解，中国现当代文学观念遭受的最大伤害，一是人物性格概念化，一是叙事情节公式化，后者的典型模式便是所谓"大团圆"结局。而当真要就中国人这一传统心理偏失对症下药，便不能不力求摸清包括历史、宗教、文学艺术和哲学等多层次的显或隐的"病灶"，但这其中碰到的问题不但枝蔓繁杂，在进行有针对性论辩时难免存在情绪化的成分。这次在对原书做较大幅度修订后重印，已将"大团圆"情结看作是中国人的"病来如山倒，病去如抽丝"的慢性心理疾患，论述语调更为冷静与理性，以求产生持久调理的效果。

第二本《解读大和魂——"缺德"的日本人》，是作者前些年在中日比较文学与比较文化研究中对日本文化心理传统特点的一些感受与领悟。其中感受是指在日本生活、进行研究期间对当地社会现象与民众习俗的亲身体验；领悟则是不满足于浮光掠影地介绍日本的风土人情，而是想对日本人的普遍心理习惯有切中要害的点拨和揭示。这样一来，书中文字也许有些直率而不留情面。此书在初次面世时，因出版方担心加剧稍显紧张的中日关系，曾不情愿地被改名为《零距离的日本》，此次修订后恢复原书名。

第三本《和山姆大叔对话——中美文化心理比较漫谈》为初次出版，是个人关注与研究中美文化关系的尝试。这一兴趣源于前些年翻译、出版清末民初在作者故乡山东省龙口市（旧称黄县）生活半个多世纪的美国传教士普鲁伊特家族的回忆录，以及编辑翻印他们存留的珍贵老照片。当年，这个美国家族对那里民众的喜怒哀乐感同身受，他们对中国历史、社会与文化传统的认同与友善态度，曾吸引我深入思考当今中美两国的关系，期盼这两个在种族构成、社会模式和文化心理方面都存在巨大反差的国度，能为相互理解与优势互补的世界前景，摸索出一条史无前例的合作共赢之路。

显而易见的是，仅靠本人"无心插柳"累积的这三本小书，实难成为供各国、各民族共享的文化"柳荫"，应该有更多的耕耘者来开辟与培育中外文化心理比较这片崭新的学术园林。这三块粗糙的"砖石"无非是高质量的中外文化心理比较的"美玉"问世前的热身而已。

程麻于 2012 年春节

前　言

解读"大和魂"

说起中国和日本这两个东亚邻居之间的关系，自古以来两国人都愿意用"一衣带水"来比喻彼此的距离近在咫尺。

但在实际上，中日之间隔着像一条"衣带"似的太平洋水域，在交通不发达的古代，未必意味着抬脚就到，难以随意往来。比如，传说中的秦朝人徐福曾率众东渡，最后竟不知跑到哪里去了，古代日本到中国的"遣唐船"多有半路失事的，唐朝的鉴真和尚应邀东行弘扬佛法，数次出海才登上了日本国土，还害得双目失明……这些例子都说明，"一衣带水"的比方说得既形象又近乎，可实际上日本在中国人心目中的印象，却始终像古诗里所说的"极目扶桑千万里"，遥远而又缥缈。反过来也是一样，要是近代以来日本对中华民族的世道人心能有确切如实的认识，即使有觊觎中国领土的野心，恐怕也会像俗话所说"有贼心没贼胆"，未必敢于冒战败亡国的莫大风险来染指中国。可见，中日两国之间的真实距离，无论在地理还是在心理上，都并非像"一衣带水"，不是那么轻易能够跨越。

自然无法否认，中国和日本的民众大都怀有与邻为善的真诚愿望，但直到近年来，中日两国之间仍旧恩怨与摩擦不断，时时叫人揪心。这不能不让人想起日本一位研究中国问题的著名学者竹内实先生在谈论日中关系时的一个经典看法，叫做"友好容易理解难"。为了改变至今两国彼此认识上的云山雾罩、似是而非的种种认识，唯一的办法就是尽量缩短两国间在地理与心理上的距离，尽量就近且深入地观察与体验彼此的社会状况和文化传统，才能如实、准确地理解对方国情的本质。正是出于这样的想法，笔者根据自己在日本的亲身感受和长期积累资料，尝试向中国读者描述与解释日本这个既近又远、既熟悉又陌生的邻居。希望尽可能地展示千姿百态的日本历史与社会的"万花筒"，最终揭示出日本人心理的根本特征，目的是想送给读者一组能够快捷打开日本传统"暗箱"的密码，使人们对"大和魂"的认识更为透彻与准确。

各种论"文化心理"的著作

值得说明的是，本书在概括日本文化传统时使用了有些刺眼的"缺德"一词。在一般中国人心目里，这句老百姓嘴上的俗话含有强烈的轻蔑意味，甚至充满着厌恶与仇视的情绪。而本书的目的则想使中国人因屡受日本侵害所积累的情绪"浮财"，积淀或升华为一种理性的"不动产"，立足于对东邻民族文化精髓更准确、深刻的理解，去推动中日两国人民向前看，寻找两国睦邻关系的新途径、新状态。像这样基于善意与理解的愿望，去解读邻国文化特征的读物，其中竟有如此不文雅的字眼儿，难免引起国内外读者的误解或错觉。但令笔者感到无可奈何的是，从开始酝酿这本小册子至今，思来想去，还是没有找出比"缺德"二字更含蓄或委婉的字眼儿，来恰当地描述日本文化传统的基本特点。也许只有这"缺德"二字,才可以准确反映伦理根基深厚的中国人审视日本文化传统的独特角度;也只有这"缺德"二字,才能够恰如其分地说明日本那种推崇实力与自然却相对忽视伦理道义的传统心理。如果说得深奥一些,本书是想以中国人的眼光,去解释日本学者黑住真在《日本新儒教知识与近代化》一文中的观点,即"按日本之知识特征,一般说来有以下三大印记,即非原理主义、非理想主义、非道德主义";或者借用一位意大利学者对日本文化的观感:"传统的日本思想在研究绝对物问题、存在的本体论根据以及我们周围事物的基本性质时,其答案简单、直接、明了,即全部实在皆在此地。不仅在此地,而且是在此地、此时。"①

这些对日本文化传统的抽象说法究竟是什么意思呢?这里不妨补充几段具体的论述来加以解释。像一位曾对日本有过长期观察的前新加坡驻日本大使,曾在一本著作里这样概括日本人的生活:

> 日本人生活在脆弱的岛屿上,这里拥挤,无依无靠,但却优美。他们脚下的地面摇颤,群山咳嗽似地爆发,大海无休无止地冲刷着支离破碎的海岸,狂风从弯曲的树上撕下叶子。他们的生命抵押给变幻不定的残酷自然,并被造化的自然事物所束缚。他们的民族没有兄弟意识,力量来自信条和社会中的集体。为了生存,他们不得不斗争。他们的目标并非一成不变,只要生存需要,就能驱使他们接受时代的挑战。日本人只知道跟随着能掌握权力并告诉他们干什么的领袖,而不在乎被领向何处。②

这是说,长期而独特的生活条件和历史环境,使日本人的思维方式与文化心理形成了偏重于依赖自然与尊崇实力的特点。他们善于随机应变以求生存,至于对善恶或是非之类的伦理观念,则并不怎么在意。

至于日本的对外关系,意大利人利玛窦早在 1602 年绘制的《坤舆

---

① 马赖尼:《日本和未来:"日本人"论文献的提示》,《国际经济学与商学评论》第 22 卷第 7—8 期,马拉诺出版社 1975 年版。

② 李炯才:《日本:神话与现实》,台湾远流出版公司 1996 年版,第 385 页。

万国全图》中，就说当时的日本是："尚强力"，"权常在强臣"，"其民多习武，少习文"，认为日本人重武而轻文，总是恃强凌弱。而当自己与强势国家的差距缩小时，一旦"战败"的感受逐渐淡漠，便会再次诉诸武力。而在过了三四百年以后，一位前美国驻日本大使仍旧觉得："西方人以为，日本人既已仿效西方的服装、语言和习俗，就一定会像西方人那样思考问题。这是最大的谬误。东西方之间的条约义务之所以总是易有误释，易起争论，这是原因之一。并不是说日本人签字承担义务时总是不屑遵守。这里只是说，当那种义务和他们认为的切身利益有抵触时，他们就将按自己的需要来解释这种义务，而且照他们的见解和心理状态来看，这样做倒也许还是十分诚实的。现今中日争端中发生的情况，实际上就是如此。"①

如果说外国人对日本文化的分析可能带有旁观的性质，那不妨再看看日本学者是怎么剖析自身传统的。一位著名日本社会学家说：

> 日本人很重视实在性，并且注重适应情况变化的机变性，但日本人却既未建立，也不相信一般法则。因为一般法则虽然可以适用于任何情况，在本质上是同直接现实性背道而驰的。②

与中国人信奉的"有理走遍天下，无理寸步难行"的观念相反，日本人对世事的评论往往就事论事，其褒贬大体是以实力为是非的标准。这位日本社会学家在接受采访时，曾把日本文化的这种性质称为"没有原则的国家"，说日本是"软体动物"；相比之下觉得中国是"有原则的国家"，是"脊椎动物"。另一位在日本与中国两国文化研究方面都有造诣的学者竹内实，还说过中文给人的感觉是"干燥"，而日语是"柔软"和"湿乎乎"的，其意思与那位社会学家说的差不太多，都是指日本文化传统不怎么强调伦理原则与是非尺度。另外，像日本作家司马江汉也解释过日本人的这种"非合理主义"文化传统，他说："我是日本人，不好究理。""吾国人不善万物究其理。""世上事，道理

---

① 约瑟夫·格曼：《使日十年》，商务印书馆1983年版，第89页。
② 中根千枝：《日本社会》，天津人民出版社1982年版，第128页。

讲不清。"其意思相当于中国人所说的"胳膊扭不过大腿",并没有什么所谓"天公地道"的理念,处世哲学的立足点是顺时势以求发展。

这种文化传统具体反映在文学方面,则形成了所谓"肉体文学"、"自然主义文学"或"实感主义文学"等风格,让日本学者来解释,这是指:

> 在艺术方面也好,在文学方面也好,当前暂且称之为装饰主义和写实主义的两种倾向,实际上是出于同一渊源的一个东西,那就是一种感觉主义,是认为感觉的、日常的、经验的世界就是原原本本的现实,就是唯一的存在、不承认有超乎这个世界的任何种类的存在这种世界观的两个侧面的表现。①

总起来说,以上这些人不约而同地把日本文化归结为"实体性"的特征,也可以说成是现实性、具体性、自然性、直接性甚至是肉体性,等等。相对于像中国这样视人伦规范为"天经地义"的文明类型,日本人明显反映出不太热衷于道义标准或伦理信条,这就是所谓日本文化"任性崇力",或者叫"重势轻理"的特质。具体是指:主导日本百姓世俗生活的是所谓"自然意识",如喜欢融入自然,对情欲的纵容大于约束;他们在处理社会与世界事务时遵循的是"实力原则",推崇实力就是合法,不惜趋炎附势,甚至不以恃强凌弱为耻;其归根结底的症结在于,日本人的哲学和心理观念扎根于"实体思维",愿意就事论事,讨厌中国人信奉的"天公地道"之类的大道理或者抽象概念。如果以中国儒家道德的仁、义、礼、智、信这五条伦理标准去测评日本文化,让人觉得日本人的礼、智、信三方面发展得比较充分与健全,而深层心理的仁与义的观念却相对薄弱。

如果中国人能够调整自己的思考习惯与心态,冷静客观地去审视日本文化心理,不难明白本书所用的"缺德"一词,绝不含中国人惯常理解的那种"衣冠禽兽"或"不齿于人类"的贬损之意,不妨将其作为一个中性词语看待,其主要的意思是:日本文化传统不怎么看重人伦

---

① 加藤周一:《日本文化的杂种性》,吉林人民出版社1991年版,第31—32页。

准则，宁愿依据实际力量来决定社会秩序甚至是国际关系。这种"缺德"意味着相对忽视人作为情义生灵根本有别于弱肉强食的动物，当然意味着一种偏失。若非如此，日本便不会在历史上屡屡恃强凌弱，最终深陷侵略战争的"泥沼"而难以自拔。从另一个角度来说，相对于伦理色彩浓厚的中国文化传统而言，日本人较少受抽象观念的约束，又使他们执著于客观事物本身，日本人大都认真敬业，与此有相当大的关系；至于在国际上，则使日本能够随机应变甚至称雄于一时，历史证明了这种文化特征并非没有长处。关键的问题在于，这种长处会朝什么样的方向发展，以及如何恰如其分地驾驭它。

为了说明日本人的"缺德"具有褒贬与是非兼备的性质，这里提供一个典型的事例：

近代的明治维新以较小动乱为代价使日本成功实现了向现代国家的转型，而中国却经由一系列翻天覆地的革命才最终推翻了封建王朝的统治。关于这一问题，中外历史学家不知道花费了多少笔墨加以对比与分析。笔者觉得，以前不少文章在论述这一问题时大多显得隔靴搔痒，是因为始终未能抓住其中的根本。因为从文化本源上说，像中国这样长达几千年以血缘亲族为轴心的社会权力传统，皇族决不肯轻易把权柄授予外姓或外族人。只有一代不如一代，到了皇室人丁难以为继的地步，才可能经过长时间的"天下大乱"，不得已实现"改朝换代"。这种"船大难掉头"的迟滞步伐，不能不归罪于中国文化的血亲伦理传统过于根深蒂固。而日本的家庭与权力结构，历来大都以非血缘的"实际能力"为选人标准。像中世纪以后漂泊不定的日本"浪人"群体，几乎相当于各级政权机构或经营团体的人才"后备军"。他们可以轻易改姓更名以求执掌各种权力。明治维新能够顺利见效，原因之一在于日本历来有这种无视宗族关系而着眼于实力的用人机制，不必"连锅端"便可以实现政权的更迭。这不能不说是日本民族的大幸。

由于中日之间的文化传统有如此大的差异，当两国出现摩擦或回顾历史时，即使中国人以"缺德"二字去指责日本人，他们也未必会觉得难堪或者恼羞成怒。这并不是说日本人不懂得什么叫"耻辱"，而是指日本人对"耻辱"有与中国人截然不同的理解。中日两国人之间很多时候难以相互理解与沟通，往往就是因为两种文化类型价值标准的差异。

　　以上对日本文化根本性特征的概括也许过于抽象与粗略了。一个民族的文化传统是反映在有血有肉、丰富生动的社会现实中的。考虑到一般读者的阅历和知识基础，为使中国人能够兼顾感性与理性地正视日本的社会与历史，对其文化传统特点的认识能够由浅入深，本书选取了"实看虚说"的写法，即：首先为那些尚未去过日本或虽已到过日本却视野有限的人们，尽可能图文并茂地介绍那里的种种风土人情，以求他们形成对这个东洋岛国的感性印象；在此基础上再深入一步，尽量借鉴古今中外剖析日本文化的学术成果，更准确地挖掘出日本文化传统的精髓，并在此基础上，做出一些足以令中国人甚至包括日本人在内的外国人口服心服的判断。至于在文字风格方面，本书注意以下两点：

　　一是尽量避免抽象、空洞的议论。大量搜罗具体鲜活的生活镜头和有关的历史例证，通过作者的实际感受，简洁生动地描述这个东方岛国的社会众生相，其中穿插着作者在日本实地拍摄的不少照片。对日本国情不太熟悉的人不妨看看"热闹"，而试图探求日本文化真谛的人则能从中看出"门道"来，不再仅凭一知半解或者偏听偏信，继续对日本人感情用事。

　　二是本书贯穿着日本文化与其他民族传统相互比较的眼光。这种"比较文化"的眼光，着眼于不同民族之间的文化心理差异，就是指：你把一个问题当回事儿，人家却并未必也那么当回事儿；你觉得是无谓的小事，也许人家会觉得是挺重要的大事。中国"心安理得"的俗话也许说"理得心安"更准确一些，因为各民族的人都是根据自身认同的传统之"理"，即自身认同的做事准则，自行其是而理直气壮的。如果与自己所信奉的"理"相违背，人们就会觉得是"奇"，是

陈舜臣著：《日本人和中国人》

"怪"。中国人应该冷静地看清，日本这家近在咫尺的邻居，归根结底属于与中华文明有着巨大反差的"异域文化"。中国人千万不能按照自己的道德标准去判断日本民族的价值系统，要正视他们那些不同于中国人的伦理关系或道义尺度，明白其心理倾向其实另有独钟。

笔者相信，本书这种描述多于说理，特别是借助于多方对比去理解日本文化的方法，不仅适合广大读者的口味，也可以避免诸多解释日本文化的著作中以偏概全的毛病。尽管已有人声明："时至今日，我仍认为任何外国人评判日本的书籍都很靠不住。我本人是决不会采取那种用外国人的尺度去衡量、比较日本的近视与聊以自慰的态度。"① 然而，决不能因为曾经出现过某些偏失，便否认借助于外国的镜子去反映日本文化优劣长短的必要性。因为这种分析方法确实有过成效。有的日本学者承认："我们从朝鲜方面看日本，可以看到日本的讨厌面；从中国方面看日本，可以看到日本的浅薄面。"② 笔者认为，那些在中国人看来似乎属于"缺德"的心理倾向，恰恰正是日本文化的奥秘所在。只有看透了日本文化传统的这些特点，才有可能从根本上纠正以往中国人及其他各国对日本民族的诸多纠缠不清或支离破碎的印象。

实际上，战后那本被誉为对日本文化最具"深刻洞察力"的露丝·本尼迪克特所著的《菊与刀——日本文化的类型》一书，也是有意无意借助美国人相对单一的欧美文化视角，从而窥探出了日本文化内含的双重与矛盾结构，如爱美而又好斗、自尊而又狂妄、服从而又不驯，等等。事过半个多世纪以后，人们越来越清楚，这本具有为战后美国对日政策提供咨询性质的著作，主要着眼于日本文化那种模棱两可与对立并存的特点，并未挖掘出潜藏于日本文化双重与矛盾结构之下的根本特质。正因为如此，其促使美国人基于自身的利益，在一种程度上利用与纵容了日本文化病态的方面。美国在推动战后经济发展方面曾有恩于日本，但最终却对日本东山再起后的咄咄逼人之势束手无策，其原因概源于此。

反观中国，从 20 世纪开始，因有感于东方邻居的迅速崛起，也不

---

① 樋口清之：《日本与日本传统文化·前言》，南开大学出版社 1989 年版。
② 鹤见俊辅：《日本人与日本传统文化》，台湾学生书局 1984 年版，第 4 页。

断有人试图揭开日本文化的神秘面纱。近年来，更有不少留日学生和旅日华人写过一些谈论日本人的著作。但是，其中除了沉湎于个人旅日经历的苦辣酸甜之外，多是对日本社会人情冷暖的欷歔、感叹与抱怨。由于笔者痛感到一般中国人尚未对日本文化真正"入门"，挠到"大和魂"痒痒筋的更如凤毛麟角，才下决心通过这本著作，交给人们一把打开日本文化之门的钥匙。至于这本读物是否能引导人们进入日本文化的堂奥并看清其中的奥秘，只能期待读者看完本书之后，凭借个人的感受去判断了。

目 录

前言　解读"大和魂" …………………………………（1）

绪论　一家陌生的邻居 …………………………………（1）
　一　"近邻不如远亲" …………………………………（1）
　二　中国人的"日本童话" …………………………（8）
　三　中日"同种同文"吗？ ……………………………（14）
　四　"中"之国与日之"本" …………………………（20）

上编　列岛纵横

　一　樱花、富士山和折扇 ……………………………（29）
　二　日本人从哪里来？ ………………………………（40）
　三　天皇、狸与桃太郎的传说 ………………………（50）
　四　"武化"传统 ………………………………………（62）
　五　"秩序"社会 ………………………………………（75）
　六　从"一洗了之"到"一死了之" …………………（85）
　七　"祭"和日本政治 …………………………………（97）
　八　也说明治维新 ……………………………………（110）

中编　日本"杂种"文化

　一　"杂种"文化 ………………………………………（121）

二　汉字与假名 …………………………………（129）
　三　"道"之种种 …………………………………（137）
　四　工匠"诺贝尔" ………………………………（146）
　五　一家日本和尚 …………………………………（155）
　六　宦官和科举 ……………………………………（164）
　七　可怜日本青少年 ………………………………（172）

下编　多"礼"少"义"之邦

　一　从"残留孤儿"说起 …………………………（185）
　二　日本之"礼" …………………………………（195）
　三　百年奇辱"慰安妇" …………………………（205）
　四　日本的富与穷 …………………………………（216）
　五　"狗模人样" …………………………………（227）
　六　干吗非参拜靖国神社不可？ …………………（236）
　七　说三岛话石原 …………………………………（248）
　八　日本文人和中国士人 …………………………（258）

补编　友好不易理解难

　一　"友好容易理解难" ……………………………（271）
　二　周氏兄弟与日本 ………………………………（279）
　三　电影《紫日》和《鬼子来了》 ………………（287）
　四　敬告日本人 ……………………………………（295）

编外　中日文化心理比较杂谈

　一　相互理解非易事 ………………………………（307）
　二　大小之辨 ………………………………………（314）
　三　好坏之分 ………………………………………（320）
　四　内外之别 ………………………………………（327）

后记 ……………………………………………………（332）

绪 论

一家陌生的邻居

一 "近邻不如远亲"

中国人常说"远亲不如近邻",意思是与远在天涯的亲属相比,左邻右舍低头不见抬头见,比远方的亲戚更容易互通有无,更觉亲切,邻居们应该以亲属般的情谊相处。

至于日本,尽管我们视之为近邻,日本也有"中国是我们的邻居"的说法,可要是回顾中日两个素称"一衣带水"的邻国之间的关系,笔者总觉得还是说"近邻不如远亲"更恰当一些。这里所谓的"近邻",指的是近代以来中日两国的相邻关系;而所谓"远亲",则是说自古以来中日民族之间那相近的血亲缘分。中日两国的关系显然是越往前说越亲密无间,甚至会有"五百年前是一家"的感觉;而越往近来则越显得形同陌路,有段时间甚至是以邻为壑,"兔子偏吃窝边草",回想起来实在让人心寒。这就是所谓"近邻不如远亲"。

那么,曾有过几千年交往的中日两国之间,怎么会导致如此有悖于人之常情的状况呢?

这首先得从两国的相对地理位置说起。

如果把中国看作位于"亚洲陆地板块"的纵深之地,那么日本无疑处在这一板块的东部最外缘。有的地理学家把日本形象地比喻为"花彩列岛"(Festoon Islands)。其如同一大串五彩斑斓的珍珠链,与西南的琉球群岛以及东北的千岛群岛连为一线,共同构成了整块亚洲大陆的远东边界。日本列岛既是亚洲陆地的对外延伸，又像是一道漫长的堤坝，阻挡着令人生畏的滔天海浪对东亚大陆的不断冲击。

所谓的"大陆板块"之说，既是一种地理和地质学概念，实际上也与人类文明类型的布局相对应。也就是说，地质演变史上的每一个大陆板块，差不多同时又是一个人类文明区域，像"非洲大陆板块"上的非洲文明、"欧亚大陆板块"上的欧亚文明，以及"美洲大陆板块"上的美洲文明，等等。如此看来，位于亚洲大陆东部沿海中的日本，仿佛就是亚洲文明类型的东部最前沿。这使人想起日本著名画家东山魁夷在《唐招提寺的魅力》一文中说过的一句话："日本是远东的岛国，可以说是外来文化的终点站。"还有人把日本形象地描绘成收拢一切外来文化的最后"刮集堆"，说"各种各样的东西一下子刮进来，都在这儿堆积起来。因为没有办法再刮走，所以就成了多层的，那就一定要想办法把它们消化掉。"[①] 而日本著名的中国研究家竹内实先生积终生研究中国的丰富体验，曾形象地给日本文化定位：一是把日本比喻成古代长期来往于欧亚两大洲之间的"丝绸之路"的终点，认为那里是展示欧

中国研究家竹内实

---

① 依田熹家：《日中两国近代化比较研究》，北京大学出版社1991年版，第191页。

亚文明的博物馆；一是将日本视为便于观看亚洲舞台自古不断上演的人类活剧的观众席。①

比如，同亚洲大陆与日本列岛的关系相似，在相当长的历史时期里，中国和日本两国之间在文化上总是处在某种先与后、主与从、施恩与受惠的关系。人们不免愿意向远古追溯，猜测那东海岛屿上的居民与亚洲大陆人早就有种源或血缘的关系。

中国历史上关于秦始皇派徐福去东海仙岛采集长生不老药的记载，原本是扑朔迷离、无法确实考究的假说，但后来人们大都相信其率领的3000童男童女落脚之地便是东瀛的"日出之国"。

到唐朝的时候，漂海西来的日本人阿部仲麻吕不仅怀有朝圣似的虔诚到中国"取经"，甚至死心塌地地在唐为官，最终葬身黄土而无憾。

中国历史上唯一一次以武力远征日本，是蒙古族皇帝麾下的骑兵，其结局是遭遇台风而全军覆没于九州海外。据游历过中国的意大利旅行家马可·波罗在他的《游记》第3卷第2节《日本岛和大汗对它的进攻》里记载，之所以会发生那样一次神奇的战役，是因为蒙古人听说日本是遍地布满黄金的国度。他们出兵征讨日本，颇有点儿探奇寻宝的嬉戏色彩。

而令人意外的是，越往近来，人们都说"地球村"在日益变小，可中日两国之间却显得逐渐陌生起来了，彼此对"近邻"反倒失去了以往对待"远亲"那种敬而远之的态度。

在明代，来自日本的"倭寇"的掳掠曾经猖獗一时，令中国东南沿海一带深受其害。迫于防范海盗，明朝介绍东邻日本情况的书籍较前多了一些，但其中的介绍与描述并不比以前准确，很多文字仍是沿袭前人如《隋书·东夷传》里对日本地理的误解，说什么其地"东西数千里，南北数百里"，连方位也搞不太清楚。像李言恭、郝杰所写《日本考》一书，竟说日本首都以东，地方广袤，连倭人自己都弄不明白，

---

① 竹内实（1923— ），日本著名中国研究家。出生于中国山东省。儿时成长在中国，后回日本读大学。先后任京都大学人文科学研究所所长、名誉教授等。出版过《毛泽东的诗与人生》、《友好容易理解难》等大量著述。关于日本为"丝绸之路"终点和日本与中国之间有如舞台和观众席的关系的说法，见《舞台和观众席——中国研究的视角》，《竹内实文集》第1卷，中国文联出版社2002年版，第441页。

更何况是中国人呢!

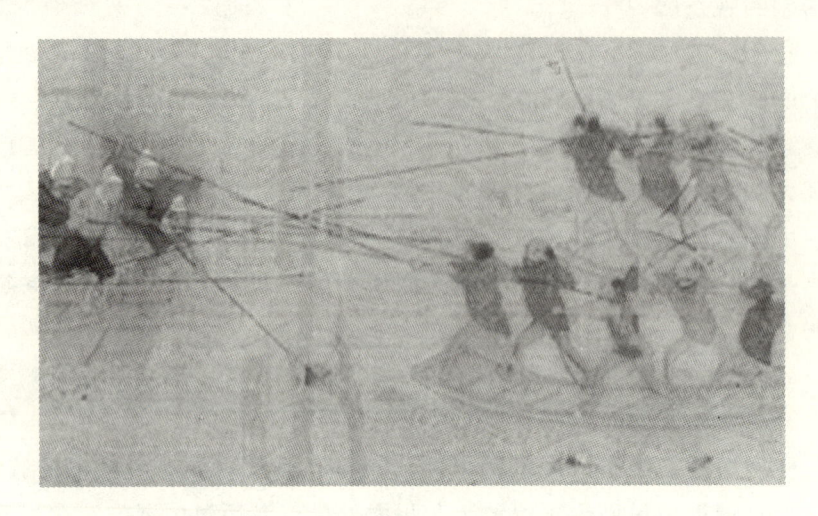

倭寇

到清朝乾隆年间,日本已不是前来朝贡的国家了,可当时编撰的《皇清职贡图》一书,仍将其列在朝贡国的名单之下,对日本的介绍仅仅只有139个字,简单到了极点。

直至甲午中日海战以前,中国人对日本的认识仍旧常出笑话。比如,东南沿海一带有些商人去日本从事贸易,带回了日本铸造的"宽永通宝"钱币并一度流行开来。"宽永"本是日本后水尾天皇与明正天皇使用过的年号(1624—1643),而清朝的官员竟以为这些钱币是中国百姓私自铸造的,于是下令查禁。但怎么也找不到私铸钱币的人。幸亏后来江苏有人在当时一位学者的文集里发现了日本历史著作《吾妻镜》中的一篇序文,才弄明白了那些钱币来自东邻。

到了近代中国,眼界开阔的著名学者黄遵宪身为清朝驻日本公使的幕僚,在日本生活数年后写出了《日本国志》,中国人对东邻昧于了解的局面才有改变。黄遵宪在该书的《叙》中感叹说:"余以观日本士夫,类能读中国之书,考中国之事;而中国士夫好谈古义,足以自封,于外事不屑措意。无论泰西,即日本与我仅隔一衣带水,击柝相闻,朝发可以夕至,亦视之若海外三神山,可望而不可即。"他预见,这种状况最终有可能导致中国受"近邻"之害却无力抵御的危险后果。

后来的改良派人士梁启超,称得上是一位对时局相当敏感的人物。他为重印黄遵宪的《日本国志》作过一篇《后序》,其中也说:"中国人寡知日本者也……在黄子成书十年久,谦让不流通,令中国人寡知日本,不鉴、不备、不患、不悚,以至今日也。"而从此以后,很久再没有见到全面或者准确论述日本国内现状与动态的著作。直到20世纪20年代,有个名叫缪凤林的人,在其所著的《日本论丛》第一辑《弁言》中,还抱怨说:"黄书虽终于明治,然以其采摭之繁富,论断之明通,吾则黄氏殁后数十年,求一书能继《日本国志》后者,杳不可得。"这些话让人感到有些不可思议,即近代以来中国对日本实际情况的研究何以冷清到如此地步?至于一般中国老百姓对日本的了解之少也就可想而知了。

实际上,从康有为、梁启超直到创建中华民国的知名革命家,其中不少人有过在日本生活和学习的经历。在某一时期,中国人留学日本甚至形成过难以想象的"热潮"。比如,与留学欧、美等国相比,中国学生去日本读书曾有所谓"不算出国的出国"的说法,可见东渡的方便和捷近。然而,如果说句失敬的话,读过各个时代出版的中国留学生谈论日本国情的书籍和文章,总让人有点隔靴搔痒的感觉,其中很少有人从总体的角度去归纳与透视日本文化的整体与本质特征。不是以满足未曾去过日本的中国人的好奇心为目的,蜻蜓点水似地游览东邻岛国的山水,就是局限于个人在日本的生活与读书经历,对种种磨难耿耿于怀,对日本社会的憎恶和怨恨远远大于对其认真理解的努力。

梁启超在日本创办《新民丛报》

这里，不妨举两个事例：

一个例子是，清末改良派领袖康有为和梁启超，曾经把日本明治维新初期的"王政复古"思想作为自己变法的指导观念。这种借鉴，自然不失为汲取日本近代化经验的一种努力。不过，康、梁的这种想法，显然是不明东邻政治变革内在机理的皮相之谈，是对日本明治维新全过程的断章取义。因为他们在说到明治维新之后，都是一步便跨到了制定宪法的阶段，并没有注意到在这二者之间，日本还曾发生过波澜壮阔的自由民权运动。如果没有后者而只有新成立的明治政府，日本是不可能有后来制宪与开设国会之举的。即使是以孙中山为代表的革命派人士，也缺乏对日本明治时期民众运动的理解与认识，这很可能是导致辛亥革命后中国军阀混战、四分五裂的原因之一。

另一个例子是周作人。周凭借长期留学日本的经历和对日本文化的好感，是现代中国"知日派"的代表性人物。他在收入《药味集》的《日本之再认识》一文中，曾把对日本文化的审视区分为两种类型，其中说："我们前者观察日本文化，往往取其与自己近似者加以鉴赏，不知此特为日本文化中东洋共有之成分，本非其固有精神之所在，今因其与自己近似，易于理解而遂取之，以为已了解得日本文化之要点，此正是极大幻觉，最易自误而误人者也……应当于日本文化中忽略其东洋民族共有之同，而寻求其日本民族所独有之异，特别以中国民族所无或少有为准。"他不同意以往热衷于寻找中日文化之间相同之处的习惯，而认为日本是一个与中国文化传统有巨大差异的民族，这比众多津津乐道中日"同种同文"的论调显得清醒。然而可悲的是，周作人基于对日本文化的偏爱，终生没有觉察到日本民族那种重"势"轻"义"、唯"力"是图的传统意识，是与中国"士不可夺其志"的伦理观念根本对立的。后来其竟认同日本人顺势求生的处世原则，走了一段千夫共指的"附逆"弯路。

日本战败以来，特别是在新中国成立以后的半个多世纪，中国人对日本的新闻报道与学术研究，无疑有了空前的进展与深化。但长期以来，中国的日本研究支离破碎，常常使人们"捡了芝麻丢了西瓜"，其中大多数从局部着眼看待日本，不太重视对其总体特征的解析。有鉴于此，青年时代留学过日本，后来又长期从事中日友好工作的夏衍，曾在

1990年2月中国研究日本的学术团体"中华日本学会"成立并被选为名誉会长的时候，曾直率和语重心长地警示道："说到目前的问题，中国人固然不理解日本，日本人也不理解中国。"这显然不是故弄玄虚之语，而是符合实际情况的大实话。

再比如，在即将进入21世纪前后的2000年，中国中央电视台在"实话实说"栏目里，有过一次关于日本老兵东史郎侵华战争时期日记的对话，题目叫做《战争的记忆》，其内容主要讨论他的日记在日本引发的诉讼，目的是解析日本对战争责任的推诿态度。在那次节目里，有一个姓水谷的日本女留学生，埋怨中国参加者对日本的法律诉讼等实情不了解而保留自己对东史郎日记的看法。当时她说的一句话并没有被译为中文，即："中国人对日本太无知！"不难猜测，电视台不肯把这句话翻译给中国观众听，显然是担心中国人受不了这一说法的刺激。但实事求是地看，日本留学生说出那样不客气的话来，不正反映了中国人对他（她）们的社会与政治制度确实有些隔膜吗？

以上的例子都说明，尽管当今信息空前发达，世界已变成了"地球村"，但未必等于其中的"邻居"们都已彼此了如指掌了。这种距离越近越不清楚对象实情的文明窘境，可以称为"现代远视眼"。实际上，类似的病症并不仅限于中日两国之间。像美国新闻媒介有一位非常受人信任的权威人士沃尔特·克朗凯特，便不屑接受所谓应该信任邻居的说法。他举例说："我住在纽约一幢公寓里，也就是说，我甚至不知道邻居是谁。"在1974年的一项调查中，坚持这种看法的克朗凯特再次被评为最值得信任的电视人。因为美国

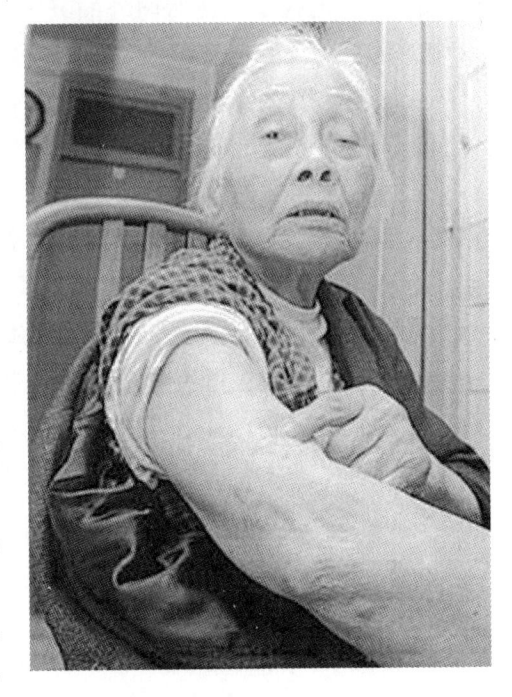

中国老人控诉日本暴行

人觉得，他确实说出了当今社会中相互依赖越来越强烈却又实在难以彼此了解的真情实况。

如此看来，中国对日本"邻居"的印象若明若暗、似是而非，好像是当今世界通病之一。然而，毕竟中国与日本的距离实在太近了，即使为了防止其重蹈以往"以邻为壑"的覆辙给中国造成新的伤害，我们也应该特别记住新加坡前总理李光耀曾说过的一句话，即"日本不是普通的'普通国家'，非常特别。最好不要忘记这一点。"① 中国人必须力求对日本社会现实与文化传统有更加全面、深刻的认识与理解才行。

二　中国人的"日本童话"

孔子早说过："不患人之不知己，患不知人也。"（《论语·学而》）自近代以来，中国人屡受帝国主义列强的侵害，其症结之一便在于"不知人"，也就是始终对国外的真实状况懵懵懂懂。这种历史的教训，不可忘记。

2003年秋天，香港的凤凰电视台曾去日本采访。当时，日本大阪著名的"漫才"即相声演员大木回声先生在回答提问时，以相声艺术为例深情地说："我认为日本的母亲是中国，日本的父亲也是中国。"但令人奇怪的是，中日两国这种历来在文化上彼此纠缠、不分你我的状况，却使中国人长期以来形成了不屑于认识与了解日本的心理偏向。就像周作人早就感慨过的："中国在他独殊的地位上特别有了解日本的必要与可能，但事实上却并不然，大家都轻蔑日本文化，以为古代是模仿中国，现代是模仿西洋，不值得一看。"② 时至今日，这种现象仍旧没有多少改变。若不信，可看看下面这类出现在中国网络里的帖子：

> 据说，当初武大郎并没有死于潘金莲的毒手，而是金蝉脱壳，

---

① 津田道夫：《南京大屠杀和日本人的精神构造》，商务印书馆（香港）有限公司2000年版，第129页。
② 周作人：《日本与中国》，《谈虎集》，北新书店1928年版。

绪 论 一家陌生的邻居　9

远走了日本以避免西门庆的追杀。那时，日本还只是一个小小的部落，连名字和国旗都没有。听说打虎英雄武松的哥哥来了，其举国欢腾。日本国王毕恭毕敬地请武大郎设计国旗。好一个"三寸丁"，武大郎一边烙着烧饼，一边构思，一不小心把烧饼掉在了一块白色桌布上。他又想起了西门庆和潘金莲，气得吐出一口鲜血在炊饼上——日本国旗就此诞生了。

大郎一想起潘金莲和西门庆，气就不打一处来："他妈的混蛋西门庆，你日来日去，日到本人头上来了……"这时，正好日本的大臣来请武大郎给他们的国家取名字，大郎正想着自己的事，便顺嘴回答道："日本人！"——日本人从此得了名。

武大郎转念一想，潘金莲和西门庆想方设法害死自己，然而自己却能够逃得活命，运气真是不错。于是，又叫人在太阳旗上写上了"武运长久"四个字，意思是"武大郎的运气真长久"。

国旗和国名的设计成功，使武大郎的名气大振，国王又跪请他创造日本的文字。可怜武大郎识的字实在有限，经过一夜的苦思冥想，也只想起了50个字，其中有很多还仅仅是汉字的偏旁部首。日本国王如获至宝，马上宣布日本诞生了文字。

有一天，武大郎发现日本人都还没有姓氏，就说："没有姓怎么成？这样吧，你们住在什么地方就姓什么！"于是日本人就有了"田中"、"松下"、"山口"这样的姓。至于名字，也只好一二三四五六地排列。日本人对武大郎佩服得五体投地，纷纷表示：他们绝不能取"大郎"的名字，而改叫"太郎"。因为他们自己感觉比不上大郎，同样更不敢取跟"武二郎"一样的名字，于是改叫"次郎"。所以，至今日本人大都叫"太郎"、"次郎"、"山本五十六"什么的。

武大郎发现，日本人居然和我们中国人一样，睡觉都在床上。他想起当年西门庆和潘金莲在自己家里搞婚外恋，把双人床都占了，害得他经常打地铺。为了叫日本人也不忘夺妻之辱，他就叫大家都睡在地上，只铺一张席子，这就是后来所谓的"榻榻米"。

武二郎武艺高强。大郎虽然资质极低，但是天长日久跟弟弟在一起，也勉强学了三拳两腿的功夫。于是他就把学到的两下子传授给了日本人，要他们勤学苦练，将来有一天好去找西门庆报仇。为了感谢武大郎，日本人给这功夫取名叫"武氏道"。由于他们文化水平低，时间久了，这名字逐渐被叫成了现在的"武士道"。

武大郎为日本人做了这么多好事，简直成了他们的民族英雄！日本的女青年纷纷投到武大郎的怀抱里，留下了许多许多后代……这就是后来日本人为什么会那么矮的原因。

还有一些帖子与上面引述的笑话大同小异，只是编造得更为荒诞，从而也把中国人蔑视日本的情绪表露得更加淋漓尽致。下面在转录时，尽量删去了与上一个笑话重复的部分。

想当年武大郎被潘金莲和西门庆毒死以后，被抛入黄河中漂入大海。大郎命不该绝，冰冷的海水使他苏醒了过来。

这时，游过来一只大乌龟，托起了大郎。"我现在救了你，你以后一定要报答我。"大郎应之。乌龟托着大郎到了一个岛上。这个岛上全是一些矮个子的渔民，渔民看见了大郎后大喜，奔走相告，说是岛上来一个高大、英俊、威猛的男子。

渔民们开会，商量道："咱们的祖祖辈辈都这么矮，要利用这位外来人身高的优势改良咱们的人种，咱们就推举他为咱们的国王吧！"于是武大郎就当了那里的国王。三宫六院七十二妃，武大郎很快就有了一群王子。这些王子散落到民间与平民女子通婚，于是，此后当地的居民的身高都有了显著的增高。

武大郎又想起了当初对大乌龟的承诺，下令全国视乌龟为神物。大郎是卖炊饼出身，见人就有鞠躬的本能。全日本见国王如此，无不仿效。

武大郎当了国王，开头还相当勤勉。每天都是"有事出班早奏，无事早早退朝"。但过了一些日子，他觉得挺没劲。鸡毛蒜皮的事官员们都要讲上大半天。于是他就说："你们以后把事情的重要内容写成奏折，交给我来看。"大臣们很惊奇地说："什么叫做'写'？我们不识字，不会写。"武大郎说："好吧，我给大家办个补习班，扫扫盲。"于是武大郎凭自己那有限的知识给大臣们开了一个扫盲班，学习文字。当年武大郎原是卖炊饼的，只认识很少的字，很多字他只记得一些偏旁部首，而大臣们在学习及往外传播的时候，又忘了一些字，于是就变成了一种"假"文字，像"平假名"、"片假名"之类，其成了东洋文化的重要组成部分。

武大郎自从当了国王以后，老是吃山珍海味，都吃腻了。他想起当初在海上漂流时，没有东西吃，只能捉生鱼吃，现在回想起来那味道真是相当不错。于是，他叫厨师做鱼时一定要生做，不用做熟。这道菜推广开来，受到日本人的欢迎，从此成为该国的一大名菜："鱼生"。

武大郎在中原时被人称作"三寸丁"，有些自卑感。他在日本怕被人看扁，便下令全国比自己高的男子都要处死。很多家庭为了让儿子不死，将儿子打成"罗圈腿"。所以，后来日本人矮而且"罗圈腿"特别多。武大郎又因为潘金莲而痛恨女人，下令日本女人只能在家伺候丈夫，而且要跪着伺候，以示惩罚。漂亮的女人全部处死，所以日本的丑女极多。

到了明朝，武大郎的后人开始派人登上中国领土，寻找西门庆报仇，被中国的英雄戚继光赶下了海，那就是历史上的"抗倭"。进入了20世纪，日本人在中国自北向南，自东向西跑遍了大半山河，还是没有寻到仇人西门庆。于是，他们居然要中国人学习他们的"假文字"，要中国人取他们那样的名字，还要中国人在"炊饼"旗子下面实行"大东亚共荣"。这真让中国人笑掉了大牙。

最近，武大郎的后人据说有可靠情报，怀疑西门庆躲藏在台湾一带。因此，在台湾对面的钓鱼岛，好像也有人在那里卖炊饼了。

这些嬉笑怒骂的政治笑话，显然意在反映深受侵略之苦的中国老百姓对日本的强烈反感。不过，这种胡编乱造的恶作剧也显示了对日本国情与文化不应有的无知与傲慢。类似的帖子与其称为政治笑话，不如说是中国人内心深处的"日本童话"更为合适。如果以此种"童话"去代替对日本真实情况的了解，那可笑的将不再是日本，而是编造它们的中国人。不客气地说，这些"童话"证明中国人轻视日本的心态至今还没有太大的变化。这种心态对中国认识与了解日本不仅无益甚至有害。

关于中国人轻视日本的这种错误态度，早就有人批评过，可惜好像至今也没有引起人们的警觉。如日本近代著名学者内藤湖南就说："中国留学生大量来日研究，往往抱有轻视日本的观点。他们中不少人说，日本现在自诩为大为进步的国家，但日本这个国家直到明治维新为止，还不是引进的中国文化，明治维新以后还不是照搬照套欧洲文化，最近还不是生吞活剥德国文化？这种毫无自己文化的国家一点儿不必尊重。日本虽然非常强盛，如果灭亡，就什么也剩不下。而我们中国却了不得，拥有自己的文化，拥有绝不亚于现代进步国家、古来进步国家的东西，这一点，中国国民远比日本优秀。这种说法有一定的理由。不了解日本真正的历史，不了解真正日本文化的根本，确实会对日本产生这种看法。但我相信事实并非如此。"[1]

这位日本学者的逆耳忠言是很值得中国人深思的，因为如其所说，无论追溯中国还是日本的历史，确实是"事实并非如此"。然而，恰恰是这种仅凭情绪放纵的想象却并不如实深入了解与思考的态度，使得在一些中国人心目里，日本国情及其文化传统始终如谜一样虚无缥缈、模糊不清，仿佛日本至今还是那古代传说中的"蓬莱仙岛"或"三神山"似的。难怪美国的日本研究权威赖肖尔曾在其著作的中文译本的序文里认为："中日两国人民历史上一向是近邻，但从未有过十分亲密而相互非常了解的时候。"[2] 为了说明这样的说法并非是对中国人的刻意挖苦，下面不妨看看，在几代中国文人与学者眼里，日本之"谜"究竟神秘到了什么程度。

比如，对日本不可谓不熟的周作人曾经感叹："中国国民……说起日本来，差不多没有几个人敢说知道，数十年来留学日本的虽不少，但大都学的是日本从西洋承受的东西，不是日本自己的东西，日本的历史地理文学美术宗教等等真正日本的精神文明，从来没有人问津过，因此

---

[1] 内藤湖南：《日本国民的文化素质》，《日本文化史研究》，商务印书馆1997年版，第182页。

[2] 赖肖尔、詹森：《当今日本人——变化及其连续性》，上海译文出版社1998年版。

日本至今还是一个谜似的，因此中国对于日本毁誉都不得当。这是一个莫大的缺憾。"①

时过半个多世纪之后，在一些赴日的中国学者脑海里，日本仍旧是一片"诗化"的天地，描述起来还是激情大于理性，疑惑多于明晰。像作家张承志在一篇名为《日本留言》的文章说："日本是一个古怪的国度：数不清的人向它学习过，但是后来选择了与它对立的原则；数不清的人憧憬着投奔过它，但是最终都讨厌地离开了它。它像一个优美的女人又像一个吸血的女鬼；许多人则深爱之后，或者被它扯入灭顶的泥潭深渊，或者毕生以揭露它为己任。"然而，至于其中的原因究竟何在，作者却没有能够得出明确的答案。在中国学者心目里，弥漫在日本上空的迷雾有时实在太浓厚。

还有一些经常去世界各地转过的中国记者，在去日本采访时，曾有过不愉快的经历，如对机场女服务员怠慢中国旅客的态度"实在无法理解"，以及出租车司机的恶意拒绝之类，竟惹得中国记者愤怒警告日本人："你不要太可恨"，"你不要太顽固"，"你不要太张狂"。②但问题在于，仅仅如此气愤似乎解决不了根本问题。如果没有真正透彻地认识与理解日本人与日本文化的真谛，只是靠怒吼或指责是触不到对方的要害与痛处的。这种愤怒的呼喊使人禁不住想起一位终生以研究日本为业的中国老学者曾经讲过的一句话，即："我们的记者不了解日本，常闹笑话。"③

比如，中国人以往谈论日本侵华战争罪行时，习惯于"法不责众"的理念，常常把战争责任归之于少数军国主义者，这固然不错。但问题在于，这些少数人的战争狂热当初能够得逞，必定有相当普遍的社会基础才行。而所谓"普遍的社会基础"，除了经济实力和政治体制之外，还有另一个不可忽视的内容，那就是长久酝酿形成的国民文化传统。而要剖析和理解日本为什么会走上战争的死胡同，不破解并校正其有别于其他民族国家的心理偏向，不仅受害者将永远罩在迷雾中，加害者自身

---

① 周作人：《"亲日派"的嫌疑》，《语丝》第93期。
② 水均益：《前沿故事》，南海出版社1998年版，第347—348页。
③ 钟少华编：《早年留日者谈日本》，山东画报出版社1996年版，第172页。

也会始终麻木不仁。

实际上，日本人对自身文化之"谜"的破解已迫不及待，他们很理解外国人识破日本文化奥秘的难处。有人曾说："日本位于亚洲一角。于是，人们可能会认为，理解日本对于西方人来说可能确实困难，但对亚洲人来说，也许就不那么困难了吧？可事实并非如此。不论对于世界的东方还是西方，日本同为一个非常难于理解的存在……与西方、中国、印度相比较，日本像是一个软体动物，而西方等类似于哺乳类动物，和马、狮子很相像，有骨骼而且很清楚。可以说日本接近于没有骨骼的类似于海参那样的生物，原则上不表现出一个明显的形体，经常变化形体，没有一个固定的形状，所以从外界看就极其难理解了。"①

面对着这样一个"软体"文化传统，中国人编造出类似于上面那样的"童话"来聊以自娱不难理解，但更应该说出真正切中日本文化特征要害的"真话"来。

三　中日"同种同文"吗？

说到为什么很多中国人至今仍对日本文化并不怎么认真看待，其中的原因之一，也许与觉得日本与中国是"同种同文"的糊涂观念有关。

所谓"同种同文"，无非是指同属亚洲人的日本人和中国人种源相近，而且中国的汉字自古对周边各国影响既久且广之类。说得通俗一点，就是本来"一家子"的意思。

确实，历史上各民族有过血缘的融合与交会，中国的汉字也很早传播到了朝鲜、越南国等。特别是日本，至今是除中国之外还在使用汉字的国家。不过，虽然这种状况由来已久，人们却一直没有特别在意。所谓日本与中国是"同种同文"的说法，是在日本明治维新后国势迅速崛起的过程中才风靡一时的。

---

① 中根千枝：《国际社会中的日本文化》，中国社会科学出版社1991年版，第78、81—82页。

黄遵宪与《日本杂事诗》

　　就笔者看到的材料，康有为在1895年为黄遵宪《日本杂事诗》一书所写的序中，已有"而日本同文"的话，其注意到了中日两国同样使用汉字。他在1898年向清朝皇帝刊呈《日本变政考》时，又把两国的相同之处进一步加以扩充，认为不仅"彼与我同文"，而且"彼与我同俗"，如说："日本地势近我，政俗同我"，"惟日本文字、政治皆与我同"，等等。后来，他在撰写的《日本书目志》中，更具体说到中日"同文"的意思是："日本文字犹吾文字也，但稍杂空海之伊吕波文十之三耳。"其中提到的"伊吕波"文，是日本假名字母的旧称，据说其是古代僧人空海根据中国的汉字偏旁发明的。

　　大约因为当时日本的国势日渐兴隆，而中日两国之间的人员往来和信息交流又空前频繁，使得康有为的这一说法不胫而走。在一些中国人心目里，日本迅速崛起的办法可以直接移植过来，中国的复兴也仿佛指日可待了。像1904年6月18日《大公报》有一篇无署名文章叫《论中国立宪之要义》，其中在谈及借鉴日本立宪的成功经验时写道："说者谓其种同，其文同，其洲同，其国政风俗与中国相去未远者，厥惟日本。中国立宪，似以取日本之宪法为宜。"这无非是说，日本就等于中国，彼此之间并没有什么大的差异。

回顾近代关于中日"同种同文"的这些轻率论断，似乎让人觉得，其最初的起因很像是鲁迅《阿Q正传》里的那位主人公，看见地主赵太爷家里"革命"后风光了起来，便想跟人家套近乎，于是就说自己本来也姓赵，有点穷人与富家攀亲的味道。因此，所谓与日本人"同文同种"的说法，只是反映了当时某些中国人的一相情愿。至于日本人，尽管他们从来没有否认曾在历史上掌握了汉字并汲取过中国文化的成果，但对日中两国"同种同文"的说法却并不怎么认同。日本在日俄战争胜利以后，由于"黄祸"之说风行一时，有的日本人也煞费苦心地考证过古代犹太人亚伯拉罕就是所谓"黄帝"，但不久就如中国人所说："迩来东瀛大夫，极意献媚西人，且苦心自别于吾族。"[①] 而到1917年，日本阁僚会议更出台过一份决议，其中说："世人往往依据日支（指'支那'，即中国。这是当时日本对中国的轻蔑称呼——引者注）两国人种上或地理上之关系，有以之为基础，倡说两国相互提携，共其命运者。然于事实之上，支那之盛衰，未尝给帝国勃兴之国势带来任何之消长。人种上或地理上之关系，与帝国之命运并无必然之联系。"[②]尽管当时中国人喜欢宣扬与日本"同种同文"的论调，可对方即日本如同新富起来的"暴发户"，并不愿意认中国这家"穷邻居"。即使中国人跟日本人表白"五百年前是一家"，日本人照样恃强凌弱，揍你抢你而毫不手软。日本这种有点类似于"一阔脸就变"的"忘恩负义"行径，像是打在"同种同文"论者脸上的无情耳光，让当时的众多中国人感到愤愤不平。比如，出版于1903年4月12日的《游学译编》丛刊第6辑收有一篇无署名文章《劝同乡父老遣子弟航洋游学

---

① 《申论外人谋所握我教育权之可畏》，《外交报》第210期。
② 日本外务省编：《日本外交年表并主要文书》，原书房1965年版，上卷，第425页。

书》，其中虽然沿用了康有为的中日"同文同种"说，但又怒气冲冲地质疑说："并同洲同文种源大陆之区区日本人亦敢隐计曰奴役我。"意思是指责日本竟敢暗地不认甚至欺负中国这门"穷亲戚"，实在显得无情无义。

特别是每当中日关系变得险恶起来，日本虎视眈眈或者显现出染指中国的意图的时候，使更多的中国人觉察出中日"同种同文"说的虚伪。如在1905年，鲁迅在留学日本时，恰逢日俄战争在中国东北地区一触即发，他曾经给蔡元培等人在日本主办的《俄事警闻》杂志写过信，提出了三条意见，希望中国人警醒，而其中之一就是："不可以同文同种，口是心非的论调欺骗国人。"① 鲁迅以亲身留学日本的感受体会到，日本文化其实与中国相去甚远。

留学日本时的鲁迅

有这种感受的其实并非只是鲁迅等个别中国留日学生，像后来与兄长分道扬镳的周作人，早年也曾冷静觉察到："中国与日本并不是什么同种同文，但是因为文化交通的缘故，思想到底容易了解些，文字也容易学些，（虽然我又觉得日本文中夹着汉字是使中国不能深切地了解日本的一个障害）所以我们要研究日本便比西洋人便利得多。"② 周作人说日本的汉字甚至有碍于认识日本，这等于连中日之间"同文"的相似之处也加以否定了。乍一看，周作人的看法显得有些偏激，但如果当真明白了日本的字母即"假名"的一些特点，就会觉得周作人的见解是相当深刻的。

周作人说出这种有悖于一般庸俗见识的话来，是基于个人的长期生活体验，同时，他还转述过日本人的话来证明自己的看法。他在1927

---

① 沈飚民：《鲁迅早年的活动点滴》，《上海文学》1961年第10期。
② 周作人：《日本与中国》，《谈虎集》，北新书店1928年版。

年 12 月发表于《语丝》第 4 卷 2 期上的《雅片祭灶考》一文中，提到过当年 11 月 24 日日本《读卖新闻》刊登的一篇广播稿，其作者名叫中野江汉。该作者在一次讲座中公开宣称："向来有人说支那与日本同文同种，因此以为一切都是相同，其实思想风俗习惯非常差异。"

后来在侵华战争期间，一位名叫火野苇平的日本作家在他的小说《麦子与军队》中又写过这样的文字："不是说我们和他们（指中国人——引者注）是同文同种吗？"当然，这些话是用来质疑日本军人在中国土地上的血腥暴行的。日本侵略军并没有因为听说过所谓"同种同文"论，就对中国人刀下留情。

要说中日两国之间是否"同种同文"，最有发言权的要数那些从小就生活在日本的华侨。著名的旅日华人作家陈舜臣写过一本名为《日本人和中国人》的著作，他在其中说道：

> 大家都说日本与中国是"同文同种"，但我认为至多只能算是"文字相同的国家"。越南也在推行国语的拉丁文化，但它和同样使用拉丁文字的英国，只不过是"文字相同的国家"。同样地，日本与中国也只能是这种关系。这样考虑不容易出差错。①

陈舜臣在书中强调，中日两国作为邻居，与其去寻找相互的共同之处，莫如尽量发现彼此之间的差异，甚至不妨极言对对方毫无了解，觉得那才是明智之举，也更利于中国人理解日本文化传统的独特之处。因为到目前为止，承认世界各民族之间在文化上难解难分，谁都吸收过其他文化系统的滋养，已经属于极普通的常识，没有必要特别加以强调。另一方面，强调不同民族文化的相似，往往忽略世界上文化多元的特点，还容易使人犯那种"以己度人"或者是"强不知以为知"的毛病。这种文化心理的病态，往小处说是不尊重其他民族的文化特色，到非常时期则足以滋长一国的文化沙文主义情绪。就像纳粹那样，竟会认为灭绝"劣等民族"的犹太文明是要拯救整个人类社会。

当然，任何一个民族的成长过程，都不可能"独善其身"。拒绝汲

---

① 陈舜臣：《日本人和中国人》，文化艺术出版社 1990 年版，第 57 页。

取其他的文化营养几乎等于自杀。但这并不意味着，吸收了异族文明就能够脱胎换骨变成异族人。记得在日本侵华战争即将全面爆发之际的1936年，有一位名叫野原驹吉的日本人在其所著《日本的真面目》一书中打比方说："经年累月，漆坯上的漆层涂得越厚，做出来的漆器就越贵重。一个民族同样是如此……人们讲到俄罗斯人时说，'剥开俄罗斯人的外表，出现的是鞑靼人'；对于日本人，人们也可以说'剥掉日本人的外皮，除掉它的漆层，露出来的是强盗'。"显而易见，这是一位主持正义的反战人士喊出的激愤之词，并不是说日本民族的本质就等于"强盗"。但从文化心理的角度说，这一议论可提醒人们注意，一个民族无论怎样拼命学习外来文化，都不太可能从根本上改塑自身文化传统的基本特征。世界不会因为日益走向"全球化"，整个人类就都变得如同一种"肤色"那样单调。如果不承认这一点，那等于纵容着眼"世界一统"的文化霸权。为此，吸取历史上已有的沉痛教训，见识高远的学者们如今已相当忌讳强调各民族的文化统一性，而特别注意立足于文化差异的立场去看待不同国家的文化关系。日本学者梅棹忠夫在谈论日中文化的关系时，就曾理直气壮地声明："若读者悉心地考证一下历史，便会发现中国和日本这两个文明之间有着很大的差异。我认为，充分地认识这个问题是非常必要的，将有助于日中两国间关系的顺利发展。"①

那么，是否日本人就从来没有使用或谈论过所谓"同种同文"的话题呢？事实也并非如此。不过，在一般日本人的嘴里，当提到"同种同文"一词时，似乎未必一定是指日本和中国的文化关系。如有一位美国学者在对比美、日两国教育特点的差异时，曾引用过一个日本学者的话，那位日本人说："你得记住，我们两国很不一样。日本是个同文同种的国家，所以使日本儿童具有集体性和大家庭感是至关重要的。"② 不难看出，在日本，所谓"同文同种"的说法，往往是对本民族的一种概括，是强调日本人为单一种族、单一文明的意思，并非一定是在谈论中日两国之间的关系。中国人不要一听日本人讲"同种同

----

① 梅棹忠夫：《何谓日本》，百花文艺出版社2001年版，第1页。
② L. C. 克里斯托弗：《日本心魂》，中国对外翻译出版公司1986年版，第72页。

文"，便一相情愿地以为那是在将日本与中国进行联系或对比。

应该特别指出的是，日本学术界至今还没有就日本文化的来源达成过共识。在日本文化源流尚未搞清的情况下，中国人一说到中日关系便滥用所谓"同种同文"的说法，实在把中日两国文化的关系简单化了。这意味着很多研究都将无视日本文化传统的独特个性，无论谈论其长处还是短处，都无法触及真正的要害。只有那些在吸收外来影响之后仍然顽强续存下来的显著特征，才称得上是日本文化的内核和根本。寻找与分析这些内核与根本的东西，不仅是日本学术界在苦苦探求的课题，同样也值得中国人去认真思考，谁让中日两国是无法分开的近邻呢？就像日本政治家、曾任政府官房长官福田康夫在2003年秋天接受香港凤凰卫星电视台采访时所说的那样，日中两国有着"想切断也切断不了的关系"。

四 "中"之国与日之"本"

中国人曾热衷于中日"同种同文"的说法，是基于对自己的历史与文化传统久长而引以为荣。而反观日本，长期以来却千方百计地在消化与摆脱外来文化的影响以求赢得本民族的自立。其国名"日本"的出现，就有这样的象征意义。

由于中国和日本的史籍都没有明确的记载，因此关于"日本"这一国名的由来，历来众说纷纭。中国民间有一种讲法，说"日本"的国名是唐代女皇武则天知道东方海中有岛国，因那里太阳早于中国升起，便赐其国名为"日本"。实际上，这是口说无凭，言而无据的。查阅白纸黑字，似乎找不到中国皇帝"恩赐"日本国名的依据，"日本"恐怕还是当地人自取的名字。较早的中国史书提到古代日本，都以"倭"相称。如《汉书·地理志》中写道："乐浪海中有倭人，分为百余国，岁时来献。"《三国志·魏书》的《东夷传》也说："倭人在带方东南大海中，依山岛为国，旧百余国。"意思都是指其为海中岛国，还不是统一的国家。大约到隋朝时，中国人才最初从前来朝贡的使节那里知道了"日本"这一国名。据《隋书·倭国传》记述，大业三年（607）日本遣隋使小野妹子呈送给隋朝皇帝的国书，开头写的是"日出处天子致书日没处天子无恙",而后来日本人编纂《日本书纪》,则说那份国书起首之句为"东天皇敬白西皇帝"。尽管二者文字稍有出入,但意思毕竟差不太多,与关于"日本"国名一般认为起自7—8世纪之间的说法大体符合。① 而据2004年在西安发现的日本遣唐使井真成墓志铭,至少到唐开元二十二年(734),已有了"国号日本"的说法。在古代中国人的眼里,起国名为"日本",意味着自命位于太阳东升之地,虽然从地理上看确也属实,可中国身处日落处的西方,人先而己后,毕竟觉得有些不太舒服。不过,也许是因为当时中国的国势与东邻日本相比强弱过于悬殊了,所谓"大"国不究"小"国之过,中国的皇帝似乎没有执意坚持"名不正则言不顺"的信条,硬逼日本人去改换自己的国名。

公平看来,古代华夏部族自名为"中国",自觉居于天下之"中",实际上也未尝没有以自我为中心的意思。古代中日两国都觉得自身比别人的地域优越,其观念可说是"半斤对八两——不相上下",只指责对方却不知自责,有点像"乌鸦落在猪身上,只看见人家黑而不明白自己黑"。不过,如果认真地加以对比又不难看得出来,尽管古代中国人和日本人都不约而同地怀有自豪情结,但二者的含义还是有些不太一样。

按照汉字的意思,华夏人自以为居"中"的那个"国"字,本来是指京城即首都,"国"字的四边框象征着城墙。这反映出,古代中国人的自我中心意识是防守型的,主要基于防御性的观念。若不信,请看历代中国曾动用无数的人力、物力,构筑过多少道"墙"以自卫?他们在国家的边界建有世界最长的围墙即长城;而国都又是由"外城"、"内城"和"皇城"等围成,里三层外三层,唯恐防备不够严密,被外人打进来。试想,处于这样一种守势的民族,其心理怎么会有去侵犯国外或周边民族的动机?而且,中国古代长期以朝代命名,改朝则更名。据学者们分析,所谓"中国"的意识是直到宋代,面临着日益严重的外族逼压之势才逐渐凸显的。征之历史,除了蒙古族入主中原建立的短暂元王朝以外,中国似乎总是处于防范外族的忧患中。因此,说"中

---

① 日本:《产经新闻》1999年4月8日报道三浦朱门领取"正论大奖"时的讲话。

"国"的称呼象征着什么"扩张"的传统,如果不是无知的枉说,便是无视历史事实的故意歪曲。

而东观日本,其得天独厚的地理环境根本无须像身处大陆平原上的中国那样去构筑什么长城,四周的无边海水就等于天然的长城,其优越的防范功能使中国望尘莫及。蒙古兵曾试图侵犯九州岛而全军覆没就证明了这一点,难怪日本人为此而高呼:"天助我也!"

古代日本人经过长期汲取周边国家特别是中华文明以养精蓄锐,其间"倭寇"虽然骚扰过中国东南沿海而尚未酿成大害,但已露出欲与中国分庭抗礼的端倪。

日本遣唐使

像得知明朝想征讨"倭寇"时,日本曾上书明王朝辩解道:"乾坤浩荡,非一主之独权;宇宙宽洪,作诸邦以分守。盖天下者乃天下人之天下,非一人之天下也。"[①] 后来,日本经明治维新迅速实现了向近代化国家的转型之后,其更逐渐显现出海洋型文明特有的"外向"型特征,激发起了对中国的垂涎与觊觎之心。而较早的征兆之一,便是日本开始指责中国历来的所谓"中华思想"。

确实,中国历来又称"中华"。与中国的"国"字不同的是,所谓"华",本是指古代华夏族及其所住的地区,其比"国"即京城要宽泛得多,一般是指其发祥地黄河南北一带。由于"中华"的称呼是与周边的少数民族相对而言的,其中无疑含有以文明发展水平为尺度而鄙视"夷狄"的非平等观念。然而,像1895年孙中山创建革命组织兴中会

[①] 严从简:《殊域周咨录》,中华书局1993年版,第56页。

时喊出的"驱除鞑虏,恢复中华"的口号,却并非汉族人对少数民族的歧视,因为当时推翻满清王朝已成了超越民族之争,旨在拯救全中国的反封建革命运动。所以,尽管中国人历来以"中华"自称,却很少有人承认其也算得上是一种"思想"。笔者在了解日本的中国研究的过程中发现,日本人早在百年前崛起之初,就开始怪罪"中华"这一称呼是自我中心观念的恶性反映,并将其归纳、提升成为一种所谓"中华思想"。因此,看日本近代一些辞典对"中华思想"一词的解释,大都属于批判与贬斥,比如:

> 鉴于汉族的中国文化与周边民族之间有高下之别,汉族自我宣称为华夏、诸夏;又因为二者有中央与地方的差别,自以为所居中央而自称中原、中州。此种意识源于存在着多种民族,因自觉独得神之青睐而宗教威力有所不同,自以为应该成为政治中心。故中国成为统一王朝后,鄙视其威力未及的周边民族为夷狄;而夷狄一旦强大,也会自视甚高而妄称为中华。[①]

日本人对"中华思想"的这种排斥与批判的情绪,是自江户时代之后逐步强烈起来的。以较早与中国儒学拉开距离的山鹿素行(1622—1685)为端倪,日本学者开始尝试颠覆"华夷"观念。山鹿曾以日本之强为理由,认为自称为"中国"绝非某一国家的专利。为此,他专写了《中朝事实》一书,其中便把日本叫做"中国",而称中国为"外朝",说:"夫中国(指日本——引者注)之水土卓尔于万邦之上,人物精秀于八纮之表。故神明洋洋,圣治绵绵。焕乎人物,赫乎武德,天壤之间无与比者。"由于眼界空前开阔,后来日本人进一步懂得了世界之大,从而知道了中国实际上并非位于世界之"中"。如最早翻译过"兰学"医学名著《解体新书》的杉田玄白[②]在其《狂医之言》一文中指出:"地者为一大球,万国分布其上,所处皆居中,并无何国为中

[①] 《大现代百科事典》,日本学习研究社1984年版,第19卷,第396页。
[②] 杉田玄白(1733—1817),日本江户时代医生。以介绍荷兰医学著名,有《兰学事始》等。

土，支那亦东海一隅之小国也。"由于明白了大地为球形而非传统所认为的平面形状，于是日本人心目中的"中国中心论"观念便不攻自破了。

到后来，日本学者大槻文彦①在《兰学阶梯》中更公开向"中华"的称呼挑战："腐儒庸医不知天地世界之大，迷惑于中国诸说，效彼而称之为中国，或称中华之道，殊属错误。"他在那本探究语汇源流的《大言海》一书中，把"中华"一词解释成"自夸的称呼"，意味着中国人的自我炫耀，其中的贬义不言而喻。日本人从此逐渐普遍讨厌起"中华"的称呼来，像日本外交部在侵华战争之前一般并不使用"中华民国"的称呼，而称为"支那共和国"，其蔑视的意味人所共知。

然而，查阅中国的《辞海》等工具书，其中虽然有"中华"的条目，却看不到关于"中华思想"的解释。这说明中国人并未意识到这一点，其显然是局外人给中国人贴的一种观念"标签"，就像日本著名中国研究家竹内实所说：

> 说到"中华思想"的观念，首先值得注意的是，其并非是中国方面向外人展示的一种思想。
>
> 它是外界的人对中国的一种感受。
>
> 每当中国说"不"（no）的时候，其常常会给人们以这样的印象。
>
> 比如，出现了某些纷争，在中国方面表示不同意或者反对的时候，外界的人总愿意指责对方的态度，说"那帮家伙属于中华思想"。也就是说，人们觉得只有这么说才心安理得，而并不想深入追究这一观念到底是什么意思。②

也许在相当长的时间里，一般中国人并没有介意"中华思想"在日本人心目中意味着什么，而那些在日本有过经历或者对日本人心理有所了解的中国人，却大都理解当日本人口称"中华思想"时究竟是什

---

① 大槻文彦（1848—1928），日本语言学者。明治时代受日本文部省之命编纂词典。
② 《竹内实文集》第10卷，中国文联出版社2006年版，第359页。

么意思。每当中日之间发生纠纷时,"中华"与"日本"的称呼常常是一个两国彼此攻讦的话题。像 20 世纪 20 年代当周作人还没有"落水"附敌以前,也曾就日本人指责"中华"一词针锋相对地回敬过对方:"……我要请问日本人,究竟贵国是不是日之本,贵国是不是真的太阳的子孙?"①

尽管"日本"的国名与"中华"的称呼一样,从字源上说都具有民族自尊的内涵,但直至近代日本人才敢于对"中华思想"说三道四,并不担心是否会给人以"一阔脸就变"的感觉,显然是由于其国力已非昔日可比。关于这种国势强弱"此起彼伏"的现象,中国自古就有论述,有人认为:"天下,势而已矣。势,轻重也,积重不可反。识其重而亟反之,可也;反之,力也……天乎,人也,何尤!"②意思是说,天下大势归根结底是由各国的实力对比决定的。弱国可以否极泰来,实力大小的转变绝非基于什么天意,是事在人为的。这一深刻的哲理,日本人一直等到近代才有了亲身体会。借助于当时西方科学突飞猛进的形势,日本如太平洋上的一叶扁舟,在现代化的历史大潮中"船小好掉头"。因为日本人自古没有中华民族那么浓重的宗族与伦理观念负担,其顺应近代历史上由科学技术推动起来的从重理向重势方向转换的潮

日本钞票上的圣德太子像

① 周作人:《"支那通"之不通》,《语丝》第 143 期。
② 周敦颐:《通书·势》。

流，要比中国容易得多。恰是自身实力的日见增强，使日本人开始对"中华思想"耿耿于怀。而在实际上，"日本"的称呼与"中华"一词本有异曲同工之处。

以往，曾有人把日本与中国的文化比喻成种子与温度、湿度之间的关系，认为日本固有的文化传统得益于中国文化的优越条件才得以生长发育起来。然而，日本著名东洋史学家内藤湖南[1]不同意这一比喻，他主张两者的关系应该是像豆浆与盐卤那样。也就是说，若讲自然条件，日本本来比中国优越得多；而盐卤的作用则属于豆浆精华的凝固剂，只有靠它点化，豆浆才能够成型变为豆腐，而且豆腐最终还将盐卤内含或"吞噬"进了自身。显而易见，这一比喻比日中文化是种子和温、湿度的关系的说法更为准确。不过，当初内藤先生关于日中文化关系的这种奇思妙喻也许还有点遗漏，即他没有考虑到豆浆在靠盐卤的点化变成了豆腐以后，还会留下些豆腐渣。日本后来对中国的侵略，便可比作恩将仇报的"豆腐渣"行为。

可见，"对于一个民族，只了解其政治经济制度当然不够，还要通晓其历史语言，但更重要的，还要了解其文化——不仅狭义、广义的文化，而且要了解深义的文化，亦即一个民族的灵魂深处。"[2] 中国人历来感慨"知人知面难知心"，今后面对日本人，还是应该在"知心"上多下点工夫。无论是为了避免双方的摩擦还是旨在促进彼此的友好，都不能不特别强调这一点。

---

[1] 内藤湖南（1866—1934），日本东洋史学者。曾做过记者，后任京都大学教授。著有《日本文化史研究》、《东洋文化史研究》等。

[2] 周一良：《我对中外文化交流史的几点看法》，《周一良集》第 4 卷，辽宁教育出版社 1998 年版，第 581 页。

上 编

列岛纵横

> 日本作为一个拥有四个大岛和数千个小岛的国家,横向面积不能算很大,千余年的文化,纵向源流也不能说太长,但其自然景观始终那么郁郁葱葱,在世界历史舞台上更是始终显得有声有色。

樱花、富士山和折扇

提起日本这个东洋岛国，首先让人想到的可能就是樱花。

近些年来，不少国家和地区都在绞尽脑汁遴选"国花"或"市花"之类。日本人好像并不必为此操心劳神，因为樱花早就称得上是日本当之无愧的"国花"了。

樱花这种树木，也许只有实地去日本观赏，才会悟出它的神奇之处。说樱花神奇，是因为它在一年将近360天中不开花的时候，实在没有什么引人注目的特色。它的树干称不上伟岸或者挺拔，硬要找什么溢美之词的话，只能说有点儿"婀娜多姿"；尽管树叶总是那么繁茂婆娑，可模样也并非特别出众。然而，这种在日本随处可见的树木，一到春季樱花盛开的时候，就会瞬间"魔力"骤现，把整个日本染成一片花的海洋，给郁郁葱葱的山川披上了一身粉红的盛装。每年从2月到5月，从南端的鹿儿岛到最北边的北海道，樱花依次绽放，日本人称为"樱花前线"。此时堪称是日本四季中最令人兴奋、最热情洋溢的时节。

在中国人眼里，樱花有点儿像桃花，但樱树只开花不结果。日本人长期培育这种树，似乎就是为了欣赏樱花。仔细观赏樱树上的每一朵小花，也许会觉得它们并不怎么起眼。那大量淡红、白色也有少量黄色的花朵与花瓣，与中国"国色天香"的牡丹之类相比，实在是"小巫见大巫"。不过，日本人对樱花的钟情，主要着眼于其万株齐放时的蔚为壮观。在一年一度的樱花季节里，日本人必定倾巢出动四处赏樱，不厌其烦地白天看了，晚上挑灯还看。到那时，株株樱花树下满是席地而坐的人群,他们在那里赏花、吃喝和歌唱,尽情沉浸于春暖花开的大好时光。

日本樱花

下面请看一位新加坡人在日本的赏樱观感:

  4月到日本旅行与其他季节去日本旅行有很大的差别。4月的日本充满了浪漫的色彩,足迹所到之处,大道旁、马路边、铁道侧、小镇上、街巷口、公园里、寺院处、住家门前、庭园后院、小桥流水、池塘湖泊、漫山遍野,只见一排排、一列列、一株株、一团团、一簇簇,千枝万朵,看不尽的繁华茂密。
  樱花的美,美在当她盛开时,枝干上只见花儿不见叶。满树的丰盈,结结实实,密不透风的样子。花儿密集地拥抱在一起,一串串、一捆捆,像棒棒糖、像乒乓球、像绣球花、像垂柳……
  樱花的美,美在以多取胜,美在灿烂壮观,美在绚丽夺目。她活活泼泼地、热热闹闹地、恣恣意意地绽放着,给人目不暇给、喜气洋洋的感觉。
  ……
  坐在樱花树下,环视四周的樱群,有纯白色的、有粉红色的、有粉白色的，也有绯红色的，绚丽烂漫。清风徐徐吹过，这里那里，粉粉白白的花瓣像片片雪花在飘扬，渐渐地，地上的樱瓣越积越多。这时，抬头看不到蓝蓝的天，是满树璀璨的繁花，像一张粉红色的华盖铺在那里；低头看不到绿绿的草，是遍地单薄的落英，轻柔的花瓣铺成一块毯子，形成一种不可思议的意境。①

揣摸起来，樱花所以能够在日本形成如此举世闻名的自然景观，不外乎有两方面的原因：一是日本列岛得天独厚的自然环境，再一个就是日本人对自然之美分外依恋的心理传统。

关于前者，华裔日本作家陈舜臣这样简要描述过：

日本列岛处于一个较好的纬度位置上，在南北狭长的地形上，山脉像脊背骨纵贯其中。周围被复杂的海岸线所包围。气候温和，空气湿润，树木种类繁多，并且极其茂盛。从南部的亚热带景观到北部的亚寒带风土特征，四季变迁非常鲜明。还有较多的高山，经常呈现出山顶是积雪，中部是红叶，山脚下还是一片绿色的景观。日本的风景就是如此多姿多彩。②

确实，正由于受惠于恰到好处的地球位置和被海洋环绕的环境，日本才会有那么怡人的气候。据说，日本列岛上的任何一地离大海都不会超过70英里。那里最有名的"日本三景"，即广岛附近的宫岛、京都北边的天桥立以及宫城县的松岛等，都是得益于海岛环境闻名的优美风景区。由于雨量充沛，年降水量平均达1800毫米，全国各地森林茂密，处处苍翠欲滴。与西边亚洲大陆的干燥季风气候相比，日本最突出的特点是湿润，并由此形成了日本的"湿气文化"。而"日本的'幽居'、'古雅'就是从湿气中产生出来的一种美的意识。日本人比较喜爱灼灼发光的东西，更倾慕于青苔下的绿意；比较热衷于雍容华贵，倒更看重

---

① 卢美玉：《值得等待的樱花飨宴》，新加坡《联合早报》2004年4月10日。
② 陈舜臣：《日本人和中国人》，文化艺术出版社1990年版，第22页。

小巧素雅。"①这样的文化传统气氛，也造就了日本人对不靠单株炫耀而以群放取胜的樱花的神往。

　　日本优越的地理环境，秀丽的山川景色，滋润与涵养了人们的性情。只有在这种美丽富足的大自然怀抱里，人们经过长期不懈的反复培育，才能够使原本非常普通的樱树进化成一种足以焕发众人激情的植物。据说，日本樱花的品种已达247种之多，非专业人士根本是无法分清的。其中最有名的如山樱、彼岸樱、八重樱、吉野樱、枝垂樱等等，花姿各异，不胜枚举，让人眼花缭乱。

　　在日本人眼中，樱花的怒放与陨落大约是四季迅速轮转的一个缩影。樱花群芳灿烂、美不胜收，但开花期实在过于短暂了。在日本有"樱花七日"的说法，是指樱树开花的时间只有一周左右。一般来说，一棵树上的花可分两轮开放，整棵树的开花时间总共不超过半个月上下。由于樱花急开急落，使人感受到所有的美都是转瞬即逝的。所以，尽管日本人无一不喜欢樱花，却很少有人在家里栽种它们。樱树大都是种在路边、公园里或者山上。偶尔去日本的外国人，面对樱花盛开之后落英缤纷的残状，也难免产生"好花不常开，好景不常在"的感觉，何况年年目睹此情此景的日本人呢？日本古代有一本故事集名叫《平家物语》，其中曾写一个官阶为"中纳言"的成范卿，因他的住处栽了许多樱树，被称为"樱町中纳言"。故事中说："樱花一般开七天就谢了，成范卿觉得可惜，便祷告天照大神使之延长为三个七天。那时主上是贤君，神显示神德，花也有灵气，所以能够保持二十天的寿命。"②而写过著名《叹异抄》的日本和尚亲鸾圣人更惋惜地感叹过："明日尚存的梦中易谢之樱啊，不会被夜半风雨吹散飘零吧！"现代著名日本画家东山魁夷，甚至还把樱花的短暂与日本茶道中的时间观念联系了起来，说：

　　　　在日本，自古以来作为茶道集会的心情，经常使用"一生一次"（一生中仅有一次）这样一句话……樱花是开花期的花，一个

---

① 樋口清之：《日本人与日本传统文化》，南开大学出版社1989年版，第9—10页。
② 《平家物语》，人民文学出版社1984年版，第11页。

晚上，大风吹来，樱花一下子就凋谢了。正因为如此，在它盛开的姿态里，已充分显示出生命的光彩。自古以来，樱花就是许多日本人最喜爱的花，这充分反映了日本人的自然观和美的心灵。①

可能因为长期面对"昙花一现"和樱花"偶尔露峥嵘"之类的自然景观，日本人的心理有着明显的即兴性、暂时性的特点。他们常发"人生无常"的感叹，对所见、所闻、所接触的事物总觉得前无预兆、后不延续，最终往往归结为一声叹息。这种自然条件甚至影响到日本的建筑，比如日本的房屋都刻意融入绿色的怀抱，实在非常舒适与方便，可他们却很少重视建筑物的耐久性。最典型的例子，如日本最著名的神社之一的伊势神宫，无论坏与不坏，都要"廿年迁宫"，每隔20年即重建一次神殿。其中显然反映了日本人只重眼下、不求永远的心态。恰如日本国学创始人本居宣长（1730—1801）所说："若问何谓大和魂，朝日盛开山樱花。"

日本姬路城的樱花

---

① 东山魁夷：《美的心灵》，《日本人与日本文化》，中国社会科学出版社1991年版，第18—19页。

这样来看，不妨把那些日常平淡无奇却年年都有瞬间灿烂的樱花，视为日本人的一种象征。单个去端详，那里的人们确实并非个个都那么出众，但一旦气候适宜而漫山遍野万花竞放，其景象之壮观实在会令世人刮目相看。

在日本，说到像樱花这样既美得令人心醉又让人无可奈何的自然现象，还不能不提到火山。在鹿儿岛县的锦江湾里有一座活火山叫做"樱岛"，它典型地反映了日本的樱花与火山之间的异曲而同工。远远望去，在一般情况下，樱岛的峰顶冒着缕缕白烟，最终会升上晴空与白云融成一体。然而，听说它有时候又浓烟滚滚，一连几天很少停歇，令人胆战心惊。在几十年前还喷发过一次岩浆，伤过近百人，也毁坏过房屋和庄稼。可见，很难说樱岛究竟意味着优美还是凶悍。

日本最大、最具端庄和优雅之美的火山，无疑要数富士山。富士山历来被看作日本国土的象征。无论是乘飞机飞越最大的本州岛，还是坐火车在东海铁路上奔驰，只要远远望见富士山那壮美的雄姿，人们都会不约而同地兴奋观赏或指指点点。外国游客自不必问，即使是日本人，也都对富士山屡看不厌。据说其有"灵山"之称。

富士山位于日本静冈县境内，是所谓"富士箱根伊豆国立公园"的一部分，也是它的中心。其标高3776米，为日本第一高山。富士山为玄武岩构成，山顶的火山口直径约有700多米，而远看则呈水平状，四周的倾斜度非常完美对称。晴空之下，山顶白雪皑皑，山腰岩石嶙峋，山脚则气势磅礴。若从飞机上远望，在一片云海中，富士山傲然独立，白雪与红日映照，确实分外妖娆。

不过，如此端庄优雅的富士山实际上意味着是一场蓄势待发的灾难。它曾有过13次喷发活动的记录，最近的一次是在1707（宝永四）年11月23日。那一次喷发的结果，形成了另一座海拔2693米的高山，借用当时的年号，此山被命名为"宝永山"。大约因为富士山的美丽确实显得有点儿残酷，日本人曾在最早的叙事文学作品《竹取物语》中，编了一则将富士山的灾害诗意化的传说。故事讲有一个老年人进山砍竹子，看到一个竹墩上有一个闪闪发亮的小女孩儿，便把她领回家中抚养。后来，这个女孩儿越长越漂亮，便给她起了个名字叫佳久矢姬。尽

北海道阿苏山火山

管不断有人前来提亲，甚至连天皇也要娶其为皇后，但都被她拒绝了。在一年的 8 月 15 日，佳久矢姬飞向了月亮，临走时还给天皇留下了长生不老药。天皇不舍得吃，把药送到富士山上点燃了。从此以后，山上便冒烟不止。

　　实际上，火山除了时常喷发之外，还与地震有密切的关系。中国人自古有"稳如泰山"的谚语，而日本人脚下的土地却从来就没有安稳过。日本的活火山是环绕太平洋的大火山链的一部分，贯穿整个列岛的"环太平洋断裂带"，全国无数断裂带囊括了世界范围内所有的火山形式，经常发生破坏性的地震。其中，主要的火山超过了 150 座，分为千岛、那须、鸟海、富士与乘鞍四大火山带。据说，最近的研究还显示出，冬天日本高山上的大量积雪使地面承受的压力达到每平方米 100 公斤。随着春天的到来，积雪逐渐融化，这种所谓的"卸载"会引起地面反弹，也是容易发生地震的原因之一。如 1783 年，日本最大的活火山浅间山曾给本州岛中部几百平方英里的地区造成灾难。据记录，东京则分别在 1703 年、1782 年、1812 年、1855 年和 1923 年发生过大地震。最后一次是 1923 年 9 月 1 日上午 11 点 58 分发生的 8.3 级地震，造成了 13 万人死亡，震后使东京和横滨夷为平地。据统计，日本平均每天会有四次地震发生，关东地区的地震周期则为 60 年。特别是富士山已经沉睡了 300 年左右，近来地震逐渐增多，临近的东京人大都有随时发生地震的心理准备。正如鸭长明在《方丈记》一书中所写的古代日本人对震灾的感受，其中说："地震当时，人们都说，人生真是虚幻无常，祸福莫测，似乎争名夺利的俗世浊念亦稍稍淡薄了。"

1923 年东京大地震后的废墟

日本自然灾害确实相当频繁，可像中国的俗话所说"虱子多了不咬人"，日本人对种种灾害似乎已习以为常，反倒非常懂得如何变害为宝。像富士山眼下便集圣灵性与商业性于一身，堪称是现代日本的中心。在富士山周围，登记的宗教组织大约有 2000 多个；山脚下有 117 个高尔夫球场，每一个都声称既能健身又可以远望高山美景。游客还可以在那里游览富士山野生动物园，或者坐观览车和过山车。在夏季，每天都有多达 5000 名游客和朝圣者去登富士山。因为游人太多而垃圾成灾，日本决定今后不再将富士山作为竞选由联合国教科文组织确认的世界文化遗产的对象，这恐怕也算得上因美丽引来憾事的一个例子。

关于日本的象征，除了樱花和富士山之外，还有一种东西是应该提及的，那就是折扇。

去日本各地旅游，看摆在各商店里的旅游纪念品，最多的怕要数折扇了。它们已不再是中国人手里那种扇风纳凉的工具，而是可以摆在支架上或挂在墙上用来观赏的艺术品。那些折扇小的收起来只有拇指大小，大的展开来会有一庹多宽。不仅颜色各异，而且扇面的装饰争奇斗艳，让人目不暇接。

听说，日本折扇源于中国的团扇。后来因为用槟榔树叶做的团扇可以握成一把，日本人便效仿之将薄片折叠起来做成了折扇，当时名为"桧扇"。到中世纪平安朝以后，扇的骨架逐渐变得小了起来，并开始使用竹纸来糊制。

折扇称得上是生活在气候炎热地区的古代日本人的著名发明。如果把折扇倒着展开，其形状不禁会使人联想到富士山的对称之美。人们有理由猜测，日本人发明折扇，也许是受惠于富士山优美姿态的启示。

自古代以来，日本人曾屡屡把富士山比喻成倒悬的折扇。江户时代的文人石川丈山[①]有一首歌咏富士山的诗相当有名：

仙客来游云外颠，神龙栖老洞中渊。
云如纨素烟如柄，白扇倒悬东海天。

按照日本著名的中国研究家竹内实先生的解释，这首诗中的"扇"与平常所说的"扇子"并不是一个意思。所谓"扇"，显示着与武士佩戴的刀一样的权威。他说：

> 人们都知道长谷川等伯笔所画利休居士[②]的肖像。而大都没有注意，那画幅的中央，利休居士的右手拿着一把扇。在居士本人的膝前，几乎没有什么东西，但这并非意味着此外就再没有别的东西。利休曾经禁止把刀带进茶室，他拿的是能够如刀一样来显示地位与洁癖的扇。通过以扇来区别身份，意味着其非同一般。居士的手没有什么力量，却无所不能。

---

① 石川丈山（1583—1673），日本江户初期汉诗人、书法家。曾仕于德川家康。晚年在京都建堂隐居。
② 千利休（1522—1591），日本茶道创始人。原名宗易。先后被织田信长和丰臣秀吉重用，被授以"利休居士"的称号。最后因激怒丰臣秀吉被迫自杀。

把崇拜的对象富士山比喻成扇,其便带有了神圣的含义。而使用"悬"这一动词,由于其意味着固定(如钉住之类)在天上,自然同样具备了如同神龛那样的价值。①

扇子是古代日本人经常带在身上的礼仪之物。其不只是用来扇凉的,听说还是招魂的器物。扇的别名又叫做"末广",意思是末端宽广,象征着前程无量,故常用来作为祝福之用。日本人把扇子放在胸前敬礼,表示极高的敬意。而当扇子代替剑插在和服的腰带上时,被认为可以作为护身的武器。直到19世纪,日本武士仍旧用一把张开的扇子来领取薪俸,然后再分发给自己的随从,视直接用手敛取钱财为耻辱。

日本折扇

然而,用处如此广泛的小小纸扇,也在中日两国的关系史上酿成过灾难。在古代,日本京都出产的折扇曾长期和大批进入中国。这一贸易一直持续到16世纪。后来,因为折扇出口过多,日本人竟以武力来强迫中国购买,最后甚至发展成为武力抢掠,杀人越货。据说,中国历史上有名的"倭寇"之害,就是这样引发的。

---

① 竹内实:《气宇轩昂的丈山》,《竹内实文集》第8卷,中国文联出版社2004年版,第287页。

如果注意观看日本的古装电影，不难发现其中的武将等重要人物，大都在腰间插着或在手里拿有折扇。那是一种身份的象征。而且，折扇还在古代日本的战争中发挥过重要的作用，其有点儿像是中国古代智慧的化身诸葛亮手中的羽扇。像刊行于明朝的一本《两朝来攘录》（作者为诸葛元声），就记载过当时日本的战法，是战前三三五五分散各处，一人挥扇则伏兵四起，此谓"蝴蝶阵"。在当时，扇还是一种传递信号的工具。因为挥动白扇如蝴蝶上下翻动，由此而得名。

日本的折扇早已输入中国，眼下成了中国人手里极普通的生活用品。然而，小小折扇所蕴涵的日本文化传统，未必像一般中国人理解的那么简单。

二

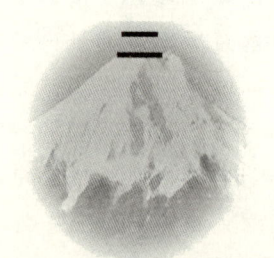

日本人从哪里来？

笔者在日本的一个研究所工作期间，听说日本科学文化部长期在资助一个关于"日本人的来源"的研究项目。但直到如今，这一日本人种学的课题并没有得出明确的答案。

日本人对考古挖掘相当热心，主要就是围绕着日本民族究竟来自何处的问题。日本人仿佛有一种急于搞清楚"我是谁"，即日本民族人种与血统来源的焦灼心态。在早就自命为炎黄子孙的中国人看来，日本人的这种心情很难理解。

这无疑是因为日本古代历史文献出现较晚，像最早写于公元8世纪的《古事记》和《日本书纪》，都带有传说甚至神话的色彩，并非是像中国史书那样的纪实性质。因此，从17世纪的江户时代开始，日本人就纷纷猜测传说中日本民族来自的"高天原"一地到底指哪里，其中有"常陆说"、"伊势说"、"大和说"、"朝鲜说"与"中国说"，等等，不一而足。到20世纪30年代，一个叫竹内巨麿的人甚至公开了一部据说是家传的《竹内文献》。其中记载，日本早期传说的彦火火出见天皇曾从北海道巡行万国，途经西伯利亚、中亚、欧洲、南下非洲、中近东，再由印度横渡太平洋南美回国。日本古代的越中地方则是世界文明的发源地。像伏羲、神农、摩西、释尊、基督、默哈麦德、徐福等，都曾向日本学习过人类文明。当时，还有一个叫酒井胜军的人也宣称，广岛县庄原市有一个"日本金字塔"。另一个名为岛山幡山的人，则说在青森县户来村发现了"基督墓"。这些所谓的"文献"和传闻，都试图站在日本的角度去解释世界历史，把世界各国统治者说成如同天皇认可的地方官。

日本会出现这样的风气，主要由于当时极端国家主义风潮泛滥，其目的是要宣扬纯粹不杂的日本民族自古就存在，其祖先是从天上下凡而来，觉得只有纯粹的民族血统才会创造出举世瞩目的日本国势。直到几年以前，还揭露出了曾任日本东北旧石器文化研究所副理事长的藤村新一，多次做假从宫城县筑馆町上高森遗址挖掘出"50万年前至70万年前旧石器"的丑闻，使日本和世界考古学界感到震惊。据日本考古学协会2003年6月10日公布的调查报告称，在藤村参与开挖的178处遗址中至少有159处涉嫌造假。到2003年的7月6日，该协会又宣布，日本国内迄今出土的最古老石器为八九万年前的遗物，其与亚洲同期出土的石器形状相似，日本并没有发现过具有独自特点的古石器。

面对这种急于向远古追索日本单一人种来源而不惜作伪的荒唐，有良知的日本学者如柳宗悦（1889—1961）、梅原猛（1925—）等都曾经斥责过。后者指出："日本人是单一民族的学说，以前几乎是一切日本人论的前提。"但按照自然界规律，则是"单一性导致脆弱，多样性导致稳定"。他认为，日本民族之所以能够日渐壮大，并非在于什么"单一民族"的秘诀，而是由多种族成分构成的。①

据笔者个人的印象，似乎古代日本曾长期是一个亚洲各国移民向往的地方，与当今的移民国家美国相差无几。

实际上，早在远古日本还是与亚洲大陆一体的时候，就已有原始人群的流动。据美国《全国科学院学报》刊登的一篇报告说，美国拉普拉塔博物馆人类学家苏姗娜·萨尔塞达根据对全世界21个古代人头颅骨进行测量和分析后得出结论，认为日本早期绳文时代（从公元前七八千年到公元前3世纪）的人种是从亚洲迁徙到日本的，但绳文人也有欧洲人的特征。后来，一批绳文人和稍后的阿伊努族人甚至穿越了连接亚洲和美洲的白令海峡去了美洲。另有自然人类学研究的结果指出，绳文时代与后来弥生时代（公元前3世纪到公元3世纪）的古日本人种也有变化。前者是旧蒙古人种，多住在日本东北地区，如

---

① 梅原猛：《日本人的灵魂——世界中的日本宗教》，文化艺术出版社1993年版，第5页。

至今日本东北的地名仍源于阿伊努语①;后者则是新蒙古人种,多见于近畿即如今的京都、大阪一带。而"日本民族头盖骨指数测定会"还在日本全国进行过头盖骨检测,其表明,"日本人史前的祖先曾在中国大陆东海岸居住过"。这些现代人类学的科研成果都印证,说日本民族原就是单一血统缺乏事实的依据。对此,日本学者的分析是:"过去有这样一种说法,认为阿伊努属于白色人种。但是最近的自然人类学的研究已经明确证明,阿伊努是和日本民族一样同属蒙古型黄色人种,也就是人们平常说的黄色人种,而且还是古老的蒙古型黄色人种。这就产生了一种新说,认为这支蒙古人种最初是居住在日本的,从距今2000多年前起,又有新的蒙古型黄色人种迁居日本列岛,和原先的古蒙古型黄色人种融合,成为今天大多数日本人的祖先。"②

出云大社

---

① 波宾·阿列克萨达:《绳文时代到前代日本列岛是什么语言?》,《日文研》第27期。
② 梅原猛:《日本文化和阿伊努文化》,《日本人与日本文化》,中国社会科学出版社1991年版,第54—55页。

那么，为什么自远古地壳变动，当日本列岛远离了亚洲大陆以后，总有人不惜冒着被海浪吞噬的危险奔向那里呢？现在回顾起来，其原因之一，首先是由于那里优越的海洋型自然环境一直对古代移民具有极大的吸引力。凡去过日本的人都会承认，说那里可能是中国古人传说中的"蓬莱"仙岛，并非不着边际的猜测。试想，海岛上气候宜人，山清水秀，无边的海洋可以随意捕鱼捉蟹，不愁温饱，谁会不对那样的"仙境"神往呢？特别是每当时代动荡，在战乱频繁的时候，东海"仙岛"便格外能吸引那些走投无路的人。而其中古代蒙古与中国，无疑是日本列岛主要人种的来源地。

像早在春秋战国时代，当孔子政治不得意的时候，曾说过想"乘桴浮于海"，史书上还有"子欲之九夷"的话。这说明，当时人们已经知道"东夷"的美丽海岛是一个难得的好去处。在秦统一六国以及后来屡次改朝换代的过程中，总有人出于种种考虑而跨海东渡，历代不断。从关于徐福的传说到确有其人的唐代鉴真和尚与明末朱舜水等，只是文献上有记载的寥寥数人而已，实际上还有大量无名百姓选择过与他们同样的道路。成书于公元8世纪的《日本书纪》中曾有"应神武天皇14年（公元前2世纪之际——引者注）秦人来归"的记载。而日本的《姓氏录》也说："秦民流徙各处，（仁德）天皇使人搜索纠集，得一万八千七百六十人。"其正可与《日本书纪》中的文字相印证。至今在日本京都的西郊，还有一处地名叫"大秦"，便似乎与此记载有关。据日本平安朝（794—1191）初期所纂《新撰姓氏录》说，当时在京都附近畿内地区的1059个姓氏中，外来的所谓"渡来人"的姓氏竟占了320个。这就是说，近畿地区居民的1/3属于渡来人。如曾任日本政府前首相的羽田孜其姓的日语发音便与汉字"秦"相同。而羽田家故居的匾额上写的是"秦阳馆"三字。羽田家的墓地还竖有一块石碑，上书"秦帝苑"。日本还有一本书名为《弥生的日轮》，其中说："徐福来日后，名门望族的秦氏家族也在日本扎下了根，秦氏是血气方刚的行动派，每逢日本出现大的动乱，他们必定出现在舞台上，并改变着日本的前进方向。"所谓徐福远走日本也许只是无法确认的传说，但其中确实反映了秦汉之交大量中国人四处流散的历史事实。因此，日本学者的如下猜测并非不可信："当时中国氏族势力已经衰败，像汉高祖可以由平民变为天子。日本则非常尊崇氏族，不是氏族的人，从外国来的人，都被当作贱民。从外国移来的人便伪称自己是某某的后裔，编造一些莫名其妙的家谱，说什么我是汉高祖的后裔，秦始皇的后代，有一技一艺之长，于是在日本取得氏姓，受到相当的待遇。"①

后来，像南宋禅僧无学祖元（1226—1286）在元军南侵后于1279年应镰仓幕府执政北条时宗的邀请也到了日本，并建立了圆觉寺，自任首任主持。他曾在《徐福祠献晋诗》中写道："先生采药未曾回，故国山河几度埃。今日一香聊远寄，老僧亦为避秦来。"可见，移民投奔日本是自古就有的。因此，日本早期人种多种多样，各部族和聚落的社会形态与制度也参差不齐，而其结果，则使日本人能够接触到各种各样的外来文化。日本著名画家东山魁夷在《唐招提寺的魅力》一文中承认："接触优秀的外来文化，对日本来说是极其重要的一环，从飞鸟时代（公元六七世纪——引者注）到今天，这一历史事实是显而易见的。"

横滨中华街

---

① 内藤湖南：《近畿地方的神社》，《日本文化史研究》，商务印书馆1997年版，第35页。

如今在日本横滨市中华街上的中华会馆挂有两副楹联，古韵十足地道出了日中两国在历史上的密切来往。其一是："福地枕蓬壶，采药寻踪，仙去尚留秦代迹；好风停佳棹，扶桑乐土，客来重访赖分碑。"意思暗指秦代慧远和尚到蓬莱岛采药不还并在横滨就地建庙定居的传说。另外，在日本的鹿儿岛与中国湖南长沙市结为友好城市后，曾建有"鸣嘤亭"以志纪念。亭上所刻楹联为："我从麓山携来衡岳千峰雨；谁在樱岛剪取楚天一段云。"同样是在盛赞中日两国以往的亲近关系。

另外值得指出的是，由于古代交通不便，历来向日本的移民多是个体或家族性的，很少有像现代一样的群体移民行为。而单个或家族的"渡来人"很容易一个个被当地"归化"，使得古代日本并没有出现如今美国或加拿大、澳大利亚那样移民国家中的少数民族问题。这可能就是日本"单一民族"的神话最终形成的主要原因。

比如，日本人姓名之多，让中国人望尘莫及。这可以想象到当地多为各种外来移民的后裔。在1983年，日本群马县太田市有一位72岁的老人斋藤清，曾从全国各地电话簿上查出日本人姓名有近14万个。而据1996年丹羽基二编纂的《日本姓氏大辞典》，全国姓名共有26万个，多出中国的"百家姓"好几倍。在中国人看来，其中有些姓氏相当古怪，如"役所"的意思是政府机关，"御手洗"意味着厕所之类。这些类似职务的姓氏，会让人联想到移民去日本后的职业身份，与原住国的姓名毫不相干。

大体来说，关于日本民族的形成过程是这样：

　　日本从地理来说是个岛国。在远古的年代里，大陆上的一些民族或从大陆北方经朝鲜来到日本，或从大陆南方顺着海流漂到日本，或从西伯利亚渡过日本海来到日本。他们在日本列岛上共同生活，相互结合。与此同时，又不断有外来民族渡海来到日本，加入了他们的大家庭。而这些民族长时期混血的结果，就产生了今天日本人的祖先。

　　由各地迁徙到日本来的人们，带来了各自出生地的地域特征和文化要素，甚至还有各自不同的特点。可日本是个岛国，再往东就是无法横渡的太平洋，于是他们只好停止迁徙，共同生活在日本列岛上。这样，日本列岛便成了一个大熔炉，外来民族带来的不同文化都在这个大熔炉里熔解，混和，相互同化，逐渐形成了一种新的文化。这就是日本文化的萌芽。①

为了说明日本民族曾融入过中国等各国人的血统，下面引述一个关于杨贵妃后代的传说。

周作人早在1930年给俞平伯的信中曾提到，听日本人说过，山口县有关于杨贵妃的传说。到1963年，他看日文杂志《中国》上报道，日本电视中有人自称为杨贵妃的后人，还展示了历史文献为证。于是，他写了一篇名为《杨贵妃的子孙》的短文，其中说："盖中日一水之隔，在前代战乱之际，往往有人冒险逃出去，这里是无可考了，在那边说不定还留有记录……杨贵妃不会有后裔，或者是杨家的支派逃亡出去也是可能的，那时候日本的'遣唐使'的官船常有来往，所以就混出去了。不过这样说来，那么也只是杨国忠的子侄就是了，可是说来面上没有什么光彩，幸而乐天居士的《白氏文集》正是盛行，便沾了《长恨歌》的一点光，说成杨贵妃的子孙。"② 令人惊奇的是，事过半个多世纪以后，这则杨贵妃后代的传闻竟果真有了下文。

据浙江《今日早报》2003年报道说，日本著名女影星山口百惠曾在2002年接受记者采访时声称："我是中国杨贵妃的后代。"而近日经调查发现，山口百惠不仅原本姓杨，而且是浙江省台州市三门杨明州在日本改姓山口后的家族后裔。

在东海之滨、浙江省三门湾畔的沙柳清溪入海口处，有一个叫溪头杨的村庄。据浙江三门县政府外事办公室"三门裔海外人才和知名人士调查"显示：这个村是山口百惠祖根宗源的发源地。在三门县沙柳镇溪头杨村，翻开《石林杨氏宗谱》，第7页上有这样的记载："安雷，字汝平，号明州，去宁波失。"据考证，台州杨明州于明朝崇祯二年（1629），在乘船去宁波途中遭遇台风失踪，同行的还有一人名叫张五官。

---

① 樋口清之：《日本日常风俗之谜》，上海译文出版社1997年版，第169页。
② 周作人：《杨贵妃的子孙》，《新晚报》1963年12月21日。

在357年后的1986年春，日本航空公司驻京办事处的古坚义道先生、日本蔬菜采购公司驻沪办事处山口光友先生共同到杭州寻祖。他们携带着一本康熙二十九年（1690）纂修的杨氏宗谱，其一世祖宗为杨明州。据其祖上相传，杨明州家住浙江沿海一个姓杨的村落，村前有一条溪流。杨在赴宁波的途中遭遇台风后，在海上漂流了28日，最后漂到琉球的八重山，才得以脱险。此后，杨明州便定居琉球。

山口百惠

杨与难友张五官都受过良好的教育，张五官后来做了琉球地方仿明朝中国官学机构的"明伦堂"的"训诂师"——汉文经典教授。顺治五年（1648），张五官去世，由杨明州继任。杨明州在琉球成家立业，生有2子1女，长子春枝是日本古坚一系的小宗祖，次子春荣则是山口一系的小宗祖。古坚和山口的姓应当是以后变更的。春枝之子联桂仍以杨氏为姓，曾于康熙五十八年（1719）出使中国，当年病逝，葬于京东通州的张家湾。当时，康熙皇帝还为此事曾遣使致祭。

1998年2月，日本古坚和山口家族重入三门县沙柳镇溪头杨《石林杨氏宗谱》，正式认祖归宗。

听完上面这个山口百惠的祖根在中国的故事，也许有人会觉得说中日两国"同种同文"还是有依据的。但应该提醒的是，日本民族除来源于东亚的中国、朝鲜和蒙古之外，也融入过古代东南亚甚至是南太平洋居民的血脉。这才是所谓"古代日本是移民国家"的全部含义。

至于日本人也有来自南方的说法，近来有了越来越多的证据。比如：

在弥生时代（公元前3世纪到公元3世纪）后期，在日本近畿地区出现过不同于九州地区传统穴仓的高床式贮仓。这种高床式又称干阑建筑，只限于中国江淮以南地区，并不见于齐鲁以北。这启示人们，移居到日本的人，有来自亚洲南部的。

日本的考古发现还证明，古代日本人所穿木屐曾经高达三四寸，可见古代日本雨水之充沛、道路之泥泞。穿木屐者恐怕只是高贵之人，一般人大都赤脚。此习惯留存至今，这也许是日本文明与东南亚有关的又一证据。

还有一位名叫伊藤武的作家在其《吃整个亚细亚吧》一书中写道，日本人自以为是本国特产的纳豆（由煮熟的黄豆发酵而成），在中国西南也有。而被称为最日本化的饭团"寿司"，同样能够在西南边陲发现其原型。

也有人注意到，日本婴儿是四肢伸开被绑在母亲背上，这种方式与太平洋诸岛及其他地方流行用披肩裹婴儿的方式非常相似。

另外，古代日本人曾穿一种"贯头衣"，即和服的雏形，大约也来自东南亚。日本民俗学家柳田国男（1875—1962）依据终生研究日本风俗的结论，曾在《海上之路》一书中认为，东南亚文明是沿着日本列岛的太平洋东侧北流的黑潮，经冲绳最终传到日本来的。

不过，最能让人联想到日本文化与南洋文明之间联系的，恐怕还是日本传统的天皇体制。因写有《菊与刀——日本文化类型》一书而广为人知的鲁思·本尼迪克特（Ruth Fulton Benedict，1887—1948）在著作中曾比较分析说：

> 实际上，日本人关于天皇的概念是太平洋诸岛上一再被发现的那种概念。他是神圣首领，可以参与政治，也可以不参与。在一些太平洋岛屿上，他自己行使权力；在另一些岛屿上，则将权力委托给别人。但他的人身则是神圣的……18世纪末到过东太平洋汤加岛的詹姆斯·威尔逊（James Wilson）写到那里的政府时说，它"和日本最为相似。在那里，神圣首领是军事将领的某种政治犯。"[①]

[①] 鲁思·本尼迪克特：《菊与刀——日本文化类型》，商务印书馆1996年版，第48—49页。

现日本皇太子一家

  有的中国人觉得，日本的天皇体制有点像中国古代曹操"挟天子以令诸侯"的政治形式，因而认为其为中国君主制的变体。但关键在于，中国古代类似的局面仅在短时出现过，一旦皇帝家族实力在手，就决不会继续甘心当掌权者的傀儡。而日本的天皇虽然也有过执掌实权的时候，可总起来说，日本政治自古以来基本上是被有权势的将军或大臣玩弄于股掌之中，天皇则主要是一种国家名义或其象征。关于这一点，了解东南亚或者南洋文化传统的人，也许更容易理解日本天皇体制的奥秘所在。

三

天皇、狸与桃太郎的传说

1935年5月,上海一家名为《新生》的杂志因发表易水(艾寒松)的《天皇漫谈》一文,曾引起过当时日本政府的抗议,该刊竟被迫停了业。如今,中日关系固然已非昔日可比,但谈论天皇及其体制,眼下在日本仍旧是个比较敏感与忌讳的话题。不过,外国人要想理解日本文化的真髓,又不能没有一点关于天皇制度的知识。

在一般日本人心目中,天皇家族究竟源自何处呢?下面请看过去日本《普通小学国史》课本中开头的一节文字,题目为《天照大神》:

> 天皇陛下的祖先叫天照大神。大神的德行高尚,恩泽无边。开始她让大家种麦植稻,然后又让大家养蚕,使百姓过上了富裕生活。大神的弟弟叫素盏鸣尊,屡次流露出粗暴的行为,但大神还是常常爱护和原谅他,不太责备他。然而,后来由于素盏鸣尊又在大神的织布作坊里胡作非为,大神终于无法忍受,遂走进上天一座叫"岩屋"的洞窟,封上洞门,决心再也不出来。天上的诸神为此事忧心忡忡,为了使大神从"岩屋"出来,遂在"岩屋"外面集合,将神器"八坂琼曲玉"和"八咫镜"等悬挂到常绿的杨桐树枝上,奏起了祭祀的神乐。当时,女神跳起了优美飘逸的舞蹈,引起诸神们大笑,笑声震得天摇地动。大神为此感到奇怪,遂微开"岩屋"之门。诸神们便立刻伸出了杨桐树枝,悬挂在杨桐树枝上的镜子映出了大神的姿影。大神越发感到不可思议,便从"岩屋"探出身

子。这时,躲在旁边的大力士神便趁机牵起大神的手,将她拉了出来。诸神们放声歌唱,一片欢腾。

这段历史课文的内容是根据日本最早的史书《古事记》改编的,其中所讲显然属于古代神话传说而非信史。实际上,古代日本天皇这种神秘的色彩,早在中国史书《三国志·魏志·倭人传》中已有记述,其中说:"倭人乃共立一女子为王,名卑弥呼。事鬼道,能惑众。年已长大无夫婿。有男弟佐治国。自立为王以来少人见者。以婢千人自侍,唯有男子一人给饮食传辞,出入居处。"其身份很像是上古独擅咒术的巫女,国家的世俗性事务则由身边的人去管理。日本人的天皇信仰不是基于抽象的理论,而是与日本传统的神道教二位一体,即天皇制度以神道教为基础,神道教又巩固了天皇制。日本中世纪学者北畠亲房(1293—1354)曾在《神皇正统记》一书开卷写道:"大日本为神国,自天祖开创基业,日神传绶垂统。此为我国所独享,异朝所未有,此所以谓之神国。"后来,号称日本国学创始人的本居宣长(1730—1801)进一步解释说:"所谓神,在中国……只是空理,实无其物。然皇国之神,如今管治着天下,天皇的祖神,非空理、空论之类。"[①]日本天皇及其立足的神道教的"实体"观念而非抽象理论的特点,集中体现在保存至今的三件所谓"圣物"上:一是放在伊势地方的天照大神神殿里、被视为神之"体"的镜子;二是象征大和族征服各地的一把日本刀则放在热田地方的神殿中;而三是代表着血脉相传不断之义的一串项链,直接由天皇保管。至于这三件"圣物"的真伪,历来不允许任何人质疑。

日本天皇的性质是维系民族精神的象征,有点儿类似与北欧现代的王国制度。无论历史出现什么样的险象与危机,天皇都不对政治变动承担责任。因此,尽管日本政治瞬息万变,天皇制度历代发挥着"政治缓冲器"的作用。关于这一点,在明治初期和第二次世界大战失败后表现得相当明显。比如,明治维新志士们打出"尊王攘夷"的旗帜并获得了成功,其实当时明治天皇只是一个十几岁的小孩子。尽管他后来

---

① 本居宣长:《直毗灵》,《增补本居宣长全集》第 1 卷,第 62 页。

京都御所

已经长大成人，但日本政府的大臣们仍然认为，应该由自己做出基本政策并代天皇贯彻其"意旨"。日本人对天皇制度的这种信仰，使那些确有实力的日本政治家们能够迅速稳定局面并把握住权柄。日本人"忠诚"于明治天皇的最典型例证，是曾在日俄战争中立有大功的乃木希典大将夫妇在天皇逝世之日双双殉死。而相反，像日本近代思想家内村鉴三（1861—1930）那样因拒绝接受天皇的"御旨"或因对天皇制度的合理性提出质疑而被控为"不敬罪"的，绝非只是个别事例。1945年日本战败后，美国占领军司令麦克阿瑟试图消除日本人对天皇的崇拜，迫使天皇否认自己的神圣地位，推翻长期以来的以天皇为神统的旧说。但至今摆放在日本东京靖国神社中的一块展牌仍旧写着："占领军试图切断天皇与日本人民之间的纽带。他们广为宣传新年声明是'天皇宣布自己是人的宣言'，但实际上天皇只不过是宣布重新推行明治天皇1868年的《五条誓文》中的原则而已。"[①]

一位名叫小林文男的日本学者曾在题为《关于昭和史的若干问题——再论天皇制和日本人的认识》的文章中说过："日本人对天皇是一种信仰，同时又是祖传的精神支柱。在日本人的内心世界里，谈不上

[①]《日本修正主义者再次把天皇变成神》，英国《卫报》2002年8月21日。引自《参考消息》。

什么反对不反对天皇制这种高深的观念，而是在无意识中认为天皇是自己生产、生活乃至生存的中心。"也就是说，很少有日本人肯去思索与追究天皇体制的合理性或是否必要，因为其与神道教一样由来已久，便大都觉得毋庸置疑而多少保持着承认客观现实的心态。这使人联想到，如同把周围的自然山水看作无可怀疑的实在物加以依恋与崇拜的习惯一样，日本人似乎同样将已经长期成型的观念思维之类视为实在的东西而不情愿进行质疑。在天皇信仰方面这种根深蒂固的心理，反映了日本民族文化传统的一个重要特点，即只要是实际与长久存在的事物，便不肯基于自身的立场进行反思。

因此，与英国相类似，尽管日本已经是在经济、政治、教育诸方面相当发达的现代社会，但天皇仍然是凌驾于平民之上的"神圣家族"。像有人认为，日本考古学无多大进展的原因之一，便与天皇有关系，因为凡是与皇室有关的古坟，都被政府禁止发掘，据说是为了维护天皇尊严。相比之下，中国历代的皇帝则有不少被后人掘了"祖坟"，或是被盗或是进行了现代考古发掘。就此而言，很难说日本人的心理比中国人更现代化。据一本名为《皇室家族财力》的著作透露，现明仁天皇一家的起居除了在东京的皇居之外，还有元赤坂的东京寓所、京都寓所和桂离宫、奈良的正仓院以及枥木县的那须高原休养所等，全年花销可达1.5亿英镑。侍候整个皇室家族的工作人员总数超过1000人，其中包括一个24人乐园、30名园丁、25名厨师、78名水暖工和电工等，明仁天皇和皇后美智子居住的皇宫里则配备了160名佣人。皇室成员每年还花4800万英镑雇用961名特别警察保护他们的人身安全。天皇家拥有622英亩（约252公顷）的农场，为皇室提供新鲜的牛奶、肉类和蔬菜。此外，皇宫里新建了一个造价14万英镑的葡萄酒窖，里面储存了4500瓶名酒。虽然天皇家族的开销来自日本的纳税人，但据《读卖新闻》1948年8月所做的舆论调查结果表明，当时国民对天皇的支持率竟达90.3%。后来，《朝日新闻》还于1978年、1982年、1988年进行过三次国民意识调查，其中国民对天皇的支持率都超过80%，与之相比，战后获得国民支持率最高的田中内阁，也不过60.5%。

当然，现今日本也并非没有公开反对天皇制的人，但更令人惊异的还是某些右翼分子对天皇的痴迷程度。像1988年12月在日本长崎市的一次议会上,当时的市长本岛发言认为天皇对战争负有责任。后来,便不断出现右翼团体的暴力事件。1990年1月18日午后3点,在长崎市政府门前等车的本岛遭到一暴徒手枪射击,子弹打中肋骨,并从心脏旁边穿过,经医院抢救后得救。凶手当晚被捕,是当地的右翼团体"正气塾"东京本部代部长田尻和美。据其招供,他对本岛市长关于天皇的战争责任的发言很恼火,为使其撤回发言而开枪恐吓。

至于平时的日本媒体,不仅常见关于日本皇室行踪的报道,而且连带地热衷介绍世界各国君主及其家属活动。如果注意到日本人对皇室存在的确认态度,也许不难理解为什么日本共产党在2003年修改的新党章中改变了以往的反对态度转而承认天皇制度。就在前几年,像日本前首相森喜郎那样高级的政客仍在鼓吹日本是"神国"。尽管他曾为此招致批评,但其敢那样公开宣称,也是估计自己的观点与立场会在日本有相当的市场。

东京皇宫

当然,日本皇室传统与时俱进,也有某些变化。最为显著的是,皇族联姻非皇亲贵族不娶的习惯已经被打破。从昭和天皇开始,皇太子娶妃便不再苛求是否名门贵族。现在的明仁天皇迎娶的皇后美智子，是日本民间企业日清制粉创业者正田英三郎的长女。而皇太子德仁的太子妃雅子的父亲则是一位平民作曲家。由于皇后美智子和太子妃雅子均来自平民家庭，她们在各种场合流露出的真诚热情和坦率平易，具有一定的亲和力。当前最热门的皇室话题，则是关于女性是否有资格继承皇位。

当今天皇明仁的两个儿子都只生有女孩。特别是在3年前皇太子妃雅子生下小公主敬宫爱子以后，有关女性是否能够继承天皇皇位的讨论在日本朝野和社会一直没有中断过。据日本媒体2004年2月1日报道说，日本国会众议院宪法研究委员会准备在来年1月提交最终报告，正式提议修改现行宪法，允许女性继承天皇皇位。《东京新闻》最近的民意测验则显示，76%的民众表示愿意接受女性继承皇位。

可见，现皇太子德仁的妻子、太子妃雅子将来很有希望变成"女天皇"的母亲。然而，这位来自民间的太子妃却为举国对此事的过度关注以及繁重的皇室"象征性"礼仪活动心身疲惫，连旅游的嗜好也只好放弃，不得不躲进娘家在深山中的一栋避暑山庄，过起了与世隔绝的生活。这也是所谓"贵人自有其难处"。最近，还传出了关于有人认为雅子的处境类似英国已故王妃黛安娜，很有可能为摆脱目前的困境与皇太子离婚的消息。[①]

如果从现代文化或外国人的眼光来看，日本天皇传统中有以下引人注目的特点：

首先，其形象地说明了日本文化并非本土所固有，而属于外来即所谓"从天而降"的特点。如有人认为，那是一个"天神的子孙征服了国神的子孙的故事"，即"天神和国神的先祖本是姐妹；天神的先祖是天照大神，国神的先祖是速须佐之男命（素盏鸣尊——引者注），而且是姐弟关系；天神来到土著的国神的土地上，征服了国神，于是建立了大和朝廷、日本的国家。《古事记》、《日本书纪》的神话要说的就是这些。"[②] 另一位叫岸田秀的日本教授写有《"绝对正义"的荒谬》一文，

---

① 《日本人考虑皇太子离婚问题》，英国《泰晤士报》2004年7月18日。引自《参考消息》。

② 梅原猛：《森林思想——日本文化的原点》，中国国际广播出版社1993年版，第20页。

其中比较说："前往美国大陆的人，主要是在欧洲的宗教战争失败后遭到残酷迫害的清教徒，他们是为了追求自由而来到新大陆的开拓者——清教徒的这种说法，与日本'天孙降临'的神话何其相似，同样不过是一个建国的神话。"确实，说起天照大神为与弟弟发生矛盾而躲进岩洞之类故事，会让人想起中国的《庄子》中关于古代南方越人的部族首领被杀以后，其名为搜的儿子吓得逃进了山洞的故事。后来因为没有领袖，众人只好烧艾草熏山洞，硬逼他出来，立其为王。① 将这些故事综合起来加以思考，人们有理由认为，日本天皇体制并非世界上自古以来绝无仅有的文化模式。只是由于基于传统的移民心理，外来文化观念一旦传进日本并扎下根，日本人便视为已有的既成事实而深信不疑，很少有人去思索其是否可信，是否真正合理。

其次，更为重要的一点，是这一神话显示出日本传统文化对种种实际存在的事物并不太重视区分彼此的优劣与轻重，对其是非等量齐观。人们看重的是它们是否真有实力，并不强调以善恶的标准去衡量其价值的高低。如有的日本学者分析说：在那神话里，"虽说天照和素盏鸣是相互对立的，但他们并不是完全的敌对者。同时还应注意到在他们中间，不存在这一方是完全的善，而另一方是完全的恶的关系"。② 分析人把这种文化传统抽象为一种模式，即"在中心，有一个什么原理或者是强有力的存在，但全体并不是由它来统一，这个中心自始至终无为的，都是空的，而包围着它的各种存在的均衡总是存在着。我把这种由中心统合的模式，叫做中空均衡型的模式……与基督教的神话相比，日本神话的中空构造特征就变得更为明显。在唯一的男性作为中心的基督教中，善恶的区别是明了的。并且，存在于中心的唯一的神对于与己不相容的部分，或者是将其赶到角落里去，或者是完全抹杀掉。与此相反，日本的中空均衡型具有容许相反事物共存的特征，众多的相互对立

---

① 《庄子·让王》："越人三世弑其君，王子搜患之，逃乎丹穴。而越国无君，求王子搜不得，从之丹穴。子搜不肯出，越人熏之以艾。乘以王舆。"
② 河合隼雄：《从日本神话看日本人的精神》，《日本人与日本文化》，中国社会科学出版社1991年版，第39页。

的事物以微妙的形式取得平衡而共存着。"①

说到日本文化传统相对缺乏区分善恶的观念，会让人联想起另一个在日本民间流传非常广泛的传说，那就是关于狸的故事，其名叫做《咔嚓咔嚓山》。

这个故事原流传于东北地区的岩手县，后来则整个日本无人不晓。故事说，古时候，有一对老夫妇。当老头儿上山干活的时候，有一个狸子来戏弄他。于是，老头生气地把狸子捉回家来，挂在屋外的树上。可是，等老头儿不在的时候，那个狸子却花言巧语地哄骗老婆婆，不但将自己放了，还打死了老婆婆，并把她的肉炖熟了。等晚上老头儿干完活回到家，狸子变成了老婆婆，让老头吃了老婆婆的肉。后来，老头儿明白了事情的真相，悲伤得号啕大哭。此后，这件事被一只兔子知道了，它表示可以帮老头报仇。原来，兔子比狸子还狡猾。它先用茅草做了一个窝，把狸子骗了进去，然后点火烧那草窝，可是却被狸子挣脱跑掉了。以后，兔子又引诱狸子用藤萝缠自己的屁股，弄得狸子好容易才甩掉那倒霉的藤萝。再后来，兔子又用杉木做了一条船，骗狸子做了一条泥船，两个一齐驾船出了海。在海上，兔子让狸边敲船边唱歌，说是那样可以钓到大鱼。直到狸子的船敲成一条大裂缝，最后被海水淹死了，兔子才最终帮助老头报了仇。

日本狸塑像

在外国人看来，这个关于动物相互斗智的故事，其中那只狸虽然狡猾地害死了老婆婆，但最终被兔子用计谋淹死了，也算是罪有应得。可见，故事中的那个狸并非是什么招人喜爱的形象。但令人感到奇怪的

---

① 河合隼雄：《从日本神话看日本人的精神》，《日本人与日本文化》，中国社会科学出版社1991年版，第39页。

是，这样一个民间故事中的角色，后来竟被日本生意人做成陶瓷塑像，现在几乎每家日本饭馆的门前都摆着它。笔者多次向日本朋友打听，在店铺门前摆陶瓷塑像的狸究竟是什么意思？他们差不多一致的解释是，可能狸聪明有头脑，日本商人摆它是希望财源茂盛，目的大约与中国的店铺供奉财神关公有些类似。但笔者至今百思不得其解的是：日本人经商大都比较诚信，不知道他们为什么没能像一般中国人那样想到，传说中狸的残忍是惹人讨厌的？

当然，也有日本学者觉察出了日本民间故事中的那个狸并不善良。一位名叫佐藤隆三的人写过一篇《狸考》，但他认为，日本童话狸与兔子的行为残酷并非日本民族所固有，推测那是从中国传来的。为此，周作人撰文嘲讽那篇文章作者无中生有，说"日本在他的西邻有个支那是他的大大方便的事，在本国文化里发见一点不惬意的分子者可以推给支那"。①

另外，日本有句俗话："谎言也是策略"。这意味着，对日本人来说，如果撒谎是一种办成事的策略，其并不可恶。与此相似的是，日本人还愿意强调客观环境来为人开脱罪行，或者对歹徒表示原谅与惋惜。像对20世纪30年代初期发动政变、暗杀政客的年轻军官们，以及20世纪60年代捣毁学校的过激派学生，后来多数日本人对采取他们既往不咎的态度，只是说他们"年轻"、"动机纯洁"等。这使人联想到，在日本相当长的封建时代里，并没有死刑，其中的原因实在值得人们深思。这在很大程度上是因为日本并不像中国传统伦理那样"疾恶如仇"，即使犯有杀人之罪也无须抵命。如后来信奉自然主义的作家小杉天外（1865—1952）在1899年写的《流行歌》所说："自然但为自然而已。不善不恶，不美不丑；唯或一时代或一国家或一人，取自然之一角，以意称之曰善曰恶，曰美曰丑而已。"完全把伦理观念的善恶尺度看作是相对主义的。而且，持有这种观念的日本文人绝非只是个别人，被称为"市井文学"代表的永井荷风在小说《欢乐》中也说："在我眼里，没有善，也没有恶。我对世上的所有活动的东西、有味道的东西、有色彩的东西、发出声音的东西，感到无限的感动，我想以无比的欢乐

---

① 周作人：《日本管窥》，《国闻周报》第12卷18期。

日本店铺门前的狸

歌唱它们。"

由此可见，虽然日本的地理位置在远东，但其文化源流却与以中国为代表、具有强烈伦理道德色彩的亚洲文明相去甚远。关于这一点，美国人在20世纪中期已经意识到了：

> 日本人所划分的生活"世界"是不包括"恶的世界"的。这并不是说日本人不承认坏的行为，而是他们不把人生看成是善的力量与恶的力量进行争斗的舞台。他们把人生看作是一出戏，在这出戏中，是一个"世界"与另一个"世界"，一种行动方针与另一种行动方针，相互之间要求仔细酌量平衡，每个世界和每个行动方

针，其本身都是善良的。①

如果仅仅局限于自身文化传统，也许日本人不至于觉察到这种不太强调善恶之别的心理习惯有什么危害，而那些注意与其他民族比较的人则会感触颇深。长期在中国生活过的内山完造在《中国人的生活风景》一书里曾一针见血地指出，日本民间家喻户晓的"桃太郎"故事，其中征伐鬼岛并带回金银财宝的情节，具有典型的军国主义痕迹。因为将中国的《西游记》与《桃太郎》加以比较，会发现中国和尚远征是为了取经，而日本人率领众鸟兽出征则是为掠夺财物。这便是所谓"桃太郎情结"的深层含义。

据说"桃太郎"的故事出自日本青森县，说的是一个老婆婆在河里捡了一个漂着的大桃子。拿回家还没等用刀剖开，那桃子已经一崩两半，从里面跳出一个白胖小子，老婆婆和老伴给他起了个名字叫"桃

桃太郎

---

① 鲁思·本尼迪克特：《菊与刀——日本文化的类型》，商务印书馆1996年版，第137页。

太郎"。等后来桃太郎长大了，他忽然对老两口说，自己要去"鬼岛"讨伐恶鬼。他让老婆婆给自己做了黄米团子，买了朴刀，并缝了一面绣有"日本第一桃太郎"的大旗举着。一路上，桃太郎收容了一条狗、一只山鸡和一只猴子，桃太郎则自称为"将军"。等到了鬼岛，那些黑鬼并没有把桃太郎放在眼里，可等到真正比试起来，那帮家伙都不是桃太郎的对手，最后不得不跪在地下求饶，最后桃太郎得胜回朝。这消息传到天子那里，桃太郎获得了大奖赏。

日本人对诸如天皇的神话、狸的传说与桃太郎之类的故事人人耳熟能详，却未必真能够理解它们作为本民族集体无意识的积淀与国民深层文化心理象征的意义。但对外国人来说，这些故事则是可以窥测其文化传统的一种路径。

四

"武化"传统

要了解日本文化，当然可以翻看日本古典名著如《万叶集》、《源氏物语》或《枕草子》之类。就笔者的感受来说，研读这些古典名著会令人觉得，当时日本海岛上洋溢的是如同中国远古唐尧禹舜时代一般祥和、温柔、自在的气氛。因为直到平安朝（794—1191）以前，日本大体还处在从蒙昧向文明过渡时期。尽管人们迫不及待地汲取唐朝文明，但仍处处留有草莽或母系时代的痕迹。平安时代的文化自由朴素，富有率真人情的活力。连皇宫建筑的木料都是没有油漆的原色和茅草屋顶，并力求建筑物与自然及周围的景物浑然一体。古代随笔名著《枕草子》中最常见的句式，是面对生机勃勃的自然景物，直白为"……是很有意思的"。那种与自然融为一体的情趣，与中国古典散文以社会为主要观照对象的特点截然不同。

在人情世故方面，当时日本还保留着如中国西南少数民族那样的"走婚"风俗。《徒然草》一书第190段中说："无论何等女人，与之朝夕相处，亦当觉可厌可憎。自女方言之，亦当有悬空无着之苦。虽不同栖而时时过往相见，则反而成为历年所结感情始终不渝之伴侣。不期而至，止而宿之，则可常保新鲜之感也。"同书的第240段又写道："凡经他人撮合而结成夫妇实为可厌且不快之事。"所谓"好色"，在那时并非是贬义，通常的说法是"不好色的男人真可怜。"像《枕草子》第76节，写有一个类似于《红楼梦》里刘姥姥的老尼姑，当女官们问她是否有男人时，其唱道："夜里同谁睡觉呀？同了常陆介去睡啊，睡着的皮肤很是细腻。"可见，当时日本官风与民风相当淳朴甚至原始。《源氏物语》里的主人公同继母藤壶妃子生了冷泉帝之类情节，在中国人看来属于乱伦行为，可当时日本人还没有那样的观念。可能直到"大化改新"后颁发《男女之法》，规定"一般公民男女所生子女须找到父亲"，日本社会才逐渐告别了"只知其母不知其父"的母权时代。

那么，究竟从什么时候开始，日本才进入了具有与周边民族相区别的独特社会形态呢？日本东洋史学家内藤湖南（1866—1934）对此的说法是："如果为了了解现在的日本而研究日本的历史，那几乎没有必要研究日本古代历史，只了解应仁之乱以后的历史就足够了。应仁之乱以前的事，我们只会觉得和外国历史一样，而应仁之乱以后的历史才是与我们的身体骨肉息息相关的。真正了解这一部分历史，就可以说把日本历史学会了。"①所谓"应仁之乱"，是指从日本中世室町时代（1392—1573）应仁元年（1467）开始的长达10年的战乱，争斗的双方是东军细川胜元和西军山名宗全，双方争斗的要害是由谁来继承将军权位。这场战乱几乎使京都全部毁灭。直到后来织田信长进入京都的百年间被称为"战国时代"，内藤湖南将其比喻为中国的"五代十国"。

日本的"战国时代"无疑是效仿中国的说法，而中国的"战国"早于日本同名时代近2000年左右。也许是因为中华文明发达较早，而日本属于"后来居上"

日本古代武士

---

① 内藤湖南：《日本文化史研究》，商务印书馆1997年版，第168页。

的新兴民族。据历史学家测算，与中国每200多年来一次改朝换代的周期相比，日本则是每100年就出现一次历史变动。这样一来，到德川幕府时代，其历史发展水平已与中国的清朝大体相当。

可见，如果说中国文明是历经过"春秋战国"、"三国"和后来的"五胡乱华"等战乱时期才进入了主要由文官治国的"文化"阶段，那么日本民族则是从平安时代安详的"文化"阶段逐渐步入后来的"武化"时代，并最终形成了自身的文化特色。实际上，所谓日本真正形成的是"武化"传统的说法，并非笔者首次提到，早在20世纪，日本人自己就这样讲过。记得周作人在一篇文章中回忆说：

> 去年夏天在中山公园骗日本朋友的饭吃，有人说起日本文化在中国缺少介绍，一位游历的日本官吏笑说，哪里来什么文化呢。你看地上走的是兵官，空中飞的是飞机，只有武化可以看见罢了。这位日本人的话恐怕是说得很对。①

像中国一样，日本历史上也曾分社会阶层。如雨森芳洲在《桔窗茶话》中说："人有四等，曰士农工商。"不过，其中的"士"并非指像中国那样的"士大夫"，而是指"武士"。与《老子》中所说的"善为士者不武"的观念正相反，日本的"士"是以擅长武艺并躬行"武士道"精神为特征的。"武士"一词最早出现于10世纪，最初有"兵"，即职业军人；"侍"，即贵族警卫；"武者"，即政权中的武人3种意思。而从12世纪的镰仓时代开始，这3种含义统合为一体，并逐渐形成了武士阶层。这一阶层有以下4种性质：第一，是经济领主，既可以是庄园领主，也可以是封建领主。第二，在社会上以武艺、征战为业。第三，政治上以掌握政权为目标。第四，思想上以主从关系为道德准则。

日本古代的武士又被称为"武家"。由于日本政治中宗法血统的观念历来比较薄弱，除被架空的皇族以外，各地武装势力的对峙与较量均以实力决定胜负。因此，武士的晋升与身份只能以武艺和指挥能力为标

---

① 周作人：《谈东方文化》，《立报》1936年12月2日。

准。如福泽谕吉在《文明论概略》中所说的那样:"自古以来,我们日本号称义勇之国,武人剽悍而果断,忠诚而直率……当时日本武风之盛是空前未有的。有败而亡国的,也有一战功成而建立基业的,既不论门第出身,也不论资历如何,功名富贵转瞬可得。"① 表面上看来,武士、集团仿佛是家族形式,但其中并不都是血缘关系,是战争的需要把四方的人们吸引到了卓越领袖的周围。像著名武将织田信长(1534—1582)、丰臣秀吉(1536—1598)和德川家康(1542—1616)等人,都是凭借超群的勇猛称王的。后来,武士最高首领即将军的地位已经越出宫廷,成了武士政权的首脑。自源赖朝(1147—1199)在 12 世纪的内乱取胜后,被天皇任命为将军,并允许在当今东京南面的镰仓建立第一个幕府军事政权。这标志着武士阶层脱离了原本隶属的宫廷,开始行使独立合法的政治权力。镰仓政权是以土地私有制、世袭制与"恩庇和奉公的原则"(实质上是主从关系)为基础的武治体制。在这个时代,农民不再是为庄园领主或土豪耕作的庄园制农民,而是要向大小领主提供一定数量的劳役或交纳一定的租税。而农民能够以这种方式生活,要靠领主的恩庇;大小领主能够堂堂正正地向农民征课劳役和租税,又是依靠源赖朝承认他们的土地所有权。在古代,

赖源朝

---

① 福泽谕吉:《文明论概略》,商务印书馆 1959 年版,第 149 页。

日本的武士地位长期高居农民之上。早在光仁天皇（770—780）时代，已将兵和农区分开来，挑选那些既富裕又有武艺的人服兵役，而让羸弱的人务农。意思是让富强者用武力保护弱小者，贫弱之人只好从事农业供养武士。这种使强者更强弱者更弱的政策，奠定了后来武士独霸天下的局面。历代各将军之间的争斗与交替兴盛都是靠武力较量，尽管没有完全摒弃天皇即所谓"院厅"体制，但行政体系相对独立于宫廷，使武人政权能够擅自行使对全国的指挥权。这种武士政权的存在，决定了日本历史的发展方向，最终使其走上与东亚历史的一般发展形态不同的道路，即不像中国历史上那样由武将治国变为科举选官，而选择了与之相反的从尚文日益尚武、重实力而轻血缘宗法的文化走向。

织田信长

丰臣秀吉

德川家康

外国人要了解如此长达7世纪的日本武士政权及其文化精神，也许从两种象征物入手比较方便，一是日本多处地方建有的所谓"城"，二是日本武士的主要武器——日本刀。

目前日本尚存的"城"，比较有名的如小田原城、大阪城、姬路城，等等，都是将军或地方大名家族行政与生活的独立堡垒。其最大的特点是：它们不像中国的"城"那样怀抱大面积的平民生活区，俨然一个官民同生死、共命运的大家庭，日本"城"其下辖的民众和市镇都在"城"之外的所谓"城下町"。因此，它们更像古代欧洲贵族的城堡，目的在于独家防御而非保护百姓，其权力呈现向八方辐射的形状，反映的是武士的权威和政治专制主义意识。如丰臣秀吉建造大阪城，原本是质押各地大名的妻室、子女及其主要臣属办公的场所。后来的德川幕府在江户建"城"也是出于同样的目的。日本"城"以中心高楼为主，通常建设在主要河流拐弯处的岬角上，其河流可以灌溉大名的土地。在高楼周围有一圈圈的防卫墙，按照同心圆排列，其距离足以保护高楼，使之处于敌人炮火的射程之外。防卫墙里面是大名及其主要臣仆的宅邸，墙外则是城镇，包括商业区、武士卫戍区和寺庙或神社等。整个"城"的设计完全基于战争时御敌制胜的考虑，各道墙、各个门之间的距离与相对位置都力求便于发挥火力与防卫，易守而难攻。与中国平民化、生活化的"城"相比，日本的"城"显示了地道的军事化与贵族化特征。

正像"城"是日本古代武士政权的象征一样，日本刀称得上是武士个人的标记。难怪有人认为："若欲了解日本这个民族，就应先窥其美的认定标准；而要想洞悉日本人对美的认定标准，则必须先从武士刀着手。"

与中国古代武艺流派五花八门、"十八般"兵器如刀、枪、剑、戟、斧、钺、钩、叉之类不胜枚举的特点相反，日本古代的武器主要就是刀。武士们钟爱的贴身日本刀，造型简捷到极点，极端突出了其杀人夺命的功用。

日本刀被人称为"武士魂"，其技术主要是引进古代朝鲜的"捲锻"方法并有所发展，即用较软的铁作为刀骨，外面再加包硬钢，其锋利与尖锐为其他国家古代兵器所无法比拟。其中最著名的应推镰仓时代初期名匠正宗的产品。正宗所造的刀被称为"锐利易切，刚柔并济，完美无瑕"。

大阪城外濠

名古屋城

中国人是从宋代开始了解日本刀的，欧阳修写有《日本刀歌》说："宝刀近出日本国，越贾得之沧海东。鱼皮装粘香木鞘，黄白闲杂鍮与铜。"南宋遗民郑心南则在《心史大义》中评价"倭刀极利"。到明代，科学家宋应星在《天工开物》一书中也谈到了日本刀："其倭夷刀剑，有百炼精纯，置日光檐下，则满室生辉者。"作者感叹道："倭刀背宽不及二分许，架于手指之上，不复欹倒。不知用何锤法，中国未得其传。"

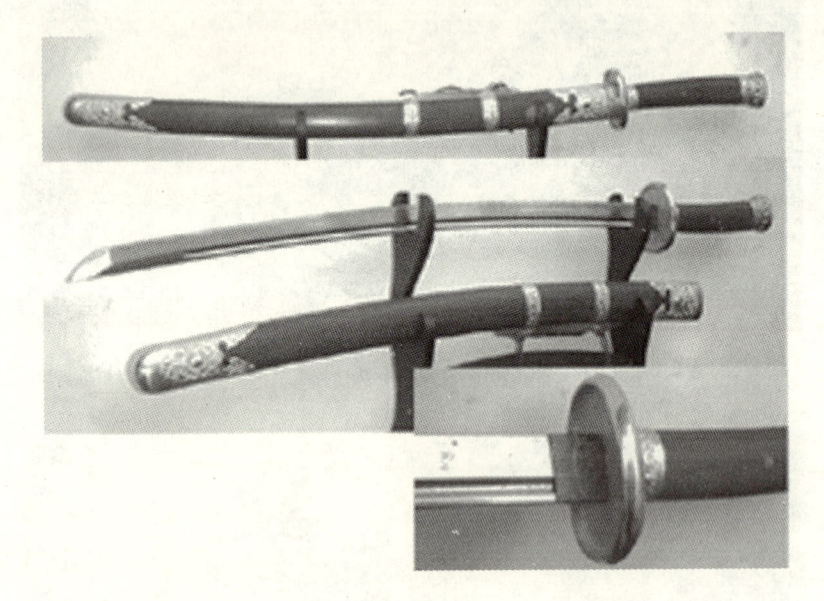

日本刀与刀镡

如此登峰造极的武器制造技术，反映了武士在古代日本社会中的核心地位，因为只有那样才会诱导人们将全部高超的技术都集中体现在制造日本刀上。可见，当时的日本刀并非仅仅是种武器，还是当时时代文明与主人政治权威的象征。有的日本人曾描述道："我们的刀剑之所以带有阴森之气，那或许是刀匠的灵魂或者他的守护神的灵魂。作为艺术品它是完美的，使托莱多和大马士革的名剑都瞠乎其后，而日本刀更是超出艺术所能赋予之上的东西。它那冰森森的刀身，一抽出便立即使大气中的水蒸气凝聚在它的表面。它那洁净无瑕的纹理，放射青色的光芒，在它那无与伦比的刀刃上悬挂着历史和未来。它的弯度把最卓越的美和最强大的力结合在一起——所有这一切，以力与美、畏敬与恐怖相掺混的感情刺激着我们。"①

所谓"爱屋及乌"，日本人对刀的推崇直至刀上的护手铁盘，其称为"锷"。周作人就向中国人介绍过一本日本古刀锷图案的书，名为《锷百姿》。日本刀与中国古代武器的护手比较朴素的特色不同，大都有金属镶嵌或者雕镂，全为手工雕刻，别有风致。这种工艺品的细微之处，很能代表日本人的艺术品位与创意。

日本古代武士的遗风至今仍留有痕迹。像日本人习惯于左侧通行，许多人以为是在效仿近代英国交通规则。实际上，那是源于古代武士把刀等武器佩戴在左侧，走路时为避人，便偏于路的左边。另外，日本辞典里有所谓"辻斩"一词，意思是古代武士为练习武艺或试验刀的利钝，可以夜间立在僻静的路旁，出其不意地砍杀过路之人。在中国人看来，这种习俗简直是草菅人命，令人发指。

毫无疑问，武士传统对日本文化的最大影响，还是反映在所谓"武士道"精神的根深蒂固上。它曾使以往日本的政治理念长期突出两大基本立场，一是要实现日本征服世界的梦想，始终鼓吹"日本是万国之本的国家"，试图征服世界；二是形成了"武国"的观念，以武力作为立国的基础。这种"武国"的特色，就是崇尚军国主义，以杀伐征战、穷兵黩武为极大的荣耀。

实际上，到幕府末期和明治维新前后，已出现过批判日本这一"武化"传统的议论。如有人说："尔来五百有余年，人唯知尚武，不知尚文。不知尚文之弊，礼乐并坏，士不胜其鄙俗；尚武之弊，唯用刑罚，民不胜其苛刻。"② 到第二次世界大战失败以后，人们反思历史的教训，这种"武化"传统的偏失更为越来越多的日本人所认识。如今，"文化国家"一词已常见于日本的各种文字，宪法里也有"健康的、文化的……"等类字眼。不过，正如有人指出的那样："若把德川时代的日本和中国进行比较，应当说中国是文治儒教的国家，日本是武治儒教的国家。把'仁'视为中心德目的中国儒教是适合中国这种统治形态

---

① 新渡户稻造：《武士道》，商务印书馆1993年版，第77页。
② 山县大贰：《正名》第一，《文武第五》。

的；把为主献身的'忠'视为中心德目的日本儒教则适应日本的武家统治。"① 日本这种长期的历史传统，并非经过一、两次战争的失败就能够从根本上改变过来，一种民族文化心理的改弦更张绝非易事。由于深深懂得这一道理，日本著名民俗学者柳田国男（1875—1962）曾经大胆说出过一句使不少日本人感到震惊的话，即："武士消亡之时，也就是日本全民武士化之日。"其对日本爱之切而言之诚，很值得日本人深思。

说到"武士化"在当今日本社会仍有遗存，可以"暴力团"为例。日本的"暴力团"属于黑社会组织，叫做"やくざ"（音"亚库渣"）。此词源自一种同中国"21点"类似的日本牌戏，游戏输赢由每手牌点数之和大小来决定。最小点数为0者输。而摸到8、9、3三张牌的点数即为0，所以这三张牌意味着无用和没有价值。日语的8、9、3的发音分别是"亚"、"库"、"渣"，后来把这三个发音合起来指称地位卑下的人。

日本暴力团

---

① 森岛通夫：《透视日本："兴"与"衰"的怪圈》，中国财政经济出版社2000年版，第18页。

按"暴力团"里的说法，他们的鼻祖是古代劫富济贫的侠士，或者属"浪人"传统。还有人说其脱胎于以前的特立独行者。"暴力团"可说是上述几种人的混合。近代武士身份废除后，许多人没有了生活依靠，便转向暴力犯罪，如经营地下买卖或开赌场和妓院等。令外国人惊异的是，此类人在日本竟无法根除。

确实，在日益高度文明的现代世界上，日本的"武化"传统已日益显现出落伍于时代的弊端来。征诸历史的启示，这一曾使日本走上过邪路的民族传统对日本民族心理的戕害，主要表现在以下两方面：既是对国民个人良知的扼杀，也在国家政体上留下了难以完全根治的"病灶"。

关于前者，比如要理解像明治时代颁布的《军人敕谕》中要求"军人应尽忠节守本分"的规定，曾把日本国民的人性扭曲到什么样的程度，不妨看看一位富有反思精神的日本教授的回忆：在第二次世界大战前后，未上前线的男人全都被编入了相当于预备役军人组织的"在乡军人会"，并时时进行军事训练。"一次前半夜紧急检阅点名，训练持续到十点左右。一位训练者终于忍耐不住，便向分会长请求：'明天天亮还有点名，我想回去洗个澡，以干净、清洁的身体接受点名，今天的训练能否就到此为止？'这在当时实在是有勇气的发言。但中间一个冒失鬼发出了'哎呀哎呀'的声音，分会的干部立即高吼起来：'放明白点，这里是军队。'哎呀哎呀'是什么意思？滚出来！'说罢便将那人揪了出来，长时间地对他拳打脚踢，最后连分会长都实在看不下去，发出了'住手'的命令。通过那次残酷的暴力，我也算是间接地窥视了陆军内务班的生活。"[①] 不难理解，过去日本军队中有不少官兵的良知并未泯灭，但由于"胳膊扭不过大腿"，最终还是因受胁迫而对受害国犯下了不可饶恕的罪行。这些人既可恨又可怜，他们心灵上的创伤不应该再像传染病一样延续到下一代日本人身上。

回顾历史，大和王朝统一日本后首次进犯朝鲜半岛，强制占领了200年，直到562年才被赶回日本。而从1868—1945年的77年间，日本共卷入过10次大的战争，其中有远征台湾、西南战争、中日甲午战

---

① 《家永三郎自传》，商务印书馆香港有限公司2000年版，第78页。

争、日俄战争、远征西伯利亚、第一次世界大战、远征中国山东、"9·18事变"、侵华战争、第二次世界大战，用于战争的时间累计长达30余年。其中的原因之一，便是因为从明治时代开始，日本军人地位就备受尊敬。训练军官的费用全部由国家支付，招募军官如同高级官僚，都是通过公开考试选拔出来的，常常能够招募到有雄心、有能力的顶尖学生，使日本陆、海军中的精英分子有可能成为所谓"军部"的核心力量。应该说，如此"军部"势力决定国家政治从而推动全体国民陷入战争深渊的现象，实在是日本特有的，在近现代其他国家中实属罕见。究其根源，不能不说与日本的"武化"传统有根本的关联。

所谓"军部"势力，以成立于1878年12月5日的直属天皇的参谋本部为代表，实质上是日本独有的、在国家政治中具有独特权威的专制军事机构。这一机构并非空中楼阁，有着庞大的社会根基，从而才能使日本政治在某一时期形成军队势力高于政府的局面并有权发动战争。有日本学者指出："军部和政党的战略不同在于，前者欲切断与英美的合作，确立大陆霸权，把日本建成真正自立的军事帝国主义国家，后者则欲与英美合作，使日本加入到国际资本主义体系中去。"[①] 在一般情况下，像"军部"那样的政治力量未必总能够支配日本的政治走向，但到了非常时期，"军部"以所谓"统帅权"为借口，可以进行陆军参谋总长都不知道的密谋策划。而计划一旦实施，便会强迫内阁甚至天皇承认既成事实。以往的历史事实都告诫人们，日本政治中的"武化"型思维及其实力，始终是悬在日本国民头上的一把"达摩克里斯之剑"，决不可以掉以轻心。考虑到所谓"武化"传统的源远流长及其对国民思想的潜移默化，各国时时关注日本政治的微小异常事态，乃是情理之中的事。

[①] 缑缅厚：《关于近代日本的内外政策》，《中国社会科学院院报》2003年10月14日。

五

"秩序"社会

　　任何一个国家都有各自的"秩序"。不过，在日本，所谓"秩序"，并不只是一种社会状态或指生活规范，它同时又是这个国家和民族的一种文化信条，是源远流长的心理习惯。

　　在外国人眼中，日本是一个非常懂得规矩、遵纪守法的民族。比如，日本人都很"听话"，无论什么事都要按照章程去办。像在过人行横道遇到红灯的时候，即使路上没有车，无论周围是否还有别人，一般日本人都不会"抢红灯"犯规走过去。类似的例子曾有很多人提到过，以至于有的中国人会觉得日本人脑筋不太灵活，过于"死性"。

　　笔者曾听一位在中国读书的日本留学生说过，他觉得与日本社会的"优先原则"不同，似乎中国奉行的是"人情原则"。具体来说，就是日本人对任何事情都强调先来后到，并不觉得尊老爱幼之类的观念有什么要紧。这番话不禁使笔者联想起一个中国人在日本的经历：他走进一个空无一人的地铁车站后随意站着等车。出人意料的是，过了几分钟后他再留意时，发现自己身后已经排上一条长长的队伍。原来，后来的乘客以为他是队首，便不约而同站在他身后了，竟然没有一个人质疑他是否真正有意在那里领头排队。笔者觉得，这种在中国人看起来也许有些可笑的事，确实地道反映了日本人的"秩序"意识。

　　其实，日本人强烈的"秩序"心理并非自今日始。比如，日本最早的长篇小说《源氏物语》中主人公有一个朋友就说过："无论何等贤明之人，一、二人总不能执行天下一切政治，必须另有僚属，居上位者由居下位协助,居下位者服从居上位者,然后可使教化广行,政通人和。"①1803年曾在长崎担任过商馆馆长的荷兰人兹夫,后来根据自己在日本生活19年的感受写过《日本回忆录》一书。他在其中说:"这个国家的国民一般都很勇敢,遇事毫无畏惧。但他们对于上官的命令或为了皇帝,不论是什么任务,都完全以盲目服从执行之。下僚不得审查或批判其命令,以严格遵奉为其最大的荣誉。"福泽谕吉曾把日本人的这种秩序观念称之为"偏重",就是指等级森严。

按中国的眼光来看,即使是堂堂的日本"大丈夫",在上级面前也总是唯唯诺诺、言听计从,即使有怨言也很少敢在领导面前顶撞,充其量只能在下班后到酒馆里去耍"酒疯"而已。因此,一般中国人在日本生活,尽管经济上会比较富裕,心理压力却觉得比在中国大得多。说日本社会是"官大一级压死人",丝毫不过分。而如今,已有有个性的日本人开始抱怨说:"我们习惯于只关心顺序。"②

与中国人彼此间称兄道弟是表示家人般的亲情不太一样,日本人也习惯以"前辈"、"后辈"去称呼别人,但那无关乎年龄的大小,其意思是按照进入学校、公司等机构的先后顺序去排列,来区别身份的高低。日本人从入小学开始,就知道应该把上一年级的学生称为"前辈"。如果说中国的封建宗法制度讲究"论资排辈",那么也许可以把日本社会称为"论辈排位"。日本著名社会学家中根千枝概括的结论是:"日本社会习尚的主根仍然是等级观念。品评某人的人格时,日本人一般都依据一些社会标准,诸如职务、

福泽谕吉

---

① 《源氏物语》上册,人民文学出版社1982年版,第24—25页。
② 高桥敷:《丑陋的日本人》,广州文化出版社1988年版,第21页。

职称等，而对这个人的个人品格却并不大重视。"①也就是说，一般日本人与中国人对人的标准似乎相反，他们会把人的工作职位看得重于伦理人格。道德上的失误可以原谅，而职务方面的责任却丝毫马虎不得。日本人一旦在工作业务上失职，就意味着不可饶恕。譬如，遭受过日本侵略的中国人大都对日本军人至今很少为战争中的杀人罪行悔过感到气愤。岂不知在多数日本军人看来，最大的罪过是在战争中攻防失守，而并非因为曾经根据命令杀过多少人。在日本人心目中，最致命的不是道德犯罪，而是在"职务"身份上的失败。

当然，日本的这种等级性"秩序"观念，并不等于上一级就可以为所欲为甚至能够饱食终日无所用心。在那里，职位高即等于责任大，负担也重。他们的格言是"各得其所，各安其分"，即上级也必须严守和履行自己的职责。有一位中国留学生亲临过神户大地震，他对日本人遭受严重灾难时那种不慌不忙、泰然自若的神情感到非常惊讶。这除了因为日本的地震经常发生不足为奇之外，也使他明白了日本人如何懂得安分守己。因为大多日本人都相信，出现了那样的意外，一定会有相关的人或者机构出来收拾局面，因此大可不必惊慌失措。在日本人看来，克制与耐心是自尊心的表现，自己能够干什么和不应该管什么，都有一定的规矩。

受伦理文化传统的熏陶，个人尊严意识强烈的中国人在日本会感到有些压抑，然而，久已养成了"秩序"感、觉得下级应该绝对服从上级的日本人，却未必会觉得心理压力有多么沉重。从心理学的角度来说，臣服于权力也可以让人不对自己的行为负责，这样在精神上会比较轻松。如果你按照上司的指示做了荒唐事，可以把责任推到上司身上，自己反而能够获得一种安全感。上司可以惩罚你，但又可以保护你。你可以对明天十分放心，因为游戏规则是明确的。所谓秩序，其实也意味着一种稳定性和明确性。生活在非秩序状态中会相当困难，而充当下级则比较简单，其不需要选择，无异于生活在一个透明、单纯的世

---

① 中根千枝：《日本社会》，天津人民出版社1982年版，第31页。

界里。①

　　如此安于本分与秩序的心理传统，既使日本人"听话"、"守纪律"和便于指挥，但也会让日本社会发生一些让外国人不怎么容易理解的现象。像近年来在日本媒体上非常轰动的话题——随笔作家酒井顺子的《丧家犬在远方嗥叫》一书就是一个例子。书中说的"丧家犬"，是指30岁以上的独身女人。在人心普遍感到失落的日本社会，那些单身、家庭和婚姻并不成功的"丧家犬"竟会有心安理得的自我满足感，她们心甘情愿被人们那样称呼。

　　酒井顺子在书中特别提到，对于"丧家犬"来说，只要认输，就会变得轻松。对于这种心态，一位在美国生活多年的日本大学讲师曾指出，认输而干脆将错就错是典型的日本式处世态度，如果在欧美，冠以"丧家犬"之名的书根本卖不出去。

　　据说，《丧家犬在远方嗥叫》一书自2003年秋天出版以来，发行量已超过了15万册。有趣的是，不少男读者也对这种人生胜败论深有同感。"丧家犬"一词很有希望夺得2004年日本流行语大奖。

　　还有一个例子也许更能够反映出日本社会中纪律与秩序观念之严格，在中国人眼里甚至达到了无情与冷漠的地步。像在2004年春，在伊拉克被绑架后获释的5名日本人质重返故里，陷入了一片谴责声中。等候在机场的人群中，有人竟打出了"你们自作自受"的手写标语。有人则在其中一名人质的个人网站上留言说："你们是日本的耻辱。"从人质事件伊始就指责几名人质"净给大家找麻烦"的日本政府，还抱怨他们让政府破费了6000美元。面对外界的指责，5名人质承受着比在伊拉克囚禁时"还要沉重"的心理压力。人质之一的高远菜穗子在回到家乡时，面对记者深鞠一躬，以表示对整个国家的道歉。另一个24岁的日本青年香田凭一股好奇心和热情轻率进入伊拉克，后被绑架并杀害。而日本非但没有像韩国、菲律宾那样掀起要求政府撤军的反战浪潮，香田的家人反倒成了舆论攻击的对象。为解救被绑架的香田，事件发生后，香田的母亲与哥哥赶往东京，面对各国媒体发表谈话，香田

---

① 阿·纳雷什金娜：《动物的本性》，俄罗斯《消息报》2004年1月7日。引自《参考消息》。

的家属除了强调香田只是一个普通的平民百姓之外，丝毫未敢提自卫队与撤军之事，更未敢对政府的派兵政策发半点怨言。

获释的日本人质

在中国人看来，即使这几名人质有某些不当之处，他们能够得救毕竟应该庆幸才对。像日本社会如此反应，似乎缺少点人情味。然而，据美国《纽约时报》分析，日本各界争相责难几名人质，恰恰是几个世纪以来日本人一种心理定式的反映，即个体应以大局为重，必须绝对服从领导的指令。

社会中的"秩序"观念如此根深蒂固，自然会给那些出身低下与卑贱阶层的日本人造成相当大的心理压力，甚至酿成社会悲剧。如曾在中国引起过轰动的日本影片《人证》与《砂器》，都是讲述想隐瞒个人的卑微身世而导致杀人犯罪的故事。前者的女主角成为著名服装设计师后杀了自己与美国士兵的私生子，后者的男主人公则是才华出众的作曲家，因不愿暴露童年的潦倒经历而杀了自己的养父。她（他）们不太可能像中国人那样随意表露自己以往穷困、艰难的生活，视其为人生的宝贵财富，甚至引以为荣。

为什么日本人会形成如此强烈的"等级"、"秩序"心理，而缺少如中国人所说的"人情味儿"呢？这很可能与日本民族是由各地移民长期融合而成，没有像中国那样普遍的亲缘和宗族观念有一定关系。在1873年，法国法学家博伊索纳德（Gustave E. Boissonade）曾受聘到日本制定民法。不过，他草拟的法律从一开始就受到日本人的强烈反对，因为那法律的精神是以法国民法为样板的。法国民法基本上是以血统主义原则为基础，其与当时日本人的传统家庭观念形成了极为尖锐的对立。法国家族成员之间的关系与中国相似，立足于血缘和宗族。与此相反，日本传统家庭观念的基础则属于亲朋好友似的连带关系，并不怎么强调血统。比如在欧洲，如果贵族门第最后一名成员死去而没有继承人，其领地就会被君主没收。但在日本，遇到这种情况，只要领个养子（过继儿子），建立健全虚拟的父子关系，其领地就可以继承下去。因为在日本，优先考虑的是家业财产的延续，而并不着重血统的传衍。所以，说到日本的"家"的概念，与其说是依赖血缘关系建立起来的血肉族群，不如说更是一个旨在维护家庭成员各自权益、利益的集合群体。日本的家族的主线基本不体现在以血缘为核心的宗法伦理方面，仿佛像社会上强调"职分"的实际责任那样，去选择家族产业的后继者。

中国以血缘为标志的传统宗族观念，把"生不改姓"视为天经地义。可在日本古代，平民原没有姓氏。姓氏只是少数皇族、贵族或领主独有的身份标志，百姓只有像"太郎兵卫"、"仁左卫门"之类的名字。到明治三（1870）年，日本政府开始编造户籍，明治五年正式实施，平民才开始按照要求给自己定姓，其中大都以地名、住所、身份、职业、动植物等为姓，如"田中"、"渡边"、"大井"、"丸山"之类。因此，日本平民的姓尽管比中国多得多，可至今不过100多年左右。在日本人眼中，姓氏好像无足轻重，并不觉得改姓、过继或者入赘成为人家的女婿有什么难堪。在日本，通过改姓入赘继承产业司空见惯。战国（1467—1572）与安土桃山时代（1573—1603）的名将丰臣秀吉，本名木下藤吉郎，15岁时过继给人，改名为松下元纲，后又自称羽柴秀吉，再后被赐姓丰臣，可见其改姓之频繁。另外，后来的前首相佐藤荣作（1901—1979）、诺贝尔奖获得者汤川秀树（1907—1981）、民俗学家柳田国男（1875—1962）等，都是入赘之婿或者养子。松下电器公司也是把董事长的职位让给了倒插门的女婿。

据笔者猜测,古代日本与当今美国类似,人们远渡重洋跑到那里,主要目的并非延续血脉,而是为了吃饱饭甚至发财致富。因此,日本的家庭历来多是立足于劳作、经营效益而组成的亲朋集团,其中的利益关系显然比人伦关系更为突出。从外面娶进来的妻子或媳妇,比嫁出去的亲姐妹、亲女儿重要得多。即使是亲兄弟,成家之后就被认为是另外一户。而女婿虽然原是外人,却能够取得家庭成员的资格,比成家另过的兄弟要显得亲密。日本有句俗语是:"始为亲兄弟,终为陌路人。"阔绰的兄弟一般不会去照管成家单过的穷苦兄弟或者姐妹。同样,这些穷兄弟姐妹只要不到绝粮断炊的地步,也不会向富有的兄弟姐妹求助。现代日本企业掌门人经常指定一名有能力的直接下属继任其地位,却未必会指定他的儿子做继承人。实际上,那里很多公司都是由"总管"经营的。"总管"的地位仅次于老东家,他接管公司以后,可以统管老东家的后代。

当然,日本同中国一样,也很重视孝道。不过,对日本人来说,子女对父母尽孝道是基于抚养之恩,并非只是因为他们是父母。他们的忠、孝观念,像画地图一样区分为几个层次,对不同层次中的人来说责任大小不一。关于情义和人情的观念,他们与中国人的理解有相当大的差异。

总体来看,日本人突出的是"集团"意识而非"血缘家族"观念。其特点之一是:即使在家族内部,也不太重视亲情,而以在家族的实力地位来分别尊卑。这种"集团里日常生活中的另一个极端的例子,是日本人对于外域人或居住在特殊的'部落'(原为一被隔绝的部落,现在法律上平等,但仍受歧视)所表示的极度的冷酷、轻蔑,而且这不单纯只是一种冷淡,而是一种有意识的敌意。在日本,对非'我'世界的人的疏远态度,已被社会视为当然。"[①]

如果能够明白这样的内幕和实情,也就不难理解,为什么自近代以来,日本在国力逐步增强的过程中,总是对邻国有一种虎视眈眈的姿态,直到侵略战争一败涂地才不得已而罢手。日本在对待邻国的外交关

---

① 中根千枝:《日本社会》,天津人民出版社1982年版,第20页。

系上的这种态度，实质是日本社会中长期奉行的"秩序"观念的对外衍射与放大。当日本人在世界上同样想以实力去决定国际关系秩序时，自然不能不走上恃强凌弱的可怕道路。

进入近代以来，日本思想家或政治家都无一例外按照"实力"标准把世界划分为三类国家：先进国家、后先进国家与后进国家，并自认为与德国、意大利和俄国属于中间一类，唯一的目标就是跻进前一类国家行列中。像福泽谕吉（1835—1901）的"脱亚入欧洲"论、基督教信徒内村鉴三（1861—1920）把甲午战争时期的日中关系理解为"代表新文明之小国"与"代表旧文明之大国"之间的关系，并将那场战争称为"义战"，等等，无非都是认为"'落后国家（前现代国家）'与'发达国家（现代国家）'不可能结成平等关系；更有甚者，前者为后者所指导毋宁获得了正当性。"[①] 近代强盛起来的日本人以"一等国民"自居，实质就是传统的"秩序"观念的在现代国际关系上的变体。于是，提倡军国主义而反对和平主义的呼声一时甚嚣尘上。关于这种"战争逻辑"与日本传统"秩序"观念之间的关系，美国人类学家鲁思·本尼迪克特分析得比较清晰：

> 日本对战争原因则有另外的看法。他们认为，只要各国拥有绝对主权，世界上的无政府状态就不会结束。日本必须为建立等级秩序而战斗。当然，这一秩序的领导只能是日本，因为只有日本是唯一的真心建立起自上而下的等级制的国家，也最了解"各得其所"的重要性。日本国内实现了统一和和平，平定了叛乱，建筑了公路、电力、钢铁产业。据官方公布的数字，日本的青少年中有百分之九十九点五都受到公共学校的教育。因此，它应该帮助落后的兄弟之邦——中国。"大东亚"诸国是同一人种，日本应当首先将美国，其次是英国、俄国，从世界的这一区域驱逐出去，使之"各得其所"。万国均应在国际等级结构中确定其位置，才能形成统一的世界……但对日本来说，最大的不幸就在于那些被日本占领的国家，并没用同样的观点来看待这一理想。尽管如此，即使是在战败

---

① 小岛洁：《思考的前提》，《读书》2000年第3期。

后，日本也还不认为应该从道德上排斥"大东亚"这一理想。另外，在日本人战俘中，连最不好战的人，也很少指责日本对大陆和西南太平洋地区所怀抱的目的。今后在一个相当长的时间里，日本必将保持它固有的态度，其中最重要的一项，就是对等级制的依赖。①

在当时，日本的舆论大都把去中国作战说成是为了把英美等西方列强势力赶出亚洲。像 1942 年 5 月，日本《漫画》杂志上的一幅画题目为《革除英美头脑》，画上的一个年轻女人在用力搔头发，意思是烫发意味着"英美思想"，被认为是"非国民"行为，而这种"思想"必须像卷发一样被扯下来。然而，问题的关键在于：日本人要与英美一决雌雄，是否必须以邻为壑地到邻居的土地上去拼杀？或者像中国人打的比方，说是要到邻居家去"捉贼"，邻居不同意便将人家糟蹋得家破人亡，这算不算"缺德"？对这一类关于人伦道德的质疑，似乎很少有日本人去考虑。直到近年来，在中国的日本留学生里，仍有个别人沿用这种日本传统的"秩序"观念看待两国关系。所谓"罗刚事件"便是一个例证：

2003 年 2 月 25 日凌晨，在湖南人民广播电台的"心灵之约"直播节目中，传来了一个显然是外国人说中国话的声音。经主持人确认，那是一个日本留学生，其自称"小原正太郎"。这位留学生要求阅读自己一封"写了一个月"的信，是"献给支那人的"。经主持人允许后，他竟然说出了下面这样一些话：

没有来支那之前，当我在国内的时候，甚至也许可以追溯到还是我在上小学的时候，乃至在我刚懂事的时候，我就听说过，支那人是世界上的最低劣的民族。我第一次来到长沙留学以后，首先有一个新鲜感觉。但是后来我渐渐发现，这个民族比我想象中的，比我从小到大受到的教育中老师和父母、爸爸、妈妈、先辈们给我所

---

① 鲁思·本尼迪克特：《菊与刀——日本文化的类型》，商务印书馆 1996 年版，第 15—16 页。

输进去的那种印象还要低劣。支那民族文化之低下、素质之低劣、国民之贫穷,令人震惊,令人愤慨,更令我不可思议,我都为之感到羞耻,无地自容。

……

我们只承认,日本人只承认宋代以前叫中国人,这以后我们都称它为支那。支那人,你们是不是知道,我们为什么叫你们是并称你们为支那人而不叫中国人?告诉你们,那是因为只有唐朝才配叫中国。唐代历来是我们大和民族的楷模和老师,它的强大、文明和礼貌无一不是叫我们,令我们神往。那个时代才配叫中国。

……

在战争方面,我们国家信奉的是达尔文的……

日本留学生这些话无疑令中国人气愤至极,他仿佛故意自我揭示了日本传统"秩序"观念可怕的一面,即"社会达尔文主义"的性质。某些日本人心中的"趋炎附势"与"恃强凌弱"的"势利眼"心态,便源于日本式"秩序"观念的负面内涵。尽管外国人不便对日本国内历来的"秩序"观念说三道四,但无可置疑的是,日本人已无权再像以往那样在国际上滥用其"秩序"观念。历史已经证明,那将会导致什么样的结局。

六

从"一洗了之"到"一死了之"

外国人初次踏上日本国土，第一印象也许是那里非常洁净。请看2003年10月10日《北京晚报》上一篇名为《日本蒙太奇》的文章，其中记的是作者游览号称"梦想与魔法王国"的日本东京迪斯尼乐园时的见闻：

东京迪斯尼乐园

下了旅游大巴，给我的第一印象就是：洁净。空气，洁净；停车场，洁净；道路两旁的花木，洁净……尤其是乐园门口的广场更是洁净得令我感到惊异——几千平方米的防滑砖铺就的广场上,居然看不到一片纸屑,一根烟头,一摊痰迹。

……

七点半钟,伴随着欢快的音乐声,"梦想大游行"宣布开始。只见一辆辆流光溢彩、五颜六色的流星花车沿大道缓缓驶来,车上各式各样的迪斯尼卡通人欢蹦乱跳,车下身着鲜亮华丽艳装的少女载歌载舞。观众们手舞荧光棒欢呼雀跃,气氛极为热烈。

晚八时,游行结束,观众渐渐散去。这回我不但惊异,简直是震惊了——刚才上万人聚集过的道路两旁依然如故,没有纸屑,没有烟头,没有白色污染。我不能不为日本人的环保意识、清洁意识所折服。仅从这一点就不难看出,日本国民是一个具有很高素质的群体。

同上文一样,笔者也曾屡屡感慨日本人比中国人爱干净。推测起来,日本人这种洁净的习惯,大约首先与那里一年四季多雨雪的自然环境与气候特点有关系。每当看到一场大雨或者毛毛细霏过后,日本处处一尘不染的景象,不由得会使人联想到像中国西北地区那种因人类活动过久过滥而满目黄土和沙尘的生活条件。试想,如果连人畜饮水都感觉困难,怎么会有洁净的观念呢?实际上,洁净在日本并非只是生活习惯,确实称得上是一种文化观念。在日语中,与"洁净"相对的"污(けが)れ"与"秽れ"即肮脏,意味着"恶"的代名词。"日本人尊重自己精神上的纯洁。古典中的'清明心',中世的'正直',近世的'诚',虽然各个时期的表现形式不同,但却把精神的纯洁、动机的美好看得比任何东西都重要。有时对于站在利己的立场上行事的人,即使他的行为带来的利益不限于他本人,受惠者也不一定以此为喜,而会把他当作'肮脏的人'加以拒绝。其动机大概与日本水的清澈关系密切。"[①] 当日本人说一个人"脏"的时候,即意味着他已经无可救药。像古代日本庄园里有人犯了罪,庄园主并不在园内处置,而是将其驱逐出去,然后搜查犯人的住所,加以毁坏并烧掉。日本传统文化中关于惩

[①] 源了圆:《日本文化与日本人性格的形成》,北京出版社1992年版,第70—71页。

罚犯人的意识相当薄弱，却非常重视清除罪迹或脏物。尽管8世纪后已经借鉴中国的法律制定了《大宝律令》，但直到13世纪，日本庄园主观念的主旨仍在于扫除"污秽"。①

日本洁净的街道

日本人的洁净观念从其崇尚白色亦可见一斑。这种尚白的传统，据说是由中国经朝鲜传入日本的。中国古商代人崇尚白色。周灭商以后，箕子曾因力谏商纣王而被囚，但周王不仅没有抓他，还封其于朝鲜。后来，朝鲜便沿袭商人而尚白，此风后来很可能传到了日本。日本的婚礼原为祭礼，白色祭服也就是礼服，以白色表示纯洁。婚礼上新郎穿什么都可以，但新娘却必须穿白礼服，且头戴白缠头，名为"白桂卷"，以示对神灵的祭敬。这可能是日本古代母系风俗的遗留。另外，日本国旗为白地红日，也似乎与此有关。白，在日本文化中既象征着洁净，也是本色、纯真与自然无瑕的意思。

后来，日本社会曾长期与佛教结下不解之缘。人们依据中国唐代佛经《无量寿经》宣扬的"净土门"教义，认为"现是五浊恶世，唯有

---

① 中村雄二郎：《日本文化中的恶与罪》，新潮社1998年版，第24页。

净土一门，可通入路。"所谓"净土"观念，源于梵文 Sukhavati，指彼岸的佛教乐园，是与芸芸众生居住的"秽土"对立的极乐世界，是佛家的理想。净土宗佛教流入日本并在那里形成具有日本特色的净土真宗，显然与日本历来崇尚洁净的传统有联系。日本人历来酷好洗澡，后来与佛教徒"浴佛"和斋戒沐浴的习俗恰好契合。

日本自古有洒盐水驱邪并借以洁身的习俗，像入神社参拜前要入海水"垢离"。后来，这一习惯逐渐演变为在住房门口放一小堆盐，以表示洁净。这种象征让人觉得，日本人仿佛有一种"洁癖"似的。

日本人不仅进住房要脱鞋，连中、小学生进教室都要脱鞋，各教室门口都设有鞋柜。另外，日本人把厕所称为"御手洗"，听起来非常文雅。而且设计得很周到，像便器旁边有清洗设备，并以图文并茂的形式标出如何清洗。有的还设置了除异味、调节水温冷热和强弱档次，等等。

日本浴池

日本人对"御手洗"即厕所的讲究不遗余力，甚至将其与拯救陷入经营危机联系在一起。知名的日本电产社长永守重信就说过："快倒的企业，厕所一定很脏。"他购并企业后，第一件事就是要求员工把厕所打扫干净。

　　人们长期的洁净意识加上日本得天独厚的处处可见温泉的地理条件，使日本形成了称得上天人独一无二的"温泉文化"。说日本是世界上最盛行"洗浴"之风的国家，实在不算过分。因为日本人喜欢洗澡举世闻名，并视泡温泉为生活中一大幸事。而日本的温泉从南到北多得无数，其中以四国的道后温泉、东京周边的箱根温泉和日光温泉、九州地方的别府温泉和岛原温泉等最为有名。也许因为日本的温泉实在太有名了，为了招揽顾客，一些地方竟然把自来水烧热假冒温泉。像群马县在 2004 年就发生过这种事情。为此，当年政府曾对温泉进行调查，结果全国仅有 1/3 的温泉旅馆使用的是纯正、未加稀释的天然温泉水。

　　不过，一般日本人并非总能够终日泡在温泉里，那是一种费用不菲的开销。普通的传统洗澡堂方法主要使用家中的大木桶。木桶的下面有火炉，烧火使温度恒定在 40—50 度之间。人们可以怡然自得地坐在木桶里。而人在坐入木桶之前，首先要沐浴干净，大可不必为木桶里会肮脏而担忧。坐泡时，只露出肩膀以上的部分，可以用按摩手套擦拭全身以求放松，还可以到一个有着芳香花草的浴桶里接着浸泡，其舒适宜人的程度可想而知。

　　除了个人在家里洗澡，各地城镇的街道上，更有很多名为"钱汤"的大众澡堂，那里不仅是一般民众喜欢洗浴的地方，还是人们集会的热闹去处。日本人久松祐之的《近世事物考》一书考证说："天正十九（1591——引者注）年辛卯夏在今钱瓶桥（东京古地名——引者注）尚有商家时，有人设浴堂，纳永乐钱一文许入浴，是为江户汤屋之始。其后至宽永（1624—1643 年——引者注）时，自镰仓河岸以至各处均有开设，称风吕屋。又有汤女者，为客去垢洗发，后乃渐成为妓女，庆安（1648—1651 年——引者注）时有禁令，此事遂罢。"不难看出，日本传统的公共澡堂固然是讲究个人卫生的场合，同时也是败坏社会风气的藏污纳垢之处。所以会形成这种互相矛盾的现象，是源于日本人自古对男女之别不甚在意的心理习惯，那里的旧式澡堂长期是"男女混浴"的。有人回忆说："其实，在 100 多年前也就是明治维新以前，东京的公共浴池都是男女混浴。因而，至今日本的公共浴池仍旧遗留着当年的习惯。例如，收费的人坐在可以看见客人脱衣服的位置。我头一次去那里洗澡时，看见女老板的收费方式，感到很惊讶。我发现，日本男人在她面前毫不介意地脱掉衣服……当时，我觉得十分害羞。在日本公共浴池里老板娘不但要监视顾客，有时还要进入男浴池，摆放顾客用过的洗澡用具。事后我知道，男老板也'站岗'收费。而男老板进入女浴池时，日本女人也不介意。"① 据说，在1791年1月11日和1869年2月20日，日本政府和东京都府曾分别颁发过禁止男女混浴的法令，却长期没有实效。到1900年5月24日，明治政府又再次规定禁止男女同浴。到如今，混浴当然已并非日本公共浴池的普遍景象，不过，还是有一些夫妇或恋人对这种日本独有的洗浴风俗乐而忘返。日本的《时代》杂志登载过一篇名为《极乐混浴》的报道，其中有这样的描述：

日本混浴

　　《旅行手记》月刊主编中村指出，"如今受旅游者欢迎的是两个极端——高级宾馆和人迹罕至的秘密温泉。尤其是女性，她们追求的是与日常生活不同的世界，因而这两种方式都很受欢迎"。

　　最近，很多洗混浴的人都属于"情侣派"。一些女性希望与男朋友或是大家一起去洗温泉。

---

① 西条正：《赤身裸体，日中有别》，《日本展望》1996年第8期。

说到日本人爱洗澡，其固然是一种个人卫生的好习惯。然而，也许外国人难以想到的是，日本的洗浴风俗竟也受传统文化心理的影响，因此，对这种习惯和风俗恐怕也不能只是简单地赞赏与模仿。因为在日本人心目中，水不仅可以使人洁净，而且所谓"付之流水"也是他们普遍肯定甚至欣赏的一种处世行为方式。这就是说，他们不太拘泥于过去和历史上的事情，对以往的善、恶行为并不怎么计较，很难理解像中国人那样事后严厉地追究罪恶责任或念念不忘之类观念。不少人可能还记得，在第二次世界大战期间，日本军队中曾经盛行"祓禊"仪式，即通过洗澡或淋浴，以求得个人的罪与错"随波流去"。可见，日本的士兵甚至是军官们未必都对自己在战争中的血腥行径麻木不仁，他们企图借助于传统的洁净仪式去摆脱"恶魔"的纠缠。他们相信，解脱心理上的罪恶感同清除现实污秽一样，也可以水为净。以水净化早就是日本人日常生活的普遍信条。后来人们把这种信条套用到战争中，仿佛眼下流行的广告词语所讲的那样，能够"难言之隐，一洗了之"。

当然，如果不从伦理道德角度做这种深入的追究，仅就洁净的习惯本身而言，确实使日本人受益匪浅。良好的卫生传统加上清淡与经常吃鲜鱼的合理膳食，如今已使日本人平均寿命久居世界第一。据报道，日本《2003年简易生命表》称，当年日本女性人均寿命为85.33岁，男性人均寿命78.33岁，创日本历史平均寿命最高纪录，连续4年位居世界第一。不过，日本人爱清洁好像也有些负面作用，日本医学研究机构的调查表明，那里的人们的肠胃抗传染的能力在变弱，免疫力在下降。由于过多地使用"抗菌"产品，生活圈子过于干净，一旦环境中有致病细菌及病毒，则比别人更容易生病。前几年流行"O157"病菌、食品中毒等就是证明。

过度爱洁净除对日本人的身体健康带来副作用以外，在外国人看来已给他们的心理健康造成了某种程度的伤害。就像中国古语所说的"水至清则无鱼，人至察则无友"，日本人的洁净癖好在人事关系上的反映，就是性格孤寂，自闭，不善言辞，不轻易交朋友。如冈仓三郎在1913年出版于伦敦的《日本的生活与思想》一书中所说："所谓日本人的心理特异性，很多来自喜爱洁净及与之相联系的厌恶污秽。否则无法解释这些现象。我们被训练成（实际情况如此）遇到侮蔑家庭名誉或者国家名誉，就视若污秽或疱疹，必须通过申辩洗刷干净，否则就犹如不能恢复清洁或健康。对日本公私生活中常见的报仇融合，不妨看作是一个喜爱洁净成癖的民族进行的晨浴。"

笔者曾听到过对中国人之间在大庭广众中旁若无人地大声说话习惯的批评。不过，与日本人不善言辞，如经常见到日本人在饭馆或咖啡馆里相对无言一坐几个小时的情形相比，又觉得他们过于拘谨了。比如，像这样的描写绝非夸张："在东海道新干线的列车上，3个小时内翻看报纸的绅士，决不会同邻座搭话。如果有谁伸过头来看报，他就会把报纸收起来，搞得对方面红耳赤。要是在外国车厢，这样的沉默可成问题。"[1]为此，笔者甚至觉得，日本的火车把座位设计得都朝着同一方向，可能是故意不让乘客们相互面对面交流。

日本人的自闭、不善言辞，从2003年雄踞日本畅销书排行榜榜首的养老孟司所著《傻瓜的围墙》一书也可以看出来。该书自当年4月上柜以后，仅半年时间便销售了120万册。那么，这本书的什么内容吸引了日本人的关注呢？主要是因为该书以通俗幽默的笔调，揭示了为什么无法与人沟通这一日本人中颇为棘手的问题。作者从人脑的机能入手，结合人际关系障碍、教育问题、民族以及宗教间的纷争等各个侧面，详尽破解了妨碍人们沟通的一堵"傻瓜的围墙"，使读者明白自己为何在生活中处处碰壁。据说，如何处理人际关系是日本读者最关心的问题，因此"傻瓜的围墙"问题便成了人们街谈巷议的话题。读了这本书，据说会有一种郁愤得到宣泄的感觉，其似乎抓住了当今日本社会的要害。从此不难看出，现代日本社会中人际关系隔阂的烦恼已到了无以复加的地步。

另据报道，由于日本人的孤独感与日俱增，还使得一个新的职业——倾听者的工作应运而生。这些倾听者通常坐在街角等待顾客的光临。现在，越来越多的东京人会停下脚步，向倾听者们敞开心扉，诉说他们憋在心底而又无法向熟人倾吐的心声。像一个化名为"枚方"的倾听者就在东京的涩谷广场上摆出自己的小招牌，上面写着"我听你

---

[1] 高桥敷：《丑陋的日本人》，广州文化出版社1988年版，第15页。

说"。他所在的地方离地铁站不远，来往的年轻人很多。

枚方说："我不是职业心理学家，但正因为如此，像我这样的人做一些事情会做得更好。"

生意人、小企业主、教授、牧师、僧侣甚至心理学家都来找他谈过。他觉得："透过人们向我诉说的内容，可以看出当今社会潜在的问题。"

社会学家认为，日本人的一个特点就是羞于向他人讲出自己的问题，并会谨慎选择措辞来避免让人感到厌烦。因此，向倾听者诉说心声对日本人的生活是有益的，因为陌生的倾听者与顾客的私人生活毫无关系。

在日本，像这种过于"洁身自好"而不善沟通和交流的大有人在。《东京新闻》2002年7月25日报道说，2001年日本全国离家出走者达10.213万人，比上一年增加了4862人，其中成年人75189人，占73.6%。而2003年日本官方公布的一份调查报告也称，全国约有300万左右基本不与外界交流的"遁世者"。据2002年对3292个案例的调查，他们中大约有17%的人可以在家里走动，却没法到外面去；有10%的人甚至不能走出自己的房门；有20%的男"隐士"曾对亲人有过暴力行为，而14%的女"隐士"出现过饮食紊乱。这些行为怪异的人平均年龄为26.7岁，32%的遁世者超过30岁，以男性隐居者数量居多。其中有个叫栗太雄一的，从19岁起就把自己关在屋子里，生物钟完全是颠倒的：下午4点左右睡醒，晚上吃第一顿饭，然后看电视，玩电脑游戏，直到第二天早上才上床睡觉。这样的生活持续了12年之久。而90%以上的国家级医疗机构对此束手无策。尽管有些案例可能与人际关系或校园暴力有关，但有40%的人逃避社会并无特别的原因。精神病学家西藤玉树认为："年轻人遁世问题是我们国家的灾难，但政府没有采取相应的措施来解决这一危机。"

与中国人随随便便大大咧咧的特点不同，日本人相对性格孤寂、情绪内向，再加上社会等级森严、无法随意向别人发泄，使日本历来是自杀率较高的国家。实际上，"自杀"这种现象在各国都存在，但其内涵有所不同。据日本华裔作家陈舜臣的分析比较，其差异主要在于"人至高无上"这一观念的深浅程度不同。像中国人大都觉得，"如果直到最后一刻仍然能够坚定不移地保持相信人的力量、人至高无上的信念，退缩挣扎是自然的。"而日本人对人的力量的信念则稍微薄弱一些。日本人的自杀动机主要就是基于洁净意识，觉得人生蒙受了奇耻大辱，不再纯净无瑕，最好的办法就是自杀。近代日本思想家中江兆民（1847—1901）在《一年有半》一书中提倡过"知耻的自杀理论"，说："我不是反对自杀的人，只是觉得在犯违背道德和人情的严重罪行之后，自己悔恨而不知道如何是好的时候，自杀寻死借以忏悔罪过，像这样的自杀就不一定是坏事。"由于这种心理相当普遍，即使日本各大报纸每周都要披露几十起令人震惊的自杀案件，人们也都见怪不怪了。自杀似乎已经成为不少日本人遭遇不幸时的一种了结方式。

日本武士自杀

据法新社2004年7月23日报道，2003年日本有多达34427人自杀，较上年增加了7.1%。这是自1978年日本警察厅开始统计自杀情况以来数字最多的一年。其中，70%的自杀者为年龄20岁以上的男性。15416例自杀是因为健康问题，而8897人是因为诸如债务、生意困难或失业等经济问题走上绝路的。值得注意的是，20岁以下的青少年自杀人数也增加了22.1%，达到613例。而最近以来，还流行起了网上相约自杀的风气。2003年7月8日，在富士山脚下的一辆汽车里，发现了4具年轻人的尸体，他们就是通过网络联系决定一起自杀的。在不到半年的时间内，像这样的情况已经导致了18人死亡。在2004年9月28日和10月12日，又在千叶县和埼玉县发现了两起共十几名男女学生集体自杀的事件。

西班牙《世界报》在2003年2月16日刊登过一篇名为《日本人自杀成风》的文章，其中写道：

曾经有过这样一对自杀者：那个 32 岁的男子是大阪的一名办事员，他失业了。对于那个女子，人们只知道她于去年 10 月 11 日离家出走，其家人宣布她失踪。他们在因特网上相识。他们都在网上寻找自杀伴侣，希望通过一氧化碳中毒来一起结束生命。她在网上写道："我通过因特网寻找愿意陪我自杀的人。我对生活失去了希望。没有人陪我去死我会感到孤独，因此，我想找一个人一起去死，谁都可以。"日本正在面临全国性的自杀危机。统计数据显示，2001 年日本全国共有约 3.1 万人自杀，日本死于自杀的人数是死于交通事故的人数的 3 倍。2002 年的统计数字尚未公布，但日本各机构公布的材料表明，自杀的人数将再次超过 3 万，这意味着该国每 4250 人中就有 1 人自杀。而在西班牙，每 1.6 万人当中有 1 人自杀。

自杀的日本作家三岛由纪夫

日本有关自杀的声讯服务台（1971年开通，24小时服务）平均每天会接到2000个电话，其中大多数是中年单身男子（这一群体在自杀者中所占比例最高）打来的。据统计，自杀未遂的大多数是女性。

日本人有到某个特定地点（如富士山麓）去自杀的"传统"。这种"传统"现在又复活了。今年，警方在那里已发现了78具尸体，比去年同期多20具。这些自杀者来自全国各地，他们选择死在大自然里，死在日本的主要象征之——富士山的山脚下。

在这样的国度里，名人自杀好像也给了人们效仿的榜样。日本现代作家有岛武郎和女记者波多野秋子在轻井泽"情死"上吊自杀的事例尽人皆知，作家三岛由纪夫和川端康成、芥川龙之介，等等，最终也都是以自杀结束生命而闻名。

七

"祭"和日本政治

外国人到日本观光，若想见识与理解日本岛国那与静谧的绿色自然截然不同的另一种景象，人们不妨去观看各地的民俗活动"祭"。

所谓"祭"，尽管写作汉字，却是按照日本字母即"假名"的发音，读如"马茨哩"。原本是指向神灵表达服侍、犒劳、祈祷或慰问等心情的传统宗教仪式，大约与中国所说的"节"有些类似。作为日本文化根源的神道教带有泛神论的特点，所以，自古以来各种各样的"祭"数不胜数。日本的"祭"可分为多个等级。国家一级的"国有祭"原有6种：祈年祭、新尝祭、风神祭、大忌祭、大殿祭和氏神祭，后来受儒教经典的影响，又增加了镇花祭、追傩、神衣祭、月次祭。地方一级的"祭"，有些在国内外也享有盛名，比如京都的"祇园祭"和"大文字祭"、九州岛上博多的"山笠祭"等。至于各大小地区，无一例外地也都有自己的种种"祭"，名目之多几乎无法统计。特别是近代以来，随着经济的发达，商家为了壮大声势和扩大营业，也逐渐学着搞起各种"祭"来，像什么"周年祭"、"奉献祭"之类，不一而足，仿佛"祭"已变成了日本商业造势热销的一个法宝。如果说传统的"祭"有点儿相当于日本民间的"狂欢节"，那么现代日本的"商业祭"则已成了大肆捞钱的一种形式。日本那些来历久远的古代祭典，大都是反映了人们祈求平安或请求神灵保佑的心愿，其中的含义并不难理解。像渔民有谚话说："海一天七变"，因此，日本每年1月11日都要搞所谓"船灵祭"。不过，某些后起的种种"祭"，其中有的旨趣却让

京都祇园祭

外国人感到有点莫名其妙,甚至是啼笑皆非。比如,在神奈川县横须贺市的久里浜,有一座以"佩里"为名的公园。佩里就是那位在150多年前率领舰队首次打开日本"锁国"之门的美国海军准将、东印度舰队的司令官。在那公园里还建有关于佩里的纪念馆,其中记录了美国的军舰即所谓"黑船"压境时幕府被迫"开国"的历史。在当年美国海军登陆的地方,建立了一块上有日本政客伊藤博文手书的"北米合众国水师提督佩里上陆纪念碑"。在这座公园里,每年都要举行纪念日本开放国门的"黑船祭"。最耐人寻味的是,在"祭"日的一些表演节目中,当初的美国侵略者已变成了英雄,而日本人则显得一副惊慌失措的样子。对此,观赏者并不觉得有什么难堪。可见,与中国的节日一般洋溢着的轻松、欢乐的气氛不太一样,日本的"祭"似乎主要着眼于躲灾避难。关于这一点,周作人曾概括说:"日本的平民艺术仿佛善于用优美的形式包藏深切的悲苦，这似是与中国很不同的一点。"①

在整个日本，最有名的"祭"无疑首推京都的"祇园祭"。其有名主要因为其历史悠久，据说最早开始于公元876年，本来意在祈求天神保佑，驱除流行的瘟疫。"祇园"是京都市内的繁华区域，也是这一祭祀活动的中心地。"祇园祭"的内容主要是展示各种各样的"山"与"铧"。所谓"山"和"铧"，实际上都是带有种种装饰的四轮大木车。其中"铧"要比"山"高大一些，连同上面插有的标志，高达20米左右。上面还坐有演奏音乐的几十个人。车厢的四周则挂满绣有美丽图案的壁毯或古画。而"山"上则一般不坐人，只摆有金饰品、木偶或者古文物等。每座"铧"或"山"都有名字。这些名字有的源于古代日本的故事，但大多数一看就知道是来自中国的典故。前者如菊水铧、船铧、桥弁庆山、芦刈山、霰天神山、油天神山等；后者则有孟宗山、伯牙山、保昌山、郭巨铧、函谷铧、白乐天山之类。此外，还有什么长刀铧、木贼山、鸡铧、太子山、放下铧，总共有30多座。平时，这些"山"或"铧"都由"町民保存会"照管着。每到7月15日即"祇园祭"的前一天，市民把它们装配好，在京都市中心的大街小巷里向人们展示，直到深夜。

京都时代祭

---

① 周作人：《俗曲与玩具》，《古今》第52期，1944年8月。

就笔者多次观赏京都"祇园祭"的感受而言，尽管已是在渐热的夏初季节，气氛大都"热"而不"闹"，无论是拉着"鉾"、"山"游街的人，还是在路边观赏的人，从来都是静静的。只有坐在"鉾"上的人们吹出的外国人听上去有些凄厉的竹笛声，略显嘈杂。一位前美国驻日本大使曾经评论过："在我们西方人听起来，这种音乐纯系杂乱之音，特别是那刺耳的横笛，它总是同日式六弦琴和歌声的主旋律或曲调格格不入，听了一个钟头以后，我真是头痛了……"[1] 不过，在另外一些地方的"祭"里，也可以看出日本人情绪中疯狂的一面。像好多"祭"都是由男子或者女子抬着一两架神舆，在无数人的簇拥下，粗野地喊叫着，穿过高楼林立的大街。那些抬神舆的人大都是仅挂一块兜裆布的赤条条的汉子，而且要抬着神舆拼命摇晃。据说，那是为了摇醒欲睡的神灵，使其精神抖擞，更好地保佑人们。其不由得会让人想到，不管是多么昏昏欲睡的神灵，恐怕都不得不睁开双眼。

观看日本的种种"祭"，最突出的感觉是其中反映出的日本人那种群聚与集体参与公众事务的传统精神，也就是民族心理的凝聚力。据说，在远古时代，日本的"祭"本是一种农村共同吃饭的"仪式"。也许在当时，吃饭就是最大的公共事业，后来，日本的社会性事务就被称为"祭事"。直到近代，当日本人重新以中国古代汉语词汇"政治"去翻译英文 politics 一词时，汉字"政治"的日本式读音即所谓"训读"，还是与"祭事"一样。因此，不妨说日本的"祭"就称得上是"政治"的象征。

如同在种种"祭"中看到的那样，日本社会的最大特色之一，也许可称之为"集团性"，用一句日本成语来说，就是"从众无惧"。与中国人以血缘家族为社会轴心的传统不一样，日本过去很少有像中国那种一姓或仅有几姓的村子。那里的村镇基本上是农民们基于农业生产、求得饱暖的利益共同体。由于视全村的共同利益为至高无上，对人们行为与心理的制约便不怎么突出宗族伦理观念，而代之以约定俗成的"公议规范"。像日本传统村落中有所谓"村八分"的说法，意思是村里有谁违反了村规民约之类，惩罚的方法则是在村民经常的

---

[1] 约瑟夫·格曼：《使日十年》，商务印书馆1983年版，第25页。

10种交往活动中，禁止其参与除火灾和丧事之外的其他8种形式，对其进行孤立以逼其闭门思过。于是，日本人历来最害怕的并非中国人心目中的被"逐出家门"，而是离群索居。直至目前，作为日本人一般不愿轻易同陌生人交流的孤僻性格的另一面，他们依然有自己固定的小团体或小圈子。在这些团体或圈子里，他们无话不谈，甚至什么事都肯于互相帮助，但对于圈子外面的人则形同陌路，很少伸手助人。其"圈里"与"圈外"的界限分得相当清楚。与日本人接触久了，会清晰地感受到他们周围的人几乎都是"圈子"里的那些固定的面孔。这些小集团属于情感与利益的结合体，有的甚至起源于小学或中学时候的"同窗会"一类。与中国的"老朋友"概念不同的是，日本人的"小圈子"往往并非指某几个人，而是意味着一群人。尤其是这种"小集团"的长期性与固定性，很难为亲朋虽多却又流动多变的中国人所理解。

与此相关联，在日本的政坛上，至今也还带有非常浓厚的集团性即宗派性的特点。

日本国会

在日本，历来那"八纮一宇"的权力结构，并非是像中国古代皇帝那样的实权性质，而是在象征性天皇体制之下由各种政治派系或者帮派轮流执掌行政权力。日本中央政权的更替，就是种种政治派系或帮派在政坛上相互较量的结果。用形象的比喻来说，如果天皇像是走马灯里的那盏灯，那么执掌实际政治权力的小集团与派系则如同不停旋转的那些人影，形成了影转而灯不动的独特政治景观。笔者曾听一位北欧学者在谈论日本时说，这样一种体制使日本政治时常表现出"偶然性"与"随机性"的特点，即日本政府首脑很少有能够连续干上两三年的，国家政治走向明显受制于派系力量此起彼伏的形势。不妨说，宗派政治是日本政治最显著的特征。与中国人说起政治里的"宗派主义"往往含有贬义的情况不同，日本人视政坛上的宗派或小集团为天经地义。在他们眼中，觉得小集团或派系就是政治的代名词，离开了派系几乎不可能有什么政治。

日本政治的这种特色，无疑与古代曾长期存在着武士集团的传统有关系，而这些武士群体又是不断靠"浪人"来补充实力的。所谓"浪人"，是自古"武化"色彩浓厚而没有像中国的科举选官制度的日本政坛上特有的现象。那些"浪人"大都有强烈的权力欲且武艺高强，只是尚未受到赏识或重任而处在待用的状态，像是政坛上的备用人才和候补力量。他们不甘心在乡下务农或者学什么手艺，踌躇满志地游走于各级权力机构所在的城镇之间，借以试探和寻找被任用的机会，一心致力于进入各级权力机构。正如福泽谕吉（1835—1901）在《文明论概略》中所说："固然在'浪人'中也有学者，私人也有刻印书籍的，但是，这种浪人是想做诸侯的家臣而不可得的；私人刻印的书籍，也是希望由官方出版而未能如愿的。"[①] 他们一旦在什么事情上搞出点儿名堂，或者进入什么机构之类，便意味着从底层平民平步青云。因此，日本历来的"集团政治"或"派系政治"，主要表现为少数高层政治势力此消彼长的过程，基本上与底层民众没有什么关系，即使是战后实行了君主立宪下的议会制度，也没有根本改变这一传统。到目前，日本政党的名称仍旧经常换来换去，不断分化和重组。像规模最大、历史最长的自由民

---

① 福泽谕吉：《文明论概略》，商务印书馆1959年版，第146页。

主党，已经不知道更改过多少名字。其基层党员似乎并不介意党名改成了什么，他们主要是跟从各地的该党集团去行动。至于那些层出不穷、五花八门的小政党，更是"有头无脚"，尽管基层党员少得可怜，却可以由几个政客在政坛上呼风唤雨。如在2003年日本众议员选举时，保守新党的党首熊谷弘最终落选，其主要并非因为有什么丑闻，而是由于他在政治上变幻不定，如同政治候鸟一样，随时根据政治气候来选择自己的归宿。他曾先后加入过自民党、日本新党、民主党、保守新党等多个政党，最后鸠占鹊巢，当上了保守新党的领袖。人们对他的变化看得眼花缭乱，难以判断其政治立场，自然不太敢投他的票。

日本政党宣传

日本的政党很难说有什么政治纲领，主要意图是结成集团以求在选举中获胜。而党首基本上采取论资排辈的元老推荐制度。与其说日本是"政党政治"，毋宁更是"集团政治"。比如，曾因受贿而被捕过的原日本自民党副总裁金丸信在一次会议上直言不讳地说过："我们这驾马车（指自民党旧田中派——引者注）不是你们想象的那驾马车。派系的头目说右你就得向右，说左你就得向左。如果派系的头目说右你偏不向右，那你只能离开这个派。"各政治派系成员的主要任务并非是去维护什么政治原则，而是协助哪一派的首脑当上内阁总理大臣。反过来，派系首脑又会尽量将他的追随者安插到有权有势的地位上。这实际上意味着，日本内阁的组成是派系首领之间一番讨价还价、互相让步的过程。由于各派系首脑希望其追随者都有可能分一杯羹，所以日本内阁总理大臣几乎每年都要改组内阁。已故前内阁总理大臣佐藤荣作（1901—1975）称得上这门艺术的巨匠，在他任内的 8 年期间，据说曾将内阁职位前后给过 100 多名自民党国会议员。只要想想他手中只有 20 个内阁级的职位可供其分派，就知道这一成绩确实称得上煞费苦心。

日本政坛上的另一引人注目的特点，则是政客的"专业户"即"世袭"现象。日本的选举制度相当保守，甚至可以说仍遗留有某种封建的性质。战后，自民党长期一党执政，选举通常成了重新调整自民党内派系利益的工具，在野党根本没有问鼎政权的实力。只要某一政治家在所在的选区当选，便往往成了这一选区选民的当然代言人。所在选区的民众大都有支持某一政治家的"后援会"组织，始终作为该人的后台。如果一朝当选，可以十几年甚至几十年不变。即使老子不在或退出政坛不干了，该选区候选人的宝座也将传给他的后代。这种现象在各政党内普遍存在。如议员连续当选几十次，父子、父女、兄弟双双当选、因父亲去世而后代当选、80 多岁也要当选之类的例子屡见不鲜。日本政治家有许多是"子承父业"或"婿承父业"的，如桥本龙太郎、河野洋平、田中真纪子，以及渡边美智雄的儿子、小渊惠三的女儿等，都是如此。像福田康夫出身政治世家，是前首相福田赳夫的儿子，毕业于早稻田大学。曾在石油公司任职，后担任国会议员和秘书，并当选为国会议员。其历经外务省政务次官、冲绳开发厅长官和自民党外交部会

桥本龙太郎

会长等职，最后升任为仅次于小泉纯一郎首相的日本政府官房长官一职。

田中角荣

田中真纪子 　　　　　　　　　　福田康夫

由于日本政权格局是各大小集团势力较量与平衡的结果，一般老百姓对选举越来越漠不关心。尽管社会上对某些政客"大老"颇有微词，也未必能够阻止其掌权。2001年6月，第42届日本众议院选举，整体投票率只有62%，最终由仅仅得票19%的自由民主党与公明、保守两党联合组成内阁，森喜朗当选为首相。该位首相上任后屡次发表关于日本是"神之国"和"IT革命"说成是"IC革命"之类的议论，招致社会的广泛指责。但因为他是自民党内强势派系的头头，仍旧能够出面代表日本政府，一时传为笑谈。

日本政坛上论资排辈的传统，还在2004年酿成过执政党与在野党互揭对方议员学历作假的丑闻。

这一丑闻最早始自有人揭露民主党议员古贺润一郎伪造学历。当年1月，日本通常国会刚一开始，自民党中有人指责，民主党去年新当选的众议院议员古贺本来只有高中文凭，其在竞选时填写的毕业于美国加利福尼亚培帕达因大学学历涉嫌造假。为了平息对自己学历的质疑，古贺后来曾去美国寻找从美国大学毕业的"证明材料"。据说，他最终并未找到对自身有利的证据。

安倍晋三

日本民主党为了挽回局面,"以其人之道还治其人之身",便把矛头对准自由民主党的安倍晋三。安倍毕业于日本成蹊大学法学系,其学历上写有"在美国南加利福尼亚大学法学系留学2年"字样。而经民主党调查,安倍大学毕业后到美国留学,只进过当地的语言学校学习英语。一年后虽然进了南加利福尼亚大学,成为正式学员,但其专业依然是该大学为外国留学生专设的英语班,他根本没有进过法学系,学了不到一年便匆匆回国了。

其实,连小泉纯一郎首相的学历也受到过质疑。小泉学历上写的是"伦敦大学留学"两年,但对其留学时代的专业和学校却众说纷纭,许多人持怀疑的态度。

如果说学历之类的丑闻属于"偶尔露峥嵘",会让人感到新鲜的话,那么腐败或贪污之类在日本政界则已见怪不怪,问题仅仅在于是否揭露出来而已。其中除了因为日本政界有小集团的传统,历来内幕隐秘,缺乏透明度以外,也是由于派阀性政治活动处处离不开金钱。派阀成员们共认,筹集资金便等于政治活动。而且日本战后企业在经济活动中习惯于所谓"下请制",即小企业为大企业固定生产配件,是产业链的纵向控制;而"事业协同组合"则是中小企业的行业横向联系渠道。在这种组织结构形成的过程中,日本政府要起关键的作用。因此,企业为争得政府的允诺或批准,只好暗中通过金钱去拉拢政治家。在那些行贿的人当中,甚至牵扯黑社会组织,即所谓"暴力团"。如以往闹得沸沸扬扬的自由民主党"大老"金丸信与原首相田中角荣接受贿赂等案件,都给日本政坛造成过巨大的震动。然而,尽管案主也曾一时显得灰溜溜的,据说日本国民已越来越对政治家失去了信心,但也未必见得怎么影响他们及其后代的政治声誉。在时过境迁之后,这些人和他们的子女又会重新登上政治舞台,而且仍旧有众多的支持者和"后援会"来为他们摇旗呐喊,所谓"道德"好坏,并不被日本政治界看重。

日本政客也许是世界上最专业化的,他们大多是继承祖业并始终以政界为生。因此,各级权力机关中的传统习惯势力也特别根深蒂固,一些新人或外人很难搞懂与顺应那些延续已久的种种规矩,需要相当的时间和耐心才行。自然,也偶有对其格格不入的叛逆者挺身而出揭露日本政府机构里的种种"内幕",使局外人能够管中窥豹。例如,在2003年日本各大畅销书排行榜上引人注目的《再见吧,外务省!》一书就是如此。书的副标题为"我决不宽恕小泉首相及其卖国官僚",可见此书直率与大胆,作者天木直人曾是日本国驻黎巴嫩特命全权大使。当年10月由讲谈社出版以来,在短短一个月内重印了5次,销量突破了15万册。据评论家说,该书可以帮助人们了解日本政府是如何独裁和一意孤行走上了深陷伊拉克的危险之路。在伊拉克战争爆发前,作者天木原大使两次致电川口顺子外相,坚决反对美国单独对伊宣战,并且希望通

日本国会中的争执

过外交努力早日结束战争。然而,一味追随美国的小泉政府对此大为恼火,一纸"嘉奖退职令"便将天木直人逐出了外务省,也断送了他35年的外交生涯。在书中,天木以犀利的笔触,揭露了日本外务省唯美国马首是瞻的诸多事例。他痛心地写道:日本政府从一开始就采取了"追从美国"的姿态,长此以往,还称得上什么独立的外交?后来,天木还曾举行过特别讲演会。他在会上激动地说:日本有"将秘密带进坟墓"的说法,即很少有人愿意揭露政治"黑幕"。但为了国家的未

来，自己有义务将这些秘密公之于众，更何况自己所写的都是耳闻目睹的事实，如果真有人想打官司，自己会把所掌握的材料和盘托出，誓与腐败势力抗争到底。

八

也说明治维新

如同某些历史话题一样，日本明治维新曾是一个人们争相破解的"思芬克斯"之谜。

有些历史话题迄无定论是因为至今缺乏足够的资料佐证，像中国的夏、商、周三朝以及日本的早期历史都是例子。而相比之下，明治维新才刚刚过去一百多年，事情的来龙去脉已基本上没有什么歧义或疑问，却仍旧众说纷纭，各种评价模棱两可，其中原因恐怕主要还是因为不同论者的评说话语、概念范畴和判断标准诸多差异，彼此的衡量尺度不尽一致。比如，"革命"是否一定意味着是比"改良"更彻底、品位更高一级的政权转换方式，君主立宪制与资产阶级共和制二者究竟孰优孰劣等，各国、各人都有不同的眼光，便难免各说各话。明治维新称不上典型的"革命"，甚至是在恢复"皇权"的旗帜下导致日本近代化的。如此不伦不类的变革仿佛故意与那些界限截然分明的学术概念或非此即彼的思考方式为难。于是，无论是当事的日本人还是旁观的外国人，都会觉得"不说还明白，越说越糊涂"了。

为了摆脱这种尴尬的局面，其实不妨尝试改换一下审视与思索的角度。比如，姑且不去考虑那些事先预设的理论概念与定式，而主要着眼于实际的社会效果，或者是将此前日本的历史传统与维新的某些特点贯通起来分析，等等，大约会更切合日本的真实情况，也更能够令人信服。

1867年初，因循保守的孝明天皇逝世，其14岁的儿子即位，改日本年号为"明治"。当时，继承掌握最高实权的将军一职的德川庆喜鉴于国内外窘迫的局势，曾想使幕府政权通过某些改革，尽可能保持并延续其政治权威。后来，有的地方长官大名也提出过妥协性的改革方案，但最终都遭到了否决。到1868年1月3日，萨摩藩的武装部队与长州、土佐等五地的武士以反对德川幕府的僭越、腐败为名攻占了皇宫，宣布新政策，并召开会议，德川的支持者也不得不被迫参加。会上宣布将政权正式回归天皇即"王政复古"，按照以往传统的模式建立政府，废止幕府，没收其土地，降德川庆喜为一般地方大名。这一政治变革就是所谓狭义的"明治维新"。

维新义士坂本龙马

　　关于这一政治变革的背景，似乎应该注意日本此一时期政治气氛具有两个突出的特点：一是全国压倒一切的对外危机感；一是武士中下阶层涌现出的一批全新领导人才。就后者来说，每个人的能量也许未必有多么强大，但他们通过调动各藩主的力量，利用其政治和军事威望，终于获得了政治变革的成功。维新后成立的新政府与权力机构大体持久而有成效，陆续采取的一系列政策与措施，使社会与经济较快实现了变革，日本从此迈上了世界列强之路。

　　后人如果逆向思考这一过程，即不是首先追溯明治维新的起因而将最终的变革结果作为评价的前提，那么一个毋庸置疑的共识应该是：不管日本跻身于列强以后走过什么样的弯路，在亚洲甚至在世界历史进程中，其向近现代化的转变无疑相当迅速。与中国或印度相比，这一点显而易见，是必须肯定的。

　　说再生复兴也好，说繁荣崛起也好，国富民强无一例外是各国、各民族天经地义的可贵追求，也是世界文明发展的动力。不过，这种愿望是否能够兑现以及变为现实的早与晚，则取决于各国的不同情况及其与世界形势的关系，从而使世界各国实力呈现出此起彼伏，各领风骚几百年的历史景观。只有那些不失时机地抓住历史的关口，以符合本民族实际情况的手段行事的政治家，才有可能将民族辉煌的蓝图变为现实。考虑到日本本属于亚洲晚起的文明类型，其能够历经波折且"后来居上"，甚至在近代跑到了亚洲的最前列，明治维新称得上是一个转折点。就此来说，其不仅扭转了日本行将饲虎的命运，也对面临帝国主义掠夺的各受害国有引领与借鉴的作用。着眼于这一历史功绩，无论称明治维新性质为"革新"、"改革"，还是如福泽谕吉所说的"首创"，都不能说过分。比如，列宁对明治维新的评价便是基于这一最终效果，即："欧洲人对亚洲国家的殖民掠夺在这些国家中锻炼出一个日本，使它获得了保证自己的独立的民族发展的伟大军事胜利。"① 不应该因为后来日本走上了帝国主义道路，便对明治维新的这一根本性意义打什么折扣。以大比小，就好像不能由于有人致富以后财迷心窍，而连其致富的能力与经验都否定了一样，二者不可混为一谈。

说到中国人对明治维新的评价，周作人的一个看法也许还不过时，即："在日本有过明治维新，虽已是过去的事，但中日两国民如有互相理解之可能，我想终须以此维新精神为基础。"②

如果肯定明治维新这种划时代的社会效果，那么则应该进而注意到，日本当时这种政治的转变并非一朝一夕的偶然，不妨将其视为日本长期生产力的积累与文化与政治传统的延续。如已有人提醒说："若重新对江户时代进行评价的话，那么，我认为可以这样来理解，即日本的近代社会并不是像一般人所认为的那样始于明治维新，而是更早地发生于 16 世纪末期。并且，依照我的观点，西方国家的近代化过程和日本锁国体制下以自然发生的方法实现近代化的过程之间，存在着平行前进这一现象。"③ 这主要是强调从经济实力与生产方式演进的角度去理解酿成明治维新的必然性。而要是把视野扩展得更宽广一些，似乎还应该考虑到广泛的日本文化背景其及政治体制方面的原因。因为像亚洲封建

---

① 列宁：《世界政治中的引火物》，《列宁全集》第 15 卷，第 158 页。
② 周作人：《〈如梦记〉译者附记》，《艺文杂志》第 1 卷 6 期，1943 年 12 月。
③ 梅棹忠夫：《何谓日本》，百花文艺出版社 2001 年版，第 82 页。

时代经济中的资本主义萌芽，未必仅仅出现在日本。众所共认，中国明、清两代同样有这样的迹象，但后来并未能形成如日本那样成功维新的结局。社会性变革固然不可缺少经济基础方面的条件，可在政治与政权转型成为社会更新关键的时期，一个民族或国家独特的政治传统或政权体制会成为牵一发而动全身的要害所在。日本的近代化进程当然受制于当时西方资本主义列强的压力，这与当时亚洲各传统国家相比并没有什么两样。问题的症结在于，当时日本反对外国侵略的"攘夷"，以及带有反对封建割据的民主主义色彩的"倒幕"两面大旗，并非源自最底层的劳苦大众，都是由以中层乃至中上层以上武士为代表的政治人物借助于西方观念支撑起来的。也就是人们反复提到的，明治维新是一次"自上而下"的政治变革，而非如中国的太平天国或辛亥革命那样"自下而上"即"起于青萍之末"的政治运动。这是日本的近代化进程与亚洲其他国家最不相同的地方。

德川幕府在京都二条城向天皇交出政权

关于明治维新的这一特点，清朝政府首任驻日本公使何如璋在其《使东述略》一书中就已提及。他在分析当时日本的状况时说："迩来二十年强邻交逼，大开互市。忧时之士谓政令乖隔，不足固邦本、御外侮，倡议尊攘。诸国浮浪，群起而和之，横行都下。德川氏狼狈失据，武权日微，而一二千济世之材遂得乘时以制其变。"后来，黄遵宪在《日本国志》里也说过同样的意思，即"二、三豪杰，遭时之变，因势利导，奋勉图功，率能定国是而固国本。"这些"一、二千济世之才"

或"二、三豪杰"就是指下中乃至中层以上武士，他们的变革志向顺应了当时广大日本贫苦大众的意愿，他们手中的政治与军事优势则比走投无路、临时聚拢起来的"造反"民众有效、有力得多。正是这些数量可观的主张改革的各藩正规军队，在与幕府部队的最终对峙迅速战而胜之，奠定了明治维新成功的军事基础。

　　回顾明治维新这种"自上而下"的变革特点，过去大都视其为"不彻底"的标志之一。按照某些预设的理论模式，似乎只有那种从社会最底层、身处水深火热的劳苦大众发起的"造反"，才称得上是名符其实的"革命"，也最值得全盘无条件地赞颂。那种推崇"自下而上""连锅端"地摧毁各级政权机器的"革命"，而贬低不流血或较少破坏性的"改革"或"改良"的观点，觉得只有天翻地覆的"天下大乱"才看着过瘾，即追求如俗话所说"沧海横流方显出英雄本色"的历史快感，却不太考虑究竟哪一种方式能够尽量减低政权转型过程对社会生产力与文明积累造成的破坏程度。也就是说，如果肯定社会政治变革已经不可避免，也必须同时思考究竟哪一种方式能够使政治变革的社会损失代价更低廉或更合算的问题。因为经济与文明积累毕竟是民族实力的根基，要推动实现必不可少的政治变革，不能不考虑尽量减少其对社会与国家的整体性伤害，努力避免"劳民伤财"。这既有利于一个国家保存其实力，最终也会从根本上对改善广大民众境况有益。实际上，这种思考的角度有些像一切经济活动中最简单不过的"成本核算"概念，不知道为什么信仰历史唯物主义的人们竟会长期置于脑后，倒一味地放纵追求"彻底"或"痛快"之类的情绪。即使承认所谓"革命"的核心在于政权性质的本质性转换，也不能无视一个国家或社会的现实需要而无条件地认定，那些起于草莽并横扫一切的"革命"就一定比由上层人士推动的政变式"改革"要好、要高级。主要应着眼于如何才能多快好省地实现国家与民族复兴的目的，至于其方式是"革命"还是"改良"，那是服从历史目的的，哪种效果好就选择哪种方式。而明治维新的特点在于，当时日本较高层次的政治势力顺应时代需要，迅速促使最高权力实现了根本性的转换。这种"自上而下"的政治变革也许没有使底层劳苦大众过足痛快"造反"之瘾，但毕竟彻底扭转了国家政治的颓势又减轻了劳民伤财的负面效应。

谈到这种"自上而下"的政治变革,日本似乎早有渊源。比如,不妨追溯一下较早的"大化改新"之类。

所谓"大化改新",是指日本自645(大化元)年开始的一场政治改革。其实,这一改革自圣德太子(574—622)时就已经起步。圣德太子担任推古女天皇的摄政,实际上握有政经大权。他觉察到日本与当时大陆文明的巨大差距,曾励精图治,抑制豪族,约定宪法,学习中国文物制度。虽然622年圣德太子死后由苏我氏把持了全国大权,但到645年6月,以中大兄皇子和中臣镰足为首的革新派又推翻了苏我的统治,拥立孝德天皇即位,改年号为"大化",并在年底迁都难波(今大阪)。他们继承圣德太子的革新精神,于次年正月发布革新诏令,从此开始了更为广泛与大规模的政治、经济变革。主要是吸收唐代政制和文化,促进日本的统一,大力推进生产,具体内容有:一、废除土地私有和奴隶私有,确立土地公有制;二、建立中央与地方各级行政机构,由中央统一派遣官吏,废除官职世袭制;三、制定户籍簿,实行班田收授法,由国家按人口分配一定数量的土地,死后上缴国家。四、受田人向国家交纳实物地租和劳役地租,称为租、庸、调,等等。一般认为,这一改革历时10年,到白雉六(655)年基本定型,最终则以壬申之乱(672)后制定的《大宝律令》和《养老律令》等法律形式确立了改革的成果。其最终使日本社会基本由奴隶制转变为封建制度,推动日本历史迈上了新的台阶。

尽管不好说由上层社会发起政治变革是日本的一种传统,但其历来"自上而下"转换政权的实例确实比中国更常见。追究其中的原因,一方面,是因为日本在亚洲属于后起的文明类型,古来的政治与社会危机大都首先源于与国外实力的巨大反差,而最先觉察到这一危机的往往是视野比较开阔的上层人物,国内的矛盾反而显得不怎么突出或仅处于次要的地位;另一方面,也与整个日本社会尤其是最高政权机制,不属于如中国那种传统的血缘亲族性质,各种外姓或杂姓之人都有可能进入政治中枢的特点有关。也就是说,非血缘或非宗法性质的政权体制的变换要相对灵活一些。不至于像中国封建时代那样,只有推翻一姓一族王朝的"革命",才可能实现"改朝换代"。虽然中国历史上也出现过像宋代王安石那样的变法运动,但由于其无法触动以血缘为根基的王权核心，后来大都不得不半途而废。尤其是自中世纪以来，日本没有形成如中国那样的文官政体，一直是武士集团把握着核心权力。他们比较容易掌握已有的武装去争权夺利，不必从草根阶层中白手起家地组织军事力量。明治维新"自上而上"的变革方式所以能够成功，武装政变的迅速有效无疑是重要原因之一。可见，仅仅就明治维新本身谈论其成败得失，不如将日本历史连贯起来思考更富于启发性，也更耐人寻味。

当然，明治维新是日本近代一系列改革进程的最后与最集中的反映。有些志士早已在社会底层酝酿着变革，像在建立维新政权之前就已送命的吉田松荫（1830—1859）曾倡导过"草莽崛起论"，他的门生之一高杉晋作（1836—1867）甚至将其发展成了"草莽武装"的说法。这很容易让人联想到中国当时的太平天国革命。吉田松荫的另一高徒久坂玄瑞（1840—1864）还在1862年到中国考察过外国侵华的现实状况。他后来说："英法之所在未能随心所欲地对皇国（日本）大动干戈，就是因为中国的太平军声威雷震所致。"不过，从总体上看，真正在明治维新中发挥了关键性作用的，还是一大批依靠地方领主即"大名"的中层以上官吏，如因率领武装力量"讨幕"中声名显赫的西乡隆盛（1827—1877）、大久保利通（1830—1878），以及岩仓具视（1825—1883）、三条实美（1837—1891）等一批属于宫廷上层的政治家。说到西乡隆盛等维新派的个人能力，也许未必强于吉田或中国的农民革命家，但他们借助于日本特有的政治传统，较早地占据了比较高的政治地位。因此，当这些人看清了时代大势之后，一旦投身政治变革便会比那些"草莽英雄"事半而功倍。这与其说是个人的幸运，毋宁说是历来不太强调宗法伦理，主要以实力论胜负的日本政坛传统使然。相比之下，像中国那些成功推翻腐败王朝而最终坐上皇帝宝座的农民起义领袖所经历的长期艰苦奋斗，尽管能够展示出个人品格的坚韧，却意味着国家与民族的巨大经济与文化创伤。可见，所谓"革命"实在是政权腐败得不可救药时不得已采取的无可奈何之策，其不应该作为普遍的历史规律盲目地进行鼓吹。无论如何，还是以较小的动乱代价去换取较大的历史进步为最佳选择。

德国前总理施密特曾将邓小平设计的改革开放比作日本的明治维新，中国有人觉得这一比喻有点不伦不类。其实，尽管中日两国的政治体制无法相提并论，但在"自上而下"启动社会变革这一点上，二者确实有异曲同工之处。试想，如果不是邓小平及时大胆扭转了当时中国的政治方向与经济政策，而任由"文化大革命"的恶果肆意泛滥，说最终会使整个中华民族堕入民不聊生甚至国破家亡的结局，绝非危言耸听。幸亏有像邓小平那样的上层精英人物发动与领导了一场史无前例的大变革，才迅速挽救了党和国家的政治危机，没怎么"伤筋动骨"便实现了社会政策的转型。如国外评论的那样："在经历了 100 多年战争蹂躏和革命动荡以及 20 年的稳健且成功的经济改革以后，同革命相比，中国人似乎更加欢迎这种循序渐进甚至是局部性的政治改革。"① 如果说毛泽东领导的武装斗争会使人联想到中国历史上那种改朝换代式"革命"的政治传统，那么邓小平发动的"改革"则是中国历史上前所未有的创新，是最高政权避免陷入根本性社会危机的新智慧与新思路。这种新思路启示人们：一个靠"革命"成功的执政党应该尽量避免再次酿成曾经导致自身成功的那种"革命"，其唯一的出路在于及时推行"自上而下"的"改革"。所谓"无产阶级专政下的继续革命"无异于执政党自毁"长城"，势必要陷入"成也萧何，败也萧何"的历史怪圈。

当然，像明治维新那样并非起于底层民众，而由精英人士发动的历史变革，借助于新政府成立后的一系列改革措施，如废除贵族制度、发展教育以及"殖产兴业"等，随着国家实力的增强，广大民众都是实际上的受惠者。不过，与中国式的"革命"相比，人们心理上的解放

西乡隆盛

---

① 《中国将以自己的方式改变》，美国《国际先驱论坛报》，2004 年 5 月 20 日。引自《参考消息》。

感和成功感也许不如后者那样普遍与强烈。因为广大民众从维新所获得的具体利益无法与那些上层精英相提并论。如在1873年和1874年，日本政府向放弃世袭俸禄的封建大名和武士支付了相当于以往4—6年收入的现金和公债。这项政策使武士，特别是旧式大名和高级武士一跃成为巨富。他们投资于工业，其标准也与商人并不相同，并非基于经济利益，大都着眼于国家意识和民族主义观念，而低级武士和农民则屡屡发动叛乱。可见，日本社会中淡薄的宗法伦理观念曾使日本高层政治变革容易奏效，但同时，其纯粹以实力决定社会秩序与国际关系的非伦理观念即所谓社会沙文主义的膨胀，又是导致日本在"富国强兵"以后肆无忌惮侵略周边国家的文化根源之一。不妨说，无论是如明治维新那样成功的"改良"还是像中国之类成功的"革命"，虽然彼此有很大的差异，但都有一个如何把握适度的问题。因为"革命"与"改良"的目的均在于振兴国家，如果目的意识无限扩张到狂野的程度，则无论多么富于"革命"传统或者善于"改良"的民族，都将无法理性地自制与对人。就此而言，争论明治维新属于"改良"还是"革命"固然必要，而更重要的还应该检讨日本民族文化传统的优劣。即使像中国这样"革命"传统源远流长的国家，也应该从日本的"改良"传统中借鉴于自己有益的东西。

中　编

日本"杂种"文化

　　日本人为求生存自命为"杂种"文化，热衷于学习一切外来有形、具体的技艺，但对中国无形、内在的伦理观念则有些隔膜。日本文化善于兼容"物"道却常昧于"人"道。

一

"杂种"文化

说一个民族属于"杂种"文化，让中国人听来似乎有些鄙视的意味。但认真推敲起来，其实任何国家的文化传统都不同程度地融有外来的成分，不可能绝对纯粹，彼此的区别只是本源性的东西多一些或者少一些而已。鉴于日本历来主要是借助于外来文明推动自身发展的，有的日本学者便大胆地提出："如果把英、法的文化看作纯种文化的典型，那么，日本的文化不正是典型的杂种文化吗？"① 日本人很少怀有像中国的原发性文明那种根深蒂固的"纯种"情结，其自称为"杂种文化"，似乎并不觉得怎么丢脸。他们觉得，"纯"与"杂"之间并无高低贵贱之分，觉得"英法文化是纯种，这很好。日本文化是杂种，这也很好；纵令现在不很好，但是我们可以确定这样的方针：今后要把她培育成很好的东西。"② 而所谓"很好"，其标准相当简单与浅显，那就是是否于己有用且有利。就像明治时代日本驻华使节森有礼曾对当时清王朝北洋大臣李鸿章说的那样："正如我国自古以来，对亚洲、美国和其他国家，只要发现长处就要取之用于我国。"基于现实的生存和发展欲望，日本人佩服那些强于自身的民族文化，称其为"日光文明"，而自认为属于"月光文明"且不以为低贱或者自卑，心甘情愿向那些发达的强势文明"借光"。还有的日本学者甚至把这样的民族心态比作天文现象里的"黑洞"，说："黑洞这一天体是具有强烈吸引力的重力场，

---

① 加藤周一：《日本文化的杂种性》，吉林人民出版社1991年版，第4页。
② 同上书，第7页。

它具有可以吸收周边所有物质的磁场作用。可是，它自身不发光，也不散热或者放射任何电磁波，因而成为由外部世界观测不到的天体。我认为日本文明便是这样一个天体，其自身具有相当的能量可以吞噬外部世界的全部，自身却不发放任何信息。"①

与自恃具有久远的文化传统，对什么都已"见多不怪"的中国人有些不同，日本人对外部世界至今大都怀有如童年一样惊异与好奇的心理。他们每当看到什么新奇或意外的东西，常愿意说一句口头禅，即"すごい"，读音如"思高衣"，意思是"了不得"或者"不得了"。比如，人们赞叹与羡慕日本列岛终年郁郁葱葱的绿色景观，可日本人反倒会神往在日本难得一见的大漠黄沙，于是纷纷到本州岛西北地区鸟取县一处临海的沙丘去观赏游览，还把那里辟为"国立公园"，特意规定不准进行绿化。这使人联想到，日本人去中国西北各省旅游，恐怕也是基于猎奇的心理，他们很难理解中国人对那一片荒芜、苍凉的土地上死寂景象的焦灼心情。让中国人说，就是有点"饱汉子不知饿汉子饥"。

日本人的视野受相对狭小地理环境的限制，使他们不可能像大陆人那样视野开阔，这反过来也刺激了他们担心被世界孤立的情绪。而要想不陷入被各先进国家遗弃或边缘化的窘境，反映在知识方面就是对外国的事物什么都想知道的强烈求知欲。因此，不难理解为什么古代日本人不避惊涛骇浪，接二连三地西渡"遣唐"或者"遣明"，急于探知外国的一切。另一方面，各时代各国、各地移民前往日本，也大都陆续带去了当时比日本先进的生产技艺与文化观念，使日本的科学技艺能够后来居上地不断追逐世界文明的方向。日本前首相吉田茂在《激荡的百年史》一书中有一段话是比较客观公平的，他说："日本人对外国所持的这种态度，是从历史上形成的。日本没有使它受到威胁的大国，只有一个给它输入文明的相隔较远的中国。古代的中国拥有非常先进的文明，对日本来说，学习中国是一个莫大的恩惠。"

按照日本学者的说法，日本文明可以叫做"全面摄取型"和"什么都可以型"②，也就是"兼收并蓄"或"有奶便是娘"的意思。他们

---

① 梅棹忠夫：《何谓日本》，百花文艺出版社2001年版，第30页。
② 依田憙家：《日中两国近代化比较研究》，北京大学出版社1991年版，第186、191页。

一点儿也没有像中国人面对海外强势文明时那种基于自尊而"倒驴不倒架子"的自大情绪。难怪中国人不能不赞扬说:"论到吸收洋鬼子的文明,日本鬼子真有他们一套。他们对西方文明,一直有什么就学什么,学什么就像什么。明治天皇学会了西方的船坚炮利,斋藤秀三郎学通了英文的文法,原田康子也学到了法国的微笑与晨愁。"①

富士山

据史书记载,日本最早遣使来华是在隋朝,目的是为了朝拜文明大国并求得文物典籍。由于大海阻隔,日本人到中国"取经"的艰难程度并不亚于唐三藏去"西天"。但从公元630年开始,日本官方坚持每隔20年左右便派一次"遣唐使",在唐朝期间共来华15次。每次"遣唐使"回到日本,都引发了全国上下模仿唐土世风与技艺的热潮,促使日本社会迅速从落后的氏族阶段突飞猛进。像第二届"遣唐使"叫吉士长丹,因西渡能"多得文书宝物"竟获得了朝廷的封户、晋爵与赐姓的奖赏,可见当时日本朝野重视与引进先进文明的热烈风气。至于民间人士冒险出海来往于日中之间的事例,更不少见。日本在公元875

---

① 李敖:《中国小姐论》,《传统下的独白》,人民文学出版社1989年版,第169页。

年编撰有《日本国见在书录》一书，其中收录了1579部共17345卷图书，书目大约为《隋书·经籍志》所收书名的二分之一上下。据说，这还只是日本皇家图书馆即冷然院遭火焚毁后保存下来的书目，当初的数量恐怕还要多出许多。

可以说，古代日本人对中国等强势文明的模仿曾达到"全盘中化"的程度。对此，他们全然没有像近现代中国人对所谓"全盘西化"那样的顾忌或担忧。只要是新的、有用的东西，从衣食住行到政治建制，他们无不照搬"西土"。如目前还能看到的"和服"、"茶道"之类，尽管已有了某些变动，但其本源都来自中国。

像至今在日本各家传统风味点心铺里，主要的仍是内包豆沙馅的"馒头"，大体上还保留着中国古代"馒头"的模样。据说，在14世纪前半期，曾有一名叫林净因的中国人去了日本，并把做"馒头"的技术带到那里。后来，他便成了日本著名的"盐濑馒头"的始祖，甚至当时握有日本最高权柄的足利将军也为他写过招牌。周作人就此写有《果子与茶食》一文，其中考证说："林净因自称是林和靖，但是梅妻鹤子的人不曾听说他有子孙，所以或者是做《山家清供》的林洪一家也未可知吧。看他的名字像是出家的人，但是他有后裔在日本，开着馒头店，说是二十九世了。"林和靖是宋代有名的隐士，为避居乱世孤身独居，以梅为妻以鹤为子。如这种种从中国学到的技艺，在日本大都带有种种故事或者典故，也许未必个个当真，不过，从中确实能够看出日本人历来善于向外国学习的传统心理。

至于在总体国家建制上，古代日本曾仿长安城建造平安京，把国名"耶马台"写成汉字"大和"等举措，更是众所周知。公元604年，日本在历史上首次确立了中央集权制的《宪法十七条》，其第一条中宣称："以和为贵，无忤为宗。人皆有党，亦少达者。是以或不顺君父，乍违于邻里。然上和下睦，谐于论事，则事理自通，何事不成？"显然，虽然日本人曾借用"和"字作为自己立国的宗旨，可按照后来官方1937年出版的宣传教育读本《国体本义》中的解释，他们对"和"字一义却有着不同于中国原典的理解，其中写道："我国之和，并非从理性出发，彼此独立平等的个人机械性的协调，而是以和求存于全体之中，通过与此相应的行动，妥善地保持一体之大和……"中国"和"

的观念有强调容纳不同个性与特色于一体，即所谓"和而不同"的意思，其根基是立足于容忍差异与区别的理智精神。而这一观念被借用到日本之后，则变成了侧重于密切国内的人际情感，突出强调统一与协调一致。这种变化就像中国古语所说的"桔逾淮北则为枳"，因为水土异也。

另外，日本天皇家族成员出生后起名字，也大多引用中国古代经典，反映了日本对中国文化传统的依赖态度至今未变。像当今天皇和皇太子的名字分别是"明仁"和"德仁"。天皇的名字选自《明治天皇诏书》和中国的《易经》，而皇太子的名字则出自中国的《中庸》一书。到2001年12月1日，德仁皇太子夫妇喜得贵女。皇太子之女在出生后第七天的"命名仪式"上被命名为"爱子"，其全称是"敬宫爱子内亲王"。据说，名字与尊称中的"爱"和"敬"二字均选自中国古代四书之一的《孟子》。不过，皇室这些温文尔雅的名字却未必能够作为反映当时日本政治、社会动向的象征。如裕仁天皇的年号"昭和"本来自《尧典》中"百姓昭明，协和万邦"一语，"但在实际上，从'明治'和'大正'时期开始加速的日本军国主义，确实是在'昭和'达到了高峰并酿成了灾难。"①

神户南京街

显而易见，日本人基于自身生存的目的历来重视学习外国文明，对于国外的文化观念的把握与其源或原义常有某些错位，他们主要着眼于实际技术和具体知识，至于内在的伦理或道德观念则在其次。因此，中国人不该一看日本人借用中华伦理的概念便沾沾自喜，以为人家已经

---

① 竹内实：《可怕的沉默》，《竹内实文集》，中国文联出版社2002年版，第1卷，第65页。

无条件认同了。关于这一点，有一位名叫邱永汉的中日混血系作家说得很透彻与到位，他认为："日本人的胃口也并非好到了连废物和垃圾都能够消化的地步。日本人在汲取外国文化时，有着取舍的原则。一言以蔽之，日本人主要考虑的是对方是否值得尊敬，其国家文明是否值得吸收。对日本人来说，中国大陆就曾经是值得尊敬的对象。因此，从汉字开始，连同所有衣食住，将大陆文化全都引进。平安京是长安的仿制，和服是唐代中国人的服装。茶道其实是曾在中国宋朝流行的抹茶的礼仪程式，而修行饭食包括大德寺①纳豆（并非一般纳豆而是酱油豆）与豆腐皮，都是留学僧从大陆的禅寺学回来的。它们经过长期历史的淘汰一直留续到今天，形成了代表日本的日本文化。不过遗憾的是，这些都是以往的事情了。当今日本人并不太尊敬中国与中国人了，而且加入过欧洲列强的行列，参与了瓜分中国大陆的战争。在相当长的时间里，这种与以中国为师相反的行为，使日本人忘记了原来的自己。这使得他们从内心里瞧不起中国人，并倾倒于美国和欧洲。如果日本人觉得某个国家伟大，他们会觉得他们的屁都是香的。""日本人对那些具备足以值得自己效仿的实力的国家或者个人，会采取'敬人三尺，不敢踩老师的影子'的虔诚态度。而反过来，如果知道对方位于自己之下的话，则会摆出翻脸不认人的态度。"②

在中国人看来，像日本人这种对强势文明甘拜下风而又习惯见风使舵的态度，有点儿"趋炎附势"甚至是"势利眼"的味道。但对日本人来说，当初拜别人为师，主要就是为了增长才干，至于对之感恩戴德本与实际的学习目的无关。在他们心目中，随着世风的此起彼伏，强势文明"三十年河东，三十年河西"，乃是自然之理。"拳头大是哥哥"当之无愧，等到其势不如自己时再对其加以藐视，也属天经地义。福泽谕吉当初大喊"脱亚入欧"的口号，显然没想到应对曾有恩于己的亚洲邻居怀有歉疚。当时有一个文人叫田口卯吉，对福泽谕告的号召五体投地，深恨日本人的肤色是黄的，曾大力宣传要戴西式礼帽，认为只有那样穿戴才会使脸色显得白皙。这种在中国人看来纯属"数典忘祖"

---

① 京都市北部一座著名的禅宗寺院。
② 邱永汉：《中国人与日本人》，中央公论社 1993 年版，第 51—52 页。

的论调，却能够博得普通日本人的赞同。尽管在日本人里，也有人觉得学了别人的东西后就"翻脸不认人"，毕竟有点儿忘恩负义，因此曾举例加以批判说："对我们来说，中华人民共和国近代文学没意思，不是正因为我们由衷地憧憬西方，并将西方作为惟一应该学习的权威，甚至在某种情况或某些领域内恨不得变成西方人，因此也就感受不到'落后'的其他亚洲国家文学的兴味了吗？"① 不过，这种反感的情绪仅仅属于那些钟情于中华文明的少数日本人，未必能够代表大多数人的心态。基于日本人的这种心理传统，颇有权威的美国人著《剑桥战争史》一书，在提到"近两个世纪中归顺西方国家的代表"时首先提到的是日本，而顽抗西方的则被认定是中国。在西方人眼里，中日两国对强势文化的态度确实有相当大的反差。

　　由于怀有强烈的竞争与生存意识，日本人对外国文明的着眼点首先是那些有用或有益的知识技能，并不太看重自尊心，长期以来便使他们形成了比任何其他民族都强烈的好奇心和求知欲望。这种心态使日本显得相当单纯与执著，对什么新鲜事物都愿意学习，都想掌握。如此传统确实也培养了一大批才干超众的人才。像世界著名的音乐指挥小泽征尔，曾在2002年维也纳新年音乐会期间接受过中国中央电视台的采访，当问到他学习西洋古典音乐的最初动机是什么的时候，他的回答竟是：只是想尝试一下亚洲人究竟对西方古典音乐能够理解多少。也许正是这种热衷于事物和知识本身的单纯心态，使日本人能够摆脱像中国人那样沉重的伦理观念负担而专注于技艺之类，其最终在近代使日本变成了东西文化相互沟通的桥梁。如日本音乐人小和田和正在接受香港凤凰卫星电视台采访时所说的："日本曾经被称为'模仿文化'。当然，在很深的层次里，也一定有日本很根深蒂固的东西……假如作为亚洲人通过日本看欧美更觉得有意思的话，那么作为日本人，为了不辜负这种期待，理应做出努力。被期待是一件好事，也是一种骄傲。"不妨说，这称得上是日本文化的一种特殊才能。他们也承认："如果说我们日本人与日本民族有智慧才能的话，也许是指能把外国传入的东西以不明显的形成

---

① 伊藤虎丸：《鲁迅与日本人·序言》，河北教育出版社2000年版。

变成自己的东西这一点吧。"①

从民族兴废存亡的角度来衡量，日本人并不介意"杂种"名声的好坏而全神贯注地效仿一切强势文明，归根结底这一切对国富民强有利。对此，鲁迅是非常肯定与赞赏的，他曾说："他们的文化先取法于中国，后来便学了欧洲；人物不但没有孔，墨，连做和尚的也谁都比不过玄奘。兰学②盛行之后，又不见齐名林那③、奈端④、达尔文等辈的学者；……但总而言之，毕竟并无固有的文明和伟大的世界的人物；当两国的交情很坏的时候，我们的论者也常常于此加以嗤笑，聊快一时的人心。然而我以为惟其如此，正所以使日本能有今日，因为旧物很少，执著也就不深，时势一移，蜕变极易，在任何时候，都能适于生存。不像幸存的古国，恃着固有而陈旧的文明，害得一切硬化，终于要走到灭亡的路。中国倘不彻底地改革，运命总还是日本长久，这是我所相信的。"⑤ 至于日本这种始终偏于知识技能却相对轻视道义心理的学习态度，只有到了其国家足以恃强凌弱并肆无忌惮的时候，才会暴露无遗而引起世人的厌恶与警觉。

---

① 井上靖：《心的文化》，《日本人与日本文化》，中国社会科学出版社1991年版，第30页。
② 指江户时代由荷兰人传入日本的西洋科学知识。
③ 指林奈，瑞典生物学家。
④ 指英国科学家牛顿。
⑤ 鲁迅《〈出了象牙之塔〉后记》。

二

汉字与假名

　　日本至今仍在使用中国的汉字，也许可以看作他们毫无顾忌地吸收一切外来文化的传统的显著标志。

　　由于中华文明源远流长及其辐射性的影响，古代中国周边的多个国家都曾借用过汉字，如朝鲜、越南和日本，等等。但后来，随着民族自强与国家独立意识的日益强烈与凸显，其中有些国家已经逐渐以本民族文字系统取代了曾用过的汉字。朝鲜发明与普遍推行起了被称为"谚文"的民族文字，越南则用起了拼音字。唯有日本与二者不同，至今还在日文中夹杂使用着相当数量的汉字。这典型地反映了日本在文化上较少自主性或自尊心，从来对外国的东西都采取兼收并蓄的态度。难怪在清朝末年有的中国留学生到日本以后，不仅会恍然觉得似乎其与中国"同文"，而且足以引发思古之幽情。例如，"听说夏穗卿、钱念劬两位先生在东京街上走路，看见店铺招牌的某文句或某字体，常指点赞叹，谓犹存唐代遗风，非现今中国所有。"①

　　然而，若从语言角度来看，日本语在单词、文法结构和语汇方面实在都与汉语所属的汉藏语系相差甚远。"不消说，日本语的过半是汉语的日本化，但是这不过仅属单语，而语音上和中国语完全不同，所以视日本和中国语没有什么类缘是很妥当的。"② 日语语音中有原住民阿伊努族语的成分，在音韵和语言构造上基本与朝鲜语同祖，就像日本学者

---

① 周作人：《苦竹杂记·日本的衣食住》。
② 西村真次：《日本文化史》，商务印书馆1936年版，第50页。

藤井贞干（1732—1797）在《冲口发》一书中所说："本邦语言、音训皆由异邦移来也。和训中种种说法亦十之八九为上古韩音韩语，或西土音之转也。"至于在语法结构方面，则属于乌拉尔·阿尔泰语系。也就是说，如同日本民族是由多方移民融合而成的一样，日本语也是由南北两种语言系统混合的产物。中国人往往只注意日语汉字源于中国，却忽视了其语法才最能够根本反映日本语言文字的特征。

早在清朝末年，中国驻日外交官黄遵宪就已觉察到了日本语与汉字之间貌合神离的特点，他依据自己多年的实地考察认为："日本之语言其音少，其语长而助辞多，其为语皆先物而后事，先实而后虚，此皆于汉文不相比附。强袭汉文而用之，名物象数用其义而不用其音，犹可以通；若语气文字收发转变之间，循用汉文，反有以钩章稽句佶屈聱牙为病者。故其用假名也，或如译人之变易其辞，或如绍介之通达其意，或如瞽者之指示其所行，有假名而汉文乃适于用，势不得不然也。"①也就是说，日语的语音与语法和汉语大相径庭，本不是同一语系。而日本人使用汉字，纯粹是因为自身没有文字而不得已从邻国移借。这番话无疑在提醒人们，即使中日两国有"同文"的一面，也无非是文明发达早晚的"异族"之间互通有无而已，中国人绝不能望文生训地以为日语属于汉语的派生物。

早期日本列岛的住民原本只能说而不会写。按照《隋书·倭国传》的说法，那里本"无文字，唯刻木结绳。敬佛法，于百济求得佛经，始有文字"。关于日本从"百济"求佛经而得文字的故事，其主角据说名叫王仁，大约是一位汉人儒学家，"百济"则是朝鲜古代三国时代的一个国家。在日本神应天皇时，王仁携带了《论语》、《千字文》等10卷典籍，于公元285年应邀赴日传授儒学和汉学，曾任当时皇太子菟道稚郎子的老师，此为中国向日本传授日本经典并将汉字传入的开始。目前日本有姓西文的家族可能就是他的后代。

汉字进入日本，起初只是作为学习汉语和汉文经典使用的"外文"。在5世纪前后，人们才逐渐模仿古朝鲜新罗人以汉字指代朝鲜语音阅读汉文典籍时的"吏读"方法，尝试用单个汉字去标识一个日语

---

① 黄遵宪：《日本国志·学术志二·文学》。

字母的发音。这种汉字的写法大体与中文相同，但每个汉字实际上只等于一个日语字母。像成书于公元 8 世纪的日本历史书《古事记》以及古日本诗歌汇编《万叶集》等，都是用这种替代日语字母的汉字书写的，汉字是当时上层社会和男人们的用字，表示身份高贵、文雅。后来在熊本县船山古墓中出土的相传为 5 世纪初期的铁刀上，已经有这种日文汉字书写的铭文，在和歌山县桥本市角田八幡宫收藏的铜镜上，也刻有相似的铭文，经考证，铜镜的制造年代为公元 503 年。后来，一般身份较低的人特别是女性，又逐渐习惯用中国汉魏六朝的简体字，尤其唐朝流行的汉字行书和草书体简略书写汉字以标识日语字母，比如以草写的汉字"安"字即"あ"去代替发日语的"阿"音，以草体的"於"即"お"代替日语的"欧"音之类。而为了区别于当初代替日语字母的正体汉字，便将草写汉字体字母称为"假名"。所谓"假名"，原是佛教用语，意思是相对于实体事物的暂且替代性称呼。反过来，则把早有的正规汉字体字母叫做"真名"，因其早见于《万叶集》等典籍里，所以又叫做"万叶假名"。"万叶假名"即"真名"是与"假名"相对而言，后者有前者的略写或草写之意，至于它们用来表示一个日语字母的功用是完全一样的。再后来，在"假名"中又分化出了"平假名"和"片假名"。"平假名"是指草写的"假名"，又叫"草假名"，而

日本汉字

"片假名"是当时僧侣们在阅读汉语佛经时为汉字注音用的字母写法，字体比较庄重和工整。由于其方法是选用相应楷体汉字的一部分，所以叫做"片"。

从使用以汉字代替字母的"真名"到发明直接书写笔画简单的"假名"，日本文字实现了从模仿到创新的一大飞跃。有了"假名"以后，古代日本人已大体能够按照地道的日本语言随心所欲地舞文弄墨了。这一转变将日本文化的水平向前推进了一大步。因为"日本古时虽有过'男文字'的名称，乃是指汉字，盖隋唐以来日本采用中国文化，最初用汉字撰文，及假名后起，士大夫似仍不屑写，以为只宜于妇女之用，有如朝鲜之'谚文'。但此情况不久便见变更，平安朝诗人纪贯之用假名文著《土佐日记》，为日本文学佳作之一。"①另外，像日本古典小说名著《源氏物语》的作者是曾在宫廷内任职的女性，就是使用"平假名"写作的。当时上流社会与高雅人士还都使用汉字，其作品并没有受到重视，《源氏物语》是后来才逐渐受到推崇的。

不过，日本人通过把汉字简化或取偏旁、部首发明了"假名"以后，汉字在日本并没有像在朝鲜和越南那样迅速退出文化舞台。尽管它们不再像"真名"那样作为标识日语字母的符号，却仍旧在大量名物或动词中保留了下来。据统计，在日本的辞书《大言海》中，日本固有的词汇占56%，而取自汉语或用汉语方式构成的词汇占42%。可见，至今汉字在日本词语里还占有"半边天"。说汉字已成为日本文化的有机构成，并不算过分。日本不仅毫无顾忌地移植汉字为己用，也自造了一些中国没有的汉字，如"辻"、"峠"和"畠"之类。这些字是地道的日语读音，但依照形声或假借等汉字造字法，中国人可以大体领悟其含意。像"辻"是十字路口，"峠"的意思是夹在山顶两峰之间的道口，至于"畠"字则是指旱田，其大约根据中国晋代文书里的"白田"一词而来，原指种麦子的旱地。另外，日本有些汉字词语会令中国人产生错觉，如"手纸"的意思是书信，而街头招牌上常见的"麻雀"二字，竟是指麻将牌，等等。

因此，日本文字实际上是由"假名"与汉字组成的混合体系。其

---

① 周作人：《女子的文字》，《语丝》第4卷第9期，1928年2月。

中日语字母要区分大、小写体的"平假名"与"片假名",而日语汉字也有多种多样的读法,比中国汉字一字多音的特点还要复杂和缺乏规律。如此"大杂烩"的文字体系堪称当今世界各国各地使用的文字当中最难学、难记的一种。而日本人竟能够掌握与长期习惯于如此不伦不类的文字与语言系统并不觉繁杂,无疑反映了日本文化兼收并蓄的包容性与弹性。他们对自身这种以语言文字系统为典型代表的"混血"或"杂种"特色不仅不觉愧疚,反而常常以此为荣。像一位名为西乡信纲的学者曾在其所著的《日本文学史》一书中自豪地写道:"只有日本民族主动地将中国文明加以消化和变形,化为自己的血肉,并从中创造出了自己独立的民族文字。我们的祖先之所以能够从汉字的束缚中解放出来,自由地、正确地、简明地、亲切地书写出自己的思想上的变化,就是依靠这种新的文字——假名文字。"

如果把在古代大量汲取以汉字为标记的大陆文明称为日本文化的首次对外"杂交",那么从16世纪以后,日本人则开始了引进西方语汇和知识的新潮流。后者使日本语言的"杂种"色彩更加强烈,其规模比当初吸收汉字有过之而无不及。这一潮流推动了"外来语"的流行。

所谓日本语中的"外来语",是指区别于以往传统的汉字和平假名、主要使用"片假名"来书写的西洋词语。这些词语首先来自葡萄牙,后来是荷兰,再后来则是大量的德国和英文语汇。400多年前,葡萄牙、西班牙和荷兰等国先后派船到日本进行贸易,为此带入了大量的"外来语"。像自葡萄牙而来的外来语有夕バコ(tobaco,香烟)、パン(pao,面包)、カステーラ(castella,蛋糕)等,共有400多个;而来自荷兰的外来语则有コーヒ(koffie,咖啡)、ビール(bier,啤酒)和ガラス(glass,玻璃)等。不过,外来语正式大肆流行还是在第二次世界大战以后,其发展速度之快与普及程度之广前所未有,已经影响到了一般民众。流风所及,甚至使人们形成了以写"片假名"为时尚,连一些地道的日本词汇也有写成"片假名"的外来语形式的。不妨说,日本语的写法似乎有汉字、平假名和片假名各领风骚几百年的味道。中国人大可不必因为日本曾借用过汉字而沾沾自喜,因为眼下日本人正热衷的是西洋特别是英文。世风流转,汉字在日语中的"霸主"地位已属于昔日的荣耀了。

战后美国曾占领与管制过日本，于是英语在日本流行了起来，连小小店铺都以起一个英文名字为时髦。而后来，在英语流行以后，又曾风行过法语。如现在东京的商业区，法文的店铺名称随处可见，像"Boulangerie"（面包房）、"La Fabrique"（工场）或"Atelier yamagata"（山形工作室）之类。仿佛写"片假名"已觉得不够"洋气"，便直接写成法文。不仅是餐馆、面包房、服装店、舞厅与设计室，甚至便利店也都起了法语店名。据说，法国原驻日本大使馆发言人奥斯卡·法夫雷经常忙于给日本人起店名。实际上，正如一位法语教师让·达谢所说："给店面起法语名字的人才不在乎意思呢，他们只关心店名的发音是否好听。"① 人们纯粹是为了赶时髦。

不难看出，日语文字由日本、中国与西洋各国语汇相互"杂交"的性质，在当今世界上称得上举世无双。日本人这种对于无论是哪国的东西都采取的"有奶就是娘"的大胆态度，主要是基于在强手如林的世界上求生自存的目的，并非意味着其毫无自尊心的"全盘中化"或"全盘西化"。关于这一点，似乎西方人比中国人看得更清楚一些。他们并没有因为日语中吸收了西洋语汇便一相情愿地以为日本人与自己不分彼此了。有的西方人指出，像日本人习惯于用"片假名"标识外国人姓名的方法，恰恰典型反映了他们"内外有别"的心态。2004年3月17日的美国《纽约时报》发表过一篇文章，曾就这种现象把日本与中国进行过对比，认为可以从中看出两国文化的某些差异：

在全世界所有语言当中，日语是唯一用一套完全不同的书面文字来表示外来词汇和外国人名的语言。只要看看这些文字就可以自然而然地知道日本人指的是某些非日本的东西或人。

因此，外国人名，从乔治·布什到萨达姆·侯赛因都是用这些文字——称为片假名——书写的。此外，具有日本血统的外国公民的名字也是用这套文字书写的，以此显示他们虽然可能有日本名字，但并不是真正的日本人。

与之相比，在汉语中就没有这样的区别。在汉语中，非汉语名

---

① 路透社2003年9月15日自东京报道。引自《参考消息》。

字完全用汉语书写，尽管有时难度很大。实际上，外国人是被中国化了。

　　实际上，这些不同之处反映了两国不同的世界观。与日本这个闭塞的岛国相比，中国在传统上就把自己视为中央王国，世界的中心。如果说对日本而言，将非日本的事物或人视为外来的，并在看待它们时怀有某种程度的谨慎是非常自然的，那么对于中国来说，接受"Coca—Cola"（可口可乐）或"George Bush"（乔治·布什）并用最合适的汉字表示它们可能也是同样自然的。

　　在日本，语言内外之间的严格区别强调了这个国家在对待非日本事物问题上的矛盾心理。日本与中国的对比十分鲜明，并且还涉及到这两个亚洲经济大国在这个国界越来越不固定的世界上为提升影响力而展开竞争的过程中的未来前景。

　　……

　　日本人名字的这种区别有时很难说清楚，因为这涉及谁是日本人或者某人何时不再是日本人这个难题。

　　那么标准是公民身份、血缘、掌握日语或日本习俗吗？抑或是生活在这个岛国中的日本人总是指那些生活在乡村的人，而当一个人离开日本领土的那一刻他就开始成为非日本人了吗？

　　对这个问题存在着很大争议。在国外住过几年的日本商人的孩子在返回日本时总是遇到一些问题。同学们经常拿他们开玩笑，并且称他们是外国人。最近几年，随着越来越多的日本人旅居国外，这一问题有所减轻。但是据认为，这些孩子仍然因为在国外的日子而遭受痛苦。与此相比，美国孩子在国外居住的经历通常会被视为一个有利条件。

　　中国人的身份就是另外一回事了。无论你是伯克利的第四代美籍华人学生，抑或是在尼日利亚拉各斯开餐馆的中国人的孩子，都会被视为中国人，或是在返回中国时被看作自己人。你的名字和别人的写法一样。与日本不同，中国人的身份超越了国界。

　　一位曾在中国学习，现在《朝日新闻》负责语言使用的人说："中国人对海外华人有一种强烈的同志之情。海外华人的传统悠久，即使经过几代人之后，他们仍是中国人。日本人则将第二或第三代海外日本人视为从别的国家来的人,即使他们有日本血统。"

读了这篇小文章,不禁使人联想到许多外国人曾谈到过的一种旅日感受,即如果他们的日语相当流畅与地道,竟不如说得结结巴巴更容易博得日本人的赞扬。因为外国人完全日本化了,反倒会让日本人觉得古怪与意外。似乎在日本人心目中,自己可以无条件地"崇洋媚外",外国人却无论如何都难以变成日本人。日本人对外国事物毫无顾虑地"为己所用",但又并不将自己等同于外国,这也许是日本在对待外来文化的态度上最耐人寻味的一个特点。

三

"道"之种种

日本民族在各个不同时代形成的各种各样的"道",反映了那里的人们历来善于学习外国技艺并热衷将其规范化。

按照中国人的感觉,所谓"道",似乎是指那无所不包、疏而不漏的天地大法。像《老子》里讲"道可道,非常道",是说"道"可以意会却难以具体言明。而《淮南子》中《原道训》篇对"道"的解释则是:"高不可际,深不可测。包裹天地,禀授无形。"意思也差不太多。与此不同的是,日本人历来大都用"道"字去指称那些具有规范化与形式化标准与要求的种种生活"技艺",其主要含义是指具体的"术"或者"法",而并不是像中国人理解的那种宏大观念。在日本,这样的"道"多种多样,如歌道、茶道、花道、书道、柔道、香道、剑道、武士道、相扑角道、弓道,数不胜数,甚至连打球、下棋和弹三弦琴也都称为"道",分别叫做球道、棋道与三弦道。其实,日本人如此具体地理解和使用"道"字由来已久,典型地反映了他们重具体技巧而轻视宏观抽象的心理特点。像在最早的典籍《日本书纪》中,其"神代纪"部分已有"朋友道"的说法,那是指吊唁朋友的仪式,显然是讲现实的、个人的生活规矩之类。这种"道"的观念后来一直延续下来,著名的日本"国学"代表性人物人本居宣长在《排芦小船》一书中说"和歌乃言辞之道也,恰当说出心中所思之道也",以及在《直毗灵》里讲"大御国古之风俗,特名为神道",都是同样的意思。正如有的日本学者所说,按目前的认识,"道"字似乎应该含有整体性"文化"的意味，可"'Culture'在译为'文化'以前，日本语中类似意思的词是什么呢？这使人立即想到日本艺能和武术中的用语'道'。中世、近世的日本所讲的'艺道'正是今天所讲的文化。当使用'道'这一词汇表现技与艺的时候，可以说其中已经包括了贯穿人工技艺的自然。这里包含了一种与将技术与自然对立起来的欧洲文化意识根本不同的观点。"① 也就是说，与意味着将人工技艺与自然相对而言的欧洲观念不同，日本的"道"大都是指并未与自然对象相脱离的工匠式的技能。

下面，不妨举例看看日本的几种"道"。

在日本，最具娱乐性的"道"，要算源于古代的运动"角道"，即所谓"相扑"了。

相扑，实际上就是日本式摔跤。实际上，其很可能是糅合中国古代的"角抵"与蒙古摔跤而逐渐形成的日本风格的竞技项目。不过，按完成于720年的日本典籍《日本书记》的记载，相扑是开始于公元前23年垂仁天皇时期的第7年的第7个月。当时，一位大臣上奏天皇，说一个来自太问村的名叫当麻蹶宿的人能够拧断牛角，拉直钩子。于是，天皇便下令寻找能够向这个力士挑战的人。后来，终于有一个名叫野见宿弥的人前来应战，两人便展开了决斗。结果是野见用右脚踢死了当麻。传说日本天皇的继位问题争执不下时，也曾以相扑的结果来加以裁决。而从16世纪的德川幕府时代开始，相扑比赛带上了商业化色彩，并在官方支持下日益兴盛起来。

相扑虽然属于体育比赛，但却带有明显的仪式化色彩，人们除了要看比赛结果，也重视比赛的种种形式。比如，相扑比赛的场地叫做"土俵场"，是一个用"俵"即装有稻米的草袋堆成的土台子。其构成体现着中国远古的阴阳五行观念，像"俵"的数目是28个，表示着天上的28星宿。场的上部原来以4根木柱来支撑，如今改成了吊挂的木制房形屋顶，顶的四周涂青、红、白、黑4色，代表青龙、朱雀、白虎、玄武，是四季与方位的象征。在相扑比赛正式开始之前，有近两三

---

① 大桥良介：《思想与日本文化论》，《日本学》第3辑，北京大学出版社1991年版，第53页。

个小时的仪式，包括祭祀仪式、入场仪式、弓取仪式、舞弓仪式等。而穿着各种古代服饰的裁判，还会拿着扇子对着观众拉长声调唱着什么。

日本相扑

在外国人看来，那些相扑运动员的长相与打扮似乎比他们的比赛本身更有特色和看头。也许是为了增加体重和力量，相扑运动员无一例外都是人高马大，膘肥体壮，两条大腿粗得不能不叉开步子走路，而头上的发髻还保留着古代的样子。他们一上街便会引得人们纷纷注目围观。至于相扑比赛，则根据季节的不同安排在不同的地点，几乎终年不断地进行。尽管日本青年已对相扑不怎么热衷，但其作为日本"道"之一种，确实具有强烈的民族特色，其象征着日本人的竞争意识带有突出的形式化意味。

说到日本人的生活艺术，无疑应以日本的茶道最具代表性。如今，日本的茶道文化已形成了"里千家"、"表千家"和"武者小路千家"等三大流派，并作为日本文化的象征着力向世界各国介绍。

据传，日本人早在平安朝就已有了饮茶的人，但那时主要限于少数贵族。到南北朝时期的和尚荣西（1141—1215）去了南宋，才从中国带回茶种并推广种植，使饮茶的风气广泛推广开来，他还写有《吃茶养生记》一书。按周作人的说法,"茶道有宗教气,超越矣,其源盖本出于禅僧……日本旧日阶级俨然,风雅所寄多在僧侣以及武士,此中同异大有考察之价值。中国人未尝不嗜饮茶,而茶道独发生于日本,窃意禅与武士之为用盖甚大,西洋人读《茶之书》固多闻所未闻,在中国人则心知其意而未能行,犹读语录者看人坐禅,亦当觉得欣然有会。"[1]此说大体不差。

中国明朝人丘濬在《大学衍义补》一书中曾解释古代饮茶的习惯说:"唐宋用茶皆为细末,制为饼片,临用而碾之。元代犹有末茶之说,今世惟闽广间用末茶,而叶茶之用遍于中国。"而目前日本茶道的饮茶方法仍旧如此。这一饮茶习惯后来由僧侣扩散到了武士当中。在被称为创始日本茶道的"茶圣"千利休(1521—1591)时代,武士们疲于战乱和争斗,于是选择了茶室作为他们心灵的避风港和精神放松的场所。当时,武士贵族中以饮茶为修身养性或社交消遣的方式相当流行。再后来,由于村田珠光(1422—1502)的影响,饮茶变成了半宗教性的美的修养。一小群人聚集在一个寂静的场所,一边饮用以特定仪式准备好的茶,一边欣赏装饰这寂静场所的艺术品或饮茶的用具。借助于这样的饮茶,茶道成了传播艺术趣味的媒介,其涉及建筑、绘画、插花、陶器和漆器等。茶道主要不是讲究喝什么对人的身体有好处,而是把饮茶作为一种艺术、类宗教的仪式,以求在饮茶过程获得艺术享受与性情陶冶。

日本茶道的所谓"和清静寂"宗旨,其要点与兴趣并非在于品评茶本身的味道,而是通过茶友集会与固定的品茶仪式来调养心态与舒缓精神。因为在茶道活动中,那注在古拙陶碗里的浓茶,都搅动得起了绿沫子,在中国人看来,实在说不上味道有多么高级。日本人参加茶道活动,追求的主要是形式、环境与气氛。因此,要是套用中国古代所谓"醉翁之意不在酒,在乎山水之间也"的名言,不妨说日本的"茶客之意不在茶,在乎形式之间也"。中国人要体会这种不重饮茶而重仪式的日本茶道情调,相当不容易,从中不难看出日中两国文化心理方面的差异。

---

[1] 周作人:《〈茶之书〉序》,《立春以前》,太平出版社1945年版。

日本茶道

说种种"道"在日本国计民生的各个领域无处不在，实在并不过分。如果把角力道、茶道、歌道或花道归之为百姓"民生"，那么与凭武力立国的日本文化特征密切相关的所谓"武士道"，无疑应该属于大政方针中的"国计"一类。因为武士道称得上是日本"武化"传统的意识形态结晶，在世界上堪称独一无二，其曾经支配着日本武士甚至是一般民众的政治思想，特别是在战争时期尤其如此。

武士道观念的滥觞可以追溯到日本古代。在成书于11世纪的随笔集《徒然草》中，就有"兵尽矢穷，终为降敌，从容就义，后始可与言显扬武勇之名也"的话，武士道成型大约便是在11世纪前后。当时，军事农奴主，即武士领主手下拥有大批家臣、家兵，即武士集团。为控制与管理这些武士，主人逐步制定出许多"家规"或"家法"，即道德规范来约束他们，这便是武士道的雏形。到12世纪末叶幕府政权建立以后，又将武士道进一步发展与完善，并以法律形式固定了下来。其中主要观念，一是"忠节"，即"武士的伦理终究是服从'主人'的伦理。"[①] 二是"武勇"，就是舍死拼命的精神。三是"守制"，意味着遵守主家的种种规范而决不逾矩。也有人认为，武士道主旨为"为主家"

[①] 柄谷行人：《日本现代文学的起源》，三联书店2003年版，第79页。

的道德信条是如下三条：一为"轻生死"，二为"重然诺"，三为"尚意气"。

与日本的各种"道"一样，武士道既曾是武士阶层关于职业与日常不可违抗的规范、"训条"，也包含该阶层身份要承担的义务。但另一方面，武士道又无明文规定："它大多是一部不说、不写的法典，也就是一部铭刻在内心深处的律法。"[①]其类似于一种可以心领神会而不必言传的心理戒律。该伦理规范在忠于主人的所谓"义理"与一般待人道德的"人情"二者之间强调前者而轻视后者，即把遵从主人指令视为天职。正如有的日本学者指出的那样："在'义理＝忠＝公'、'人情＝孝＝私'的狭缝中苦恼的人们，自江户时代以来，常以悲剧为主题反映在戏剧之中。如将'义理'和'人情'用天平称一下，日本是偏重于'义理'的男人世界。"[②]因此，难怪在外国人看来，日本人既守规矩也听从指挥和领导。平时社会井然有序，到战争时期则一呼百应，很少有人敢于抵制政府的指令，形成整体性的反战力量。不能不说，这与日本悠久的武士道传统有着密切的关系。

也许日本人自己并没有觉察到，与世界上其他国家相比，作为日本文化标志的种种"道"似乎有两个相当引人注目的特点，很是耐人寻味。

第一，日本的各种"道"无一例外地均实行"家元"制度。所谓"家元"，是"道"中的一种职称，相当于该"道"的学派领袖，位于组织的顶点，其享有最高荣誉与优惠的经济收入，地位通常是世袭的。而"家元"制度，字面意思就是"家族制度之本源"，其介于中国的宗族和西方社会各类社团之间，是一种半亲族、半契约性质的组织形式，其中强调师徒间的主从关系、等级制度以及权威性。这种"道"的制度培养了人们的团体意识、等级观念与服从权威的观念，等等。"家元"为"道"提供了强有力的领导者，而"道"则是家元制度的行为规范与宗教纽带，二者相互依赖，相辅相成。日本各种"道"通过无

---

① 新渡户稻造：《武士道》，商务印书馆1989年版，第15页。
② 石毛直道：《文与武——东亚世界中的中国与日本》，《传统文化与中日两国社会经济的发展》，北京大学出版社2000年版，第34页。

数自"家元"向下的延伸联系,将师徒关系伸展到全国各地甚至国外。这种组织系统不仅传授该流派的技艺,而且有广泛有效的经济和社会功能。

第二,是日本的各种"道"大都重视活动的形式或仪式,并不怎么强调对技艺掌握的灵活与融会贯通。因此,初到日本的外国人会禁不住赞叹各行业服务的高标准与规范化:一进大门就有人向你施鞠躬礼问候;不论走到哪个柜台,只要与售货员目光相对,一定会听到温和的问候声;售货员收钱与递商品都是双手接送,声音很温柔,给人以亲切和尊重的感觉;日本人很讲究包装,漂亮的东西在里面看不到,厂家就将食品做一个剖面仿真样品摆在外面,等等。即使是百货商场里的电梯工,她们不仅服饰打扮如出一辙,连开关电梯或请顾客进出的姿势也都标准得几乎无可挑剔,如手臂向前伸出与抬高多少度,都马虎不得,更不用说像导游之类的解说词的标准与谦恭程度了。不过,这样的情景在日本见多了,也会觉得那里各行各业的形式化有些过于呆板,各类员工的职业行为方式因训练过分竟有些像机器人,连脸上的微笑也相差无几,有千篇一律而不够自然的缺憾。

日本各种机构特别是企业能够培训出如同机器人一样的员工,是因为那里的工作准则即所谓"社员道"带有明显程式化的性质。如台湾的《天下》杂志在2004年1月1日出版的一期中报道过日本《统帅杂志》建议锻炼"社员道"的新角度,其中指出了4项重要心得:

一、部下要当好"镜子",而不做"比目鱼"。比目鱼只有上面有眼睛,而且表面和背面颜色不同。"比目鱼"式的部下常会为个人利益对上司的态度发生180度大转变。与之相反,好的部下则表里一致,常能扮演"提醒"上司的角色,自己应该是一面镜子,可以照出上司不对劲的地方。

二、和上司打心理战的窍门是"让步求胜"。碰到"不对胃口"的上司,平时难免正面冲突,更甭说上司明显有错的时候。然而,冷静地想想,工作的目的在于做出业绩,不是人格对人格的战争,无谓争强,徒增疲倦与压力。此时最好以"让步求胜"的心态,对上司说"我知道了",先退一步,让上司觉得你是很懂得配合的部下。

三、用自己的脑筋思考,不要忘记"为公"的理念。比如,在不景气的时代,银行面对"紧抽银根"或"企业重建"的两难选择时,不应该无条件地接受总公司"确保利益"的命令,而应用自己的脑筋去思考,也就是放弃确保眼前利益的思考习惯,想一想自己到底是为了什么工作,拿出为公司着想的理念,竭尽全力帮助企业继续存活下去。

四、迅速、正确、有个性、虚心、诚挚,多一点儿处理能力。例如,多加一个让人易懂的表格、数据,也就是要将"交代下来的工作",变成"自己创造出来的工作"。而当上主管,更不能掉以轻心,因为这是个"明天公司会不会倒"都不知道的时代,应该随时抱以"明天我会不会在这个位子上"的危机心态,不断自我提升。

日本公司职员合宿

如《日经商业周刊》指出的那样,目前越来越多的日本企业运用这样的培训制度,在公司内展开"人才选拔"。引导员工修行"社员道",已成为企业"人才资本"增值丰收的诀窍。

像各种"道"那样注重于形式的心理习惯,几乎充斥着日本各行各业,从一些小事上便能够看得出来。比如,日本人办事经常使用汉字图章而少见有签字的。但在中国人眼里,日本的图章虽有"名"却难以证其"人"。因为街道上刻印章的店铺往往就把出卖的私人图章摆在门外，花 100 日元可以从中随便挑走，老板不会介意你真买走了自己的姓氏还是拿去冒充别人。难怪一位日本学者曾举例说："我姓加藤，刻有'加藤'的图章到处都有，廉价出售。此物对于认证人物毫无用处，但只要盖上，官衙社会就满意。倘若不盖，连邮件都取不出来，此例恰好证明仪式主义的形式依然存在，尽管它毫无实质意义。"① 与中国时时在防范与惩治私刻假冒图章的罪犯相比，日本人无疑显得相当守规矩，可这种处处使用图章却不问其真假的做法，是否又太死板了？日本人对形式如此尊崇，在中国人看来确实有些过于"死性"。

---

① 《日本社会、文化的基本特征》，《日本学》第 4 辑，北京大学出版社 1995 年版，第 31—32 页。

四

工匠"诺贝尔"

日本人热衷以各种"道"为代表的系统性技艺，与其自古以来重视知识与技能教育的传统有很大的关系。据说在江户时代，日本名叫"寺子屋"的私塾已经比较普遍。而像位于现在冈山县冈山市郊的"闲谷学校"则是历史最悠久的"藩校"，即近代意义的学校。后来，以荷兰技术为标志的西方"兰学"传入日本，据启蒙思想家福泽谕吉（1835—1901）回忆说："宝历（1751—1764）、明和（1764—1772）以来八九十年间的兰学是医师的兰学，而弘化（1844—1848）、嘉永（1848—1854）以后的兰学，则是武士阶层的兰学。"① 明治维新以后，1872年明治政府在颁布《学制令》时更提出了非常明确的目标，要在全国做到"邑无不学之户，家无不学之人"。为了实现这一目标，政府宣布废止封建私塾，在其原址上开办新式学校。据统计，当时约有40%的学校是利用"寺子屋"改建的。接着，1886年政府宣布在全国实施4年制义务教育，1907年又把义务教育年限延长为6年。大约经过30年的努力，日本在全国范围内基本普及了初等教育，其速度之快在世界教育史上称得上首屈一指。相比之下，英国普及初等教育用了70年，法国则用了80年。即使从年代上看，日本也是世界上最早普及义务教育的国家，其比美国早4年，比法国早了10年。

但值得注意的是，日本近代重视教育的风气与中国的传统有所区

---

① 转引自贺跃夫《甲午战争前中日士阶层对近代教育的回应》，《近代中国与亚洲学术交流会论文集》下册，香港珠海书院亚洲研究中心1995年版，第751页。

别，即并非把重点放在伦理道德教育方面，而主要以传授知识技能为主。如明治时代革新思想家津田真道（1829—1903）曾明确倡导："所有学问大别这有两种：五行性理，良知良能等说的，是虚学；根据实名、专论实理，如近代西洋的物理、化学、医学、经济、哲学等是实学。这些实学如能普遍流传国内，明达各种道理，就可以说是真正的文明。"[1]明治天皇有名的《五条誓言》里有一条也是："广求知识于世界。"在日本的学校教育中，即使像写作那样在中国人看来与道德修养有密切关系的课程，也历来着重在"如实描述"等方法上，很少涉及人文伦理观念之类。直到20世纪初，所谓"生活作文运动"的先驱者之一铃木三重吉（1882—1936）出版过《作文读本》一书，其中说："在作文问题上，为了排除这些无意义的空想、概念、知识以及抽象的伦理批判，我第一次在方法的改革问题上提出并强调了作文是'生活的记录'这句话。"日本近代以来这种重实际知识而轻思想观念的教育特点，显然与中国有着相当大的差异。

在对日中文化比较研究方面颇有造诣的著名日本学者竹内实曾把两国文化类型的这种差异归纳为一为"知识型"，一为"智慧型"。其意思是说，日本人关注外国的学问，主要是着眼于生产与生活方面的知识技能，他们崇拜的是"知识就是力量"，而并非像中国那样看重人文伦理道德。"总而言之，日本人是具有工匠气质的国民……工匠把自己的工作或者是否能够把工作做好作为自己的主责，而对除此以外的事情几乎从不表白意见。"[2]而与日本有所不同的中国"智慧型"究竟是什么意思呢？那就是像孔子所说的："智者不惑"，并非只是指对真理的确信，更是指辨别善良恶行为的不惑，与孟子"是非之心，智之端也"的说法是同样的意思。中国人不太像日本人那样专注与精通某种技艺，但重视应该如何待人接物的态度与标准。就像中国翻译家傅雷说的那样："中国人是个具有最高智慧的民族，到现在为止，也很少有欧洲基督教精神那种信仰……智慧和知识是两回事，有时一个最大的学究什么

---

[1] 津田真道：《论促进开化的方法》，《明六杂志》第2期。
[2] 邱永汉：《中国人与日本人》，（日本）中央公论社1993年版，第69页。

智慧也没有，一个普通的农民什么书都没念过却有很高的智慧。"①这当然不是说，中国平民百姓少有进入学校接受教育的权利是什么好事，但日本人一般把教育主要理解为在校学习知识，因为中国未能普及教育便认定他们还属于"野蛮人"，无疑是一种文化观念上的偏见。这样的偏见偶尔流露出来，会显得相当偏激与变态。

应该承认，由于近代以来日本十分重视办学兴教，日本人确实形成了热衷于知识技能和对本职工作精益求精的敬业之风。日本民族历来有不擅长抽象思想却愿做能工巧匠的意识，而明治时代"和魂洋才"的口号风行一时，更号召人们以传统的精细心理去引进与掌握西洋技术。在这一历史过程中，"日本人从来无心去探讨这些技术的学术基础。不论有意还是无意，'和魂'不愿意将科学理论的研究纳入其大学的发展方向，而科学正是西欧精神的重要组成部分。日本的大学倒是不断为国家、军部或大企业的需要服务。只要有钱，就能继续购买外国的技术。只要有充足的工程学知识，用以改造他们所需要的技术并使之产业化，日本就不会在工业技术上比外国落后很多"。② 其最终使日本通过知识兴国之路变成了一个典型的工匠技术型国家。

所谓"通过知识兴国之路变成的工匠技术型国家"有两个引人注目的特色，一是文化知识的普及，二是对产业和产品质量无止境的追求。前者主要反映在日本各种学校教育的广泛与规范化，后者则使"日本制造"的产品久久居世界产业界前列。

关于日本知识教育的发展水平，姑且不去计算各类学校与全国总人口的高比例，仅就图书报刊发行量而言便可见一斑。

据有人统计，到20世纪80年代，日本每年出版35000种新书。从绝对数字说，与美国差不多。而按人口平均，几乎高出美国一倍。像《每日新闻》晨报的发行量高达450万份，《朝日新闻》也接近450万份，而《读卖新闻》则超过了850万份。晨报与晚报加起来，《读卖新闻》和《朝日新闻》每日发行量均超过1200万份。③ 相比之下，在21

---

① 傅雷：《与傅聪谈音乐》，三联书店1984年版，第87页。
② 森岛通夫：《透视日本："兴"与"衰"的怪圈》，中国财政经济出版社2000年版，第172—173页。
③ L.C.克里斯托弗：《日本心魂》，中国对外翻译出版公司1989年版，第190页。

世纪初，中国发生量最大的报纸、曾进入全球日报发行量排行榜第9名的《参考消息》，也不过270万份。由此可见日本人书报的阅读量之大。

至于日本人精益求精的敬业态度，称其为举世无双也不算过分。也许是因为土地面积狭小的缘故，那里农民养成了精耕细作的传统，尤其重视品种改良与耕作技术的更新，以求千方百计提高产量。日本有所谓"精农"一词，其意思是指"勤劳努力的农民、专心耕作栽培和以研究的态度从事农业的农民"。虽然日本的自然环境很适于水稻和旱地作物的生长，但主产的水稻是难以栽培的农作物。日本人把"米"字读作八十八，以形容其耕作之繁杂，由此长期养成了勤劳耐心与尊重技术的态度。如今中国人去日本的农村，大都会惊讶于那里农民下地劳动时的郑重其事。他们绝不像中国农民那样，穿最旧、最破的衣服下地，而是个个着装整洁，像模像样。日本人的这种敬业传统后来由于两位人物的彰显而更加有名：一位是江户时代中期的石田梅岩（1685—1744），曾大力提倡过"职分"观念，认为"不知职分者，禽兽不如。犬守门，鸡告时。商人若不知己之职分，则几近让先祖而亡家。"另一个则是二宫尊德（1787—1856），其原名金次郎。在天保年间（1830—1843）发生饥荒后，他运用科学合理的方法使600多个荒废的村庄复兴。明治维新前后，其弟子在各地开展"报德社"运动，宣传二宫主张的勤劳、

日本农妇

节约以及互助的"报德"思想。为此，在20世纪20年代，日本各小学大都建有背着柴火边走路边读书的二宫尊德的铜像。

目前，日本农业继承精益求精的传统，已开始向"微型化"的方向发展。据英国《泰晤士报》2003年10月10日报道说，微型农产品已成了日本农业的新看点。"在日本，'小巧可爱'被当成最高褒奖。""一般的日本饮食中必须使用大量的蔬菜和水果，而现在的情况往往是这类蔬菜和水果分量太大，一个人生活时还没有来得及吃完就已经坏了……迄今为止，商家的解决方案一直是将这些蔬菜切成两半，但这样不仅会缩短蔬菜的保鲜期，而且还会破坏营养成分。""Aeon公司即将推出的一系列新型微型蔬菜包括：南瓜、萝卜、卷心菜和牛蒡等。通过特定的技术手段，所有这些蔬菜都只长到正常的一半大。很受日本人欢迎的中国卷心菜只有正常的1/4大，而价格也只有原来的1/4。为这种微型产品提供生物工程技术的则是瑞士的一家种子公司。"

日本西瓜

不过，最能反映日本产业精细化趋向的恐怕还是以电子等产品为代表的高、精、尖技术产品。韩国梨花女子大学教授李御宁写过一本名为《嗜好"微缩"的日本人》的书，其中说："一眨眼的时间里将半导体作为大众商品加以开发、利用，造就庞大的民用电子市场的不是美国，而是以索尼公司为首的日本企业。美国首先发明的半导体，却由日本发展缩小。索尼公司早在昭和三十二（1957）年就制成并销售世界上最小的袖珍型TR—62收音机。看来，只有具有微缩文化传统的日本人——那些能将大船做成套盒搬来搬去，将巨树微缩后放在手心上欣赏，一边吃着精致的盒饭一边观看歌舞伎的日本人，才能使半导体的种子在日本繁茂地开花结果。"

难怪目前世界各国消费者对日本的高端电子产品情有独钟。由于对

东京的电器展示

新款数码产品的需求大增,松下、夏普、三洋、索尼等大公司的销售量和利润都有增加。2002年,日本等离子电视的销售量上升了125%,日本DVD录像机在日本国内的发货量翻了近两番,达到200万台。液晶电视机的销售量增加了近3倍,达到121万台。日本人基本上把低端领域留给中国、韩国和中国台湾去争夺的时候,却始终试图保持对顶尖产品市场的控制——这些产品需要精确的制造工艺,也能够带来可观的效益。如美林日本公司预测,松下电器产业公司的营业利润一个季度可增加50%。世界上最大的数码相机厂商三洋电机公司一个季度的利润也将激增90%。液晶电视的领头羊夏普公司和先锋公司(销售车用音响、DVD录像机和等离子电视)将实现35%的利润增长。索尼公司于2003年1月28日曾宣布,该公司季度的利润减少了20%,为18亿美元。不过,在扣除重组成本之后;消费类电子产品部门的营业收入也有6%的增长。

另一方面，日本公司还在整合运营流程，准备好迎接未来的战斗。松下公司正在经历为期3年的重组计划。夏普公司把重点放到了高端液晶板上，这些液晶板将用于手机和壁挂式电视机。2001年秋天，索尼宣布为了加快产品的开发，将在2006年以前削减两万个岗位，占全球总员工人数的13%。索尼公司还将对供应基地进行筛选，从原来4700家减少到1000家，并计划在日本停止生产传统的电视机。总的来说，索尼打算减少31亿美元的固定成本。

日本的高新技术企业能够在当今竞争激烈的市场上一直保持高质量和高销量，除了领导层时时关注市场走向并及时转换决策之外，技术人员和工人的不厌其烦的革新精神也是原因之一。这在某种意义上称得上日本久远的"精农"意识在当今的新体现。值得注意的是，日本以往许多获得过诺贝尔科学奖的人，有不少并不是在大学或研究机关的科学家，而属于在生产科研第一线的实践者。像因发明隧道二极管的江崎玲于奈在1973年获得诺贝尔物理学奖，就是参加过微型收音机技术攻关的索尼公司职工。而当报道田中耕一由于破解了包括DNA和蛋白质在内的生物大分子结构而获得2002年的诺贝尔化学奖时，许多人竟不知道他原是岛津制作所京都工厂的一名试验员。不妨说，如果把他们也看作是日本式"工匠"的话，那确实称得上是名副其实的"诺贝尔工匠"。

靠着这种传统久远的"工匠"精神，日本至今获得诺贝尔奖的已有12位。2001年3月，日本政府曾推出第二个科学技术基本计划，其中提到要在50年内拿到30个诺贝尔奖。有人嘲笑这不过是一种野心，

江崎玲于奈

但并非属于痴心妄想，因为目前日本的科研人员数量位居世界第二，到 2002 年 4 月 1 日，共达 72.8 万人，仅次于美国。

还有一个众所周知的发明典型，就是发明世界上第一包方便面的安藤百福。二战后，日本食品严重不足。安藤百福曾看到人们排队吃面条的情景，从此对拉面产生了兴趣。后来，他担任董事长的信用合作社破产了，便决心把事业转移到"面食"上来。

1958 年春天，已经 48 岁的安藤百福在大阪府池田市住宅的后院内建了一个 10 平方米的作坊，找来一台旧压面机，买了面粉和食油等，开始创制方便面。他早晨 5 点起床后便立刻钻进小屋，一直研究到深夜一两点，睡眠时间每天平均不到 4 个小时。这样的日子整整持续了一年，面条的原料配方非常微妙，有很大的学问。当把面团放到制面机上加工时，有的松松垮垮的，有的粘成一团。后来，是他夫人做的油炸菜肴启发了他。他将面条浸在汤汁中使之入味，然后油炸使之干燥，可以同时解决保存和烹调的问题。这种被他称作"瞬间热油干燥法"很快便拿到了专利。

安藤百福

后来，安藤百福去欧美进行考察旅行，想把方便面推向世界。当时没有盛面条的碗。只能找到纸杯子，于是把鸡肉拉面分成两半放入纸杯中，注入开水。人们用叉子吃着。吃完后便把杯子随手丢在了垃圾箱。安藤由此大悟，开始有了开发"杯装方便面"的构想，容器决定选用当时还算新潮的泡沫塑料，质轻而且保温性能好，成本也低。而在回国的美国飞机上，他发现空中小姐给的放开心果的铝制容器的上部都有密封盖子。于是，杯装方便面的铝盖在当时就确定了下来。①

由于有很多像安藤这样热衷于发明的人，使得日本每年的专利申请数量名列世界前茅。据世界知识产权组织 2004 年的统计显示，前一年各国根据《专利合作条约》提交的国际专利申请达 110114 件。其中，日本提交的专利申请数量占 15.2%，共计 16774 件，13 年来首次超过德国，位居第二，仅次于第一位的美国。而在 2003 年提交国际专利申请数量最多的前 10 家公司中，日本的松下公司位居第三，索尼公司位居第五。

目前，为应对 21 世纪的激烈竞争，日本已制定了 2002—2006 年科技战略，主要内容是由经济产业省和文部科学省着重培养实战技术型人才，其中以培养大学生、研究生和科研人员为对象。他们对人才的要求着重于具有迅速投入科研开发并能很快把技术转化为产品的能力，也就是仍旧强调传统的"工匠"意识。

---

① 《深圳商报》2004 年 3 月 18 日，楼乘震文。

五

一家日本和尚

深谙日本社会习俗的周作人说过:"要了解日本,我想须要去理解日本人的感情,而其方法应当是从宗教信仰入门。"① 有幸的是,笔者在日本研究与生活期间,曾与一家和尚隔街为邻,能够从饮食起居的日常生活角度就近去观察日本僧侣的"庐山真面目"。

关于"一家日本和尚"的说法,也许中国的读者会觉得有点怪怪的,因为中国佛教僧侣大都是"出家"独处,以远离俗世来修身养性,没听说还有成家的。而与之相反,日本的和尚不仅在闹市中的寺庙里与居民混居在一起,而且可以结婚生子,传宗接代,甚至有不少寺院的住持职务还是子承父业。就此而言,不难看出日本宗教与大陆佛教有相当大的差异。

如同日本文化的"杂种"性质一样,日本的宗教称得上五花八门。除神道教是日本的土特产之外,像佛教、基督教等都是后来输入的。如周作人在介绍日本民间故事集《和尚与小僧》一书时所说:"日本国民思想虽然根本的是神道即萨满教,佛教的影响却亦极大,中古以来寺院差不多与基督教会相像,兼办户籍与学校事务,其地位自然庄严,与民间的关系亦自密切,一直维系到了现在。"②

"神道"一词,最早见于相传公元720年编撰的《日本书纪》一书。其中《用命纪》载:"天皇信佛法,尊神道。"反映了日本自古便

---

① 周作人:《日本之再认识》,《中和月刊》第3卷第1期,1942年1月。
② 《大公报》1934年5月26日。

佛、神并重。神道教为日本本土宗教，为典型的泛神论，宣称日本共有"天地神祇800万"。如掌管农业的是稻荷神，管理商贸之运的是福神等，最重要的则是象征太阳的天照大神，那是日本人的祖先。除此以外，也有灵威凶猛与作祟的神，需要人去加以控制，防范其作乱。日本的神道传说是由高天原（天神的居处，由天照大神统治）、苇原中津国（天孙降临之地，指日本）和黄泉（死后去处）构成的三位一体世界观，不难发现其中隐含着中国阴阳五行的思想。神道教在神社里供奉宝剑和铜镜，似乎是受道教影响的证据。此外，据日本人类学家鸟居龙藏（1870—1953）认为，日本古代的宗教大体与亚洲东北各民族的萨满教（Shamanism）差不多。那是指当地某些男女掌握并精通"进入迷狂状态的技术"，能够与神对话的半神半巫似的宗教形态。另外还有人说，东南亚型的现世与常世（死后常住之地）两者并重的二元世界观，也散见于日本神道教的信仰中。

　　一般日本人并不追究神道教的起源与本质。他们觉得神道既是日本已有的传统，就应该承认并且遵从。三重县伊势神宫是全国最古老的神道教建筑，据说宫中供奉的是天照大神和大和国魂神，其神体有象征皇位的"三神器"之一的八尺镜。至于散布在日本各地的大小神社，则多得无法计算。在日本，只要有杏红色的建筑映入眼帘，那一定是神社无疑。

日本神社

周作人曾这样举例说明日本人"原是富于宗教情绪的民族":"浅近的例如乡村神社的出会,神舆中放着神体并不是神像,却是不可思议的代表物如石,或木,或不可得见不可见的别物,由十六人以上的壮丁抬着走,而忽轻忽重忽西忽东,或撞毁人家的门墙,或停在中途不动,如有意志似的,舆夫便只如蟹一爪,非意识的动着。"① 接着,他引用日本民俗学家柳田国男(1875—1962)所著《祭礼与世间》第7章中的一段话说:

  日本的上层思想容纳有中国的儒家与印度的佛教,近来又加上西洋的哲学科学,然其民族的根本信仰还是似从南洋来的神道教,他一直支配着国民的思想感情,少数的贤哲有时候能够脱离了,或把他醇化些,可是不能动得他分毫,得到有事时主动的仍是那些神凭的英雄,演出来的便是那一套把戏。

至于日本接受佛教,据说开始于钦明天皇十三(552)年。当时,百济第二十六代王圣明王曾把佛像献给天皇,天皇称赞说:"此像光芒

---

① 周作人:《日本管窥之四》,《国闻周报》第 14 卷第 25 期,1937 年 6 月。

闪烁，朕未曾见过。"但到近代，学者中又有人根据《法王帝说》一书中记载的法隆寺古代记文里所谓"志癸天皇御世，戊午年 10 月 12 日，百济国主明王始奉度佛像、经教并僧等"的记载，认为佛教进入日本是在公元 538 年。那是指贵族苏我氏的下属司马达等带回了佛经，苏我氏首先接受和信仰了它。为此，还曾引起过朝廷中反对势力的不满，并成为后来圣德太子推行"大化改新"的由头。

传入日本的佛教曾有过各种宗派，但最有日本特色的佛教派别应数由亲鸾（1173—1262）根据中国的昙鸾法师倡导的净土宗发展而成的净土真宗。平安朝代以前的日本佛教称作"圣门道"或"自力道"，即主张通过个人的刻苦努力实现精进，争取开悟成佛。其努力的内容包括建立堂塔伽蓝、遵守严格的戒律以及研究与传布众多经典，等等。但由于当时能够做到这些的人极其有限。亲鸾便推行与其相反的称为"易行门"或"他力门"的净土真宗。后来，这一宗派因信仰便捷逐渐获得平民的支持，如同中国的禅宗一样迅速大众化。日本净土宗在镰仓时代以后转向隆盛，最终成了佛教日本本土化的一大象征。

随处可见寺庙

既然主张先靠"他力"成佛而不强调个人严格修行，再加上日本传统历来不戒色欲，性观念比较松弛，亲鸾便能够打破佛家戒律，可以结婚和吃肉。其先后结过两次婚，生有 4 男 3 女。据说，另一位著名僧人莲如上人（1415—1499）则有妻妾 5 人，子女 27 个。净土真宗佛教如此世俗化的倾向不仅没有引起日本人的反感，反而历来有人为其辩护。如江户时代学者山鹿素行（1622—1685）认为，日本的伦理之本在于"诚"，而"诚乃天下古今人情不得已之谓也"，和尚也不必回避难免的食色之类。而日本"国学"的集大成者本居宣长（1730—1801）也在《排芦小船》一书中为爱咏好色之歌的僧人们辩护，觉得咏歌"恰当说出心中所想"，与所想善恶无关，只要能咏出来就是好歌。其实，日本僧人咏唱好色之歌的风气由来已久，如临济宗禅僧一休（1391—1481）、净土真宗的良宽（1758—1831）等都是代表性人物。现代作家川端康成在接受诺贝尔文学奖的讲演《我在美丽的日本》中，甚至公开赞扬一休说："既吃鱼又喝酒，还接近女色。超越了禅宗的清规戒律，把自己从禁锢中解放出来，以叛逆当时宗教的束缚，立志要在那因战争而崩溃了的世道人心中恢复和确立人的本能和生命的本性。"可见，日本政府在1872年4月26日明文规定和尚可以吃肉与娶妻生子，实际上适应了日本的传统心理，乃是顺理成章的事情。

日本和尚做法事

回过头来再说本节开始提到的那家日本和尚。笔者发现，他的老婆长得相当雍容富态，家里有一子一女，停车场里泊着3辆轿车。本人则平日经常非常随意地穿着T恤等便服，出入超市和商摊之间，活脱脱一个百无聊赖的凡夫俗子。可一到周末，他就要穿上袈裟，手提念珠，让儿子或女儿用汽车接送他去给人家做法事，而且，各种法事似乎让他应接不暇，相当繁忙。笔者观察这一家的日常生活情景，觉得日本的和尚无异于一种职业、一个工种，做和尚并非出自个人的信仰需求。据说，日本和尚应百姓要求参与红白之事，其收入十分可观。现在的日本人，墓地都归寺庙管理，只要亲属或家人去世，就得到寺庙去请和尚帮忙料理相关事宜。一般日本人也并未必真正信仰佛教，请和尚办法事似乎只是联络人际关系的一种形式。如果把当今日本的佛教称为"死者的宗教"，那与之相反，神道教则可被看作"活人的宗教"。许多日本人会在举办婚礼时搞神道教仪式的婚礼。而最近，热衷于天主教或基督教的结婚仪式的人越来越多了。如此推算起来，似乎日本各种宗教在人们日常生活中承担的角色有点儿平分秋色。不过，相比之下，还是和尚的收入比其他教职的人员高些。也许中国人很难相信，位于京都的佛教大学里有不少学生就是和尚的后代，他们简直如同中国的纨绔子弟，大都因为有钱而不愿意读书，最后混个文凭完事。这些人有的被家庭要求子承父业，必须继续主持寺庙事务，但受时代潮流的吸引，他们有的宁肯少赚钱也不愿意再去当和尚。当然，也有的青年人基于种种理由，虽不情愿也不得不去干这一行。

至于西方的基督教，大约是在意大利人利玛窦开始进入中国以后才开始传到了日本。据说到1600年，利玛窦和他的朋友们已辛勤工作了20多年，中国的新教徒人数才不过区区1000人。而当时日本已有公开的基督教徒30万人，可见日本人接受宗教信仰之快速。到17世纪初，当德川幕府成立时，教徒已增至70万人以上。由于担心基督教义与日本社会主流意识形态相抵触，幕府政权当局曾视其为一大心病，禁止人们信仰基督教和天主教。虽然产生过一时的效果，但最终还是无能为力。目前，基督教各种教派在日本几乎都设有教堂。

日本学者冈仓天心（1862—1913）在其所著《茶书》里讲过一个寓言，说释迦牟尼、孔子和老子共同站在一坛子醋（生活的象征）面前，每个人都用手指蘸醋之后，放在嘴里品尝。注重实际的孔子说，醋是酸的；佛祖说，它是苦的；而老子却说，它是甜的。但日本人对这种种味道各异的外来宗教都能来者不拒。他们一般的看法是："没有任何理由一定要悲叹日本文化的杂种性。相反，它允许我们进行只有我们才能进行的实验。如果为了完成困难的实验而需要激励和鼓舞的话，那么，我们就应该能够回想起以那样辉煌的成果完成了同样困难的实验的，不是任何地方的外国人，而是我们自己的久远的祖先。他们在佛教传来的时候，主动地接受了它，但是终于把它变成了日本佛教。"①

不过，如上面举例描述的那样，日本人对宗教的态度却并非都属于虔诚的信仰或精神的执著，他们的出发点多是基于现实的利益或求得人身保障，也就是关注实际的需求。像有的日本学者所说的那样："在日本人的宗教意识中，对现世利益的追求占有非常重要的地位。即使是在今天，日本人也是更多地要求能得到现世的幸福，譬如解除自己的疾病，能多多赚一些钱等。祈求佛祖满足自己的各种愿望的宗教之心在日本人中是非常强烈的。其实真正的宗教，大都是放弃现世利益，是从现世不存在利益的观点出发。但是，日本人却始终是以追求现世利益为主体的。"②

比如，据日本文部省文化厅编撰的《宗教年鉴》统计，日本信仰各种宗教的人数达两亿多人，其中信仰神道教的有1亿人，信仰佛教的有9000多万，信仰基督教的有140万人，信仰其他宗教的有1000万人。这种统计结果会使外人产生一种疑问：为什么日本信仰宗教的人数会超过全国总人口？实际上，这是因为一个日本人并非仅仅信仰一种宗教，其信仰几乎都是多元的，就是一个人既信神道教，又信佛教，或许还会信基督教。

尽管百分之七八十的日本人都在一个或几个宗教团体的名册上登记过，其实他未必真正信奉那种宗教。外国人对此评论道："在汉化国家里，日本处理宗教信仰问题最为实用主义。有趣的是，1983年的统计

---

① 加藤周一：《日本文化的杂种性》，吉林人民出版社1991年版，第19页。
② 远藤周作：《日本的宗教意识》，《日本人与日本文化》，中国社会科学出版社1991年版，第3页。

数字表明，日本约有 1.2 亿居民，却有 2.2 亿教徒。很明显，神道教的信徒、佛教教徒、基督教徒和一些新生宗教的信徒同时共存。72% 的日本人认为所有宗教的目标和内容大同小异，而且许多人并不知道自己究竟属于哪个宗教。"[1] 信教似乎只是日本人一种不可缺少的生活习惯与形式。

据说，日本曾有一本在民间流布甚广的书籍，名字叫做《众神汇》，其中有一则日本人大都熟悉的祈祷词是这样称呼神灵的："我们虔诚地祈求上苍主宰耶稣基督、圣母玛丽亚、天父耶和华、牛头天王、天国诸神、长崎出岛的 3500 位殉死者、原城 38000 位殉死者、我们的列位先祖、宇宙诸神、龙宫中的各位仙女，赐给我们幸福。昭和 41（1966）年 12 月 31 日。"可见，不管属于宗教系统，无论是什么国籍，各种各样的神都会被日本人请来保佑信众的好运。

稻荷神社里数不完的鸟居

这种宗教"大杂烩"的景象，大约只有在日本社会中才会看到。仔细想来，其也并非如一般外国人所认为得那样不可思议，因为日本历

---

[1] 秦家懿、孔汉思：《中国宗教与基督教》，三联书店 1997 年版，第 237 页。

来开放型的文化心态，对什么东西都"兼收并蓄"，自古以来概莫能外。对于宗教也是如此。"在朝鲜，儒教的影响达到了'肉体化'的程度，而在日本则不同。儒教也好，接受佛教的影响而做了儒教式消化的朱子学也好，对于这样的体系化理论，日本人最初也曾有达到狂热程度的时候，但渐渐会失去持续性的热心，如亲鸾（1173—1262）和伊藤仁斋（1627—1705）那样，最终使之走向了'实践性'的'发展'方向上去。日本的马克思主义亦如此。"[1]

---

[1] 柄谷行人：《日本现代文学的起源》，三联书店2003年版，第167页。

六

宦官和科举

表面上看，日本文化给人的印象似乎是对外来的东西一股脑儿地都拿来为己所用，但实际上未必尽然。

古代日本确曾全面汲取过中国文化的滋养，可已有不少人注意到，日本并没有引入在中国甚至在亚洲各国广泛长期存在的宫廷宦官制度和文官科举制度。周作人曾就此评论道："中日都是黄色的蒙古人种，日本文化古来又取资中土，然而其结果乃或同或异，唐时不取太监，宋时不取缠足，明时不取八股，清时不取雅片，又何以嗜好迥殊耶！"① 他认为日本人对这两种制度的拒斥态度非常耐人寻味。

也许，日本不肯照搬中国的宫廷宦官和科举考官制度，前者反映了他们对中国立足于血缘宗法制度的伦理观念格格不入，后者则是因为日本历史上掌握实权的大都是武士，从来没有形成过如中国那样的文官政体。

所谓宦官制度，即在封建王朝中服侍皇后等女性权贵的男人必须接受阉割。这一制度在古代的东方源流相当久远并且非常普遍。就阉割这种摧残肉体的方法来说，很可能是古代奴隶制的残余。至于宦官制度的必要性，固然是旨在防止后宫权贵们因为难以指望仅靠皇帝一人满足她们的性欲要求而"红杏出墙"。更主要的目的，则是为了保证皇族血缘的纯正，于是不惜使用残酷血腥的手段使后宫男仆全都变成非男非女的

---

① 周作人：《日本的衣食住》，《国闻周报》第12卷第24期。

"中性"人。尽管中国历代多次发生如秦代赵高、明代魏忠贤那样宦官专权乱政的例子，称得上是宦官制度所引发的负面效应，但直到封建时代结束，也很少有人质疑过宦官制度的非人道性及其在政治方面的弊端。宦官制度最典型的代表，像五代十国时期位于广州一带的南汉政权，第四代后主刘铱竟规定所有文武官员都必须无家室妻小，以免分散对皇家的忠诚。为此特设了阉割用的"蚕室"，不仅宫廷群臣差不多都是宦官，连晋见者也都要接受阉割，形成了让人瞠目结舌的太监朝廷。

而古代日本不肯引入宦官的制度，据华裔日本作家陈舜臣的说法，可能是因为日本人没有像游猎民族那样血淋淋地宰割动物的习惯，或者是由于日本皇室规模历来较小，不必像中国那样防范庞大宫廷里的乱伦现象。也有人猜测，日本古代奴隶制并不发达，所以不太可能引入与阉割人体有关的制度。实际上，这些分析都有些似是而非。笔者觉得，日本皇室没有实行宦官制度，主要还是因为古代日本的皇族血统观念远没有中国那么严格，并不视血缘纯正为皇室的命脉。因此，也就不在后宫的男女关系上多费心。甚至不妨说，日本人历来觉得，所谓血统的纯与杂并无关紧要，连皇室也不必格外在意与恪守。

与中国古代较早进入父系血缘社会有所不同，日本曾是一个有着悠久母系传统的民族。古代日本家庭的起居室称作"母屋"，可见其母系习俗之久远。此外，人们还会想到，史书上最早记载的日本那位首领名叫卑弥呼，也是女性。据说，日本古代婚姻曾长期属于入赘婚，即男方到女家落户，女子婚后并不改变姓氏。女人随丈夫之姓的规定其实实行了还不到200年。比如，曾建造了现东京大学的正门即所谓"赤门"的第11代将军德川家齐（1787—1837）的第28位公主靖姬，在嫁到前田康斋家之后仍然称为德川靖姬。直到江户时代，日本还规定户口簿上妻子的名字可以记在丈夫旁边，能够同男人一样继承家产。如果到京都市中心的"二条城"去参观，则会在那里看到古代日本将军的后宫里有不少女官的塑像。这告诉人们，以往日本的王朝宫室的官员里曾有不少是女性。像创作出长篇小说《源氏物语》的紫氏部，便是其中之一。可见，女性官员在古代日本宫廷里的地位之高是中国人难以想象的。女性不仅可以做官，如果她们是皇室成员生育的后代，也有可能继承皇位。据说，古代日本的风俗是：为了明确将军的子嗣序列，当将军与姬妾同房时，要让老年女官在寝室外面值班并进行记录，以备后日查询。

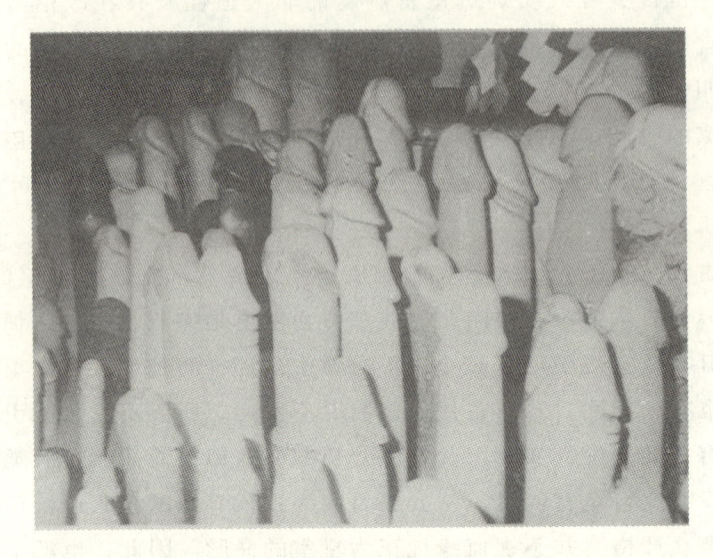

日本神社前的生殖崇拜

中国长期父权社会传统的典型反映就是非常强调男系血缘的纯正，人们引以为自豪的是"大丈夫生不改姓，做不更名"之类。因此，为了防止外姓男人血统混入皇家，当然要视在宫廷内实行宦官制度为天经地义。而日本在古代长时期偏重于母系传统，即使后来也并不太注意在男女血统之间区分出主次，人们也就自然不会太热衷于为保证皇室男性血缘的正统而去设什么宦官。无论是政权还是财产，日本历来不太强调血缘性的继承的原则，而多以能力为标准来筛选后继者。像自镰仓幕府时代制定的法律《贞永式目》开始，日本的继承法观念大都不立足于血缘基础，曾被认为是世界上极少见的继承法原则之一。这其实是一种称不上继承的原则，因为其原则规定无论谁都可以继承遗产，仅仅以能否获得"转让证书"为依据。而如果财产所有者在没有写出"转让证书"之前突然死去，那么就根据如下标准去选定继承权："认真调查出其继承者往日的功绩，明确其是否有履行对其领地的经营及其义务的能力，例如对双亲的赡养，对一族人的照料，逐项审察后加以决定。"也就是说，日本的权力与财产继承权历来主要以个人能力作为判断的尺度，这使得有能力的人不太需要"造反"，即从社会底层通过整体推翻皇帝家族去改朝换代，有可能按照一般与正常的渠道通过显示其业绩而受到重用。在长期的封建时代，日本农民都有清晰的等级划分：没有土地的劳动者、"小作职"、"百姓职"、"名主职"。如果后者的经济实力继续增大，则可以成为叫做"地头代"的低级武士，就像如今各国的足球乙级队升级进入了甲级队一样，而再上一级又有所谓的"总地头"，等等。平民阶层的级别都如此分明清晰，更不必说文武百官了。日本古代有不少掌握过最高实权的政治人物，都不是因为不得已而去"造反"，而是按照循序的晋升渠道提拔起来的。像安土、桃山时代的著名武将丰臣秀吉（1536—1598），就是这样一步步自社会底层发达起来的，最终在1586年登上了所谓"关白太政大臣"的朝廷最高职。第二次世界大战中曾担任政府首相、最终作为战争罪犯被处以绞刑的广田弘毅（1878—1947）本来也出身贫农家庭，硬是凭个人的所谓"政治能力"，靠较其他人强硬的侵略态度，掌握了政府大权。另外，前首相田中角荣（1918—1993）原来也是个"土包子"。他能够从土建承包商起家，逐步占据了日本自民党总裁与政府首相的位子，确曾引起过不少人的妒忌，一时间，揭露其发家"内幕"的文字铺天盖地。但实事求是地说，不管田中使用过什么非正常的经济、政治手段去为己谋利，他成功的那一面无疑是顺应日本独特社会风气的结果。不承认与认真分析这一点，很难对日本历史与文化传统有更深入的理解。

日本不把男性血统视为家族命脉或生命线的态度，最普通的做法就是所谓招"上门女婿"的"入赘"以及"收养"异姓人家的孩子。这在财产较丰厚的大家族中尤其多见且习以为常。像都曾担任过首相的岸信介（1896—）和佐藤荣作（1901—1975），本来是亲兄弟，可姓氏却不相同，是因为前者后来做了岸家的养子。还有作家里见弴（1888—1983）本姓有岛，是作家有岛武郎（1878—1923）和有岛生马（1882—1974）的弟弟，后来改姓山内名英夫。像这种轻易改姓的现象，中国人一般很难理解，在日本人却不少见。至于"入赘的女婿称'婿养子'，成为岳父的继承人付出的代价是很大的。他的姓氏将从生父家的户籍中抹去，转入妻子家的户籍，姓妻子家的姓并和岳母一起生活。代价虽高，但获益亦不浅。富有的商人家的后代成了武士，穷困拮据的武士家庭则与富贾结成亲戚。等级制并未破坏，依然如故。但经过变通手段，为富者提供了上层等级的身份。"① 试想，在一个如此随机应变地对待家族血缘的国度里，对于宫廷来说，所谓宦官制度岂不等于画蛇添足吗？

岸信介

关于中国古代的科举考试制度，实际上那是当封建社会进入了成熟期即隋、唐以后，作为政治体制方面大体形成了以文官官僚体系的标志逐步形成并完备起来的。回顾一下历史，在全面实行科举以后，中国几乎再也没有能够像秦、汉时代那样依靠雄厚的军事实力去扩充疆土与征服邻国，反倒越来越经常受到来自外国、外族的入侵和掠夺，"外患"之重有时候竟然被逼到国破家亡的地步，如"五胡乱华"、金人灭宋、

---

① 鲁思·本尼迪克特：《菊与刀——日本文化的类型》，商务印书馆1996年版，第51页。

佐藤荣作

清人灭明，等等，不一而足。因此，国家以科举制度取士授官、文人迷恋科举以求"学而优则仕"，其实反映了一个国家的政治焦点已经由"宣武"转向了"崇文"，暗示着国家的整体武装实力的日渐衰弱。通过科举制度显露出来的看似文明、文雅的政治现象，也许可以使文人们自鸣得意，却未必会让邻国甘心情愿地臣服，反倒会招惹来那些"恃强凌弱"者的趁火打劫。明代东南沿海长期的倭寇之害就是众所周知的显著例证之一。而与中国相反的是，日本自古从来就没有形成过文官政治体制，甚至连科举制度的后备军即文人群体也没有什么可观的规模。在这种背景之下，根本不可能谈到引进科举选官办法的问题，因为其等于无的放矢，如所谓"皮之不存，毛将焉附"。看过本书上编中"武化传统"一节中有关日本武士制度及其文化特征的介绍，不难理解有的学者做出这样的判断是完全合乎逻辑的，即："日本的士是武士，那些具有武力并掌握着国家的人们，在明治维新之前一直统治着日本。其权力是世袭继承的，并没有想到要输入像中国那样的科举考试制度。"[①]

由此可见，日本没有引入中国的科举制度，绝不是日本人有眼无珠，倒是反衬出了中国长期重"文韬"而轻"武略"的治国观念的软

---

① 邱永汉：《中国人与日本人》，中央公论社1993年版，第68页。

弱无力。其历史经验提醒那些至今仍对科举如"敝帚自珍"一样的中国人反省，不要再以为科举取士是什么"放之四海而皆准"的好办法或好传统。不妨承认，在四周环境允许一国"和平发展"的古代国际条件之下，科举也许算得上是一种公平选拔文官的有效途径。但到了文人们一窝蜂地视"登榜"、"及第"等为人生第一荣耀以后，已无异使科举制度带上了浓重的投机甚至是赌博的味道。更何况，仅仅通过试卷去判断文人处事治世的能力，不过是古来"纸上谈兵"典故的变种而已。果真让他们为官行政，说不定同样会成为一败涂地的笑料。日本当初不肯照搬中国的科举制度，显然是因为其"武化"传统与华夏文官制度有巨大的差异，而近代中国柔弱的文官政体最终竟败倒在日本强硬的武士传统手下。

日本在历史上对待中国宦官或科举的这种态度，其核心并非是如何面对某种外来政治制度的问题，而反映了他们对外国文化体系如中国儒学的取舍标准和移植重心。无法否认的是，日本确曾接受过儒学观念的影响，可由于"日本没有实行科举制度，这就决定了在日本没能形成由文人组成的官僚组织。近世日本的官僚都是由武士组成的，他们崇尚武艺。藩校内虽然也讲授儒学，但不过是'武士的教养'，绝不是立身济世之道。日本武士时代的儒学是一种教养，而不是如中国那样是政治躯体上的血肉，是生活血管里的鲜血"。[①] 要说日本也曾有过儒学的话，那么那里已经把中国的"文人儒学"变成了"武士儒学"。虽然日本以往有过凭借儒学安身立命的知识分子，可他们远没有像东亚汉字文化圈里的朝鲜、越南等国那样，基本上按照儒教的意识形态去营建国家政治机器，更不用说让儒教规范贯穿与渗透到民众日常生活当中去了。

比对待宦官和科举制度的态度更能够体现日本人在汲取外来文化时的审慎态度的，莫过于他们历来拒绝所有不利于天皇的思想观念。不错，华夏确实有过皇权至上的时期，但在另一方面，中国人也多有主张君主非"国之本体而为器用"的。像《春秋左氏传·文公十三年》中已经说过："天生民而树之君，以利之也。"到《孟子》则认为："民为贵，社稷次之，君为轻。"据说，因为中国经典如《孟子》等书主张

[①] 陈舜臣：《日本人和中国人》，文化艺术出版社1990年版，第10页。

"民贵君轻",在政治立场上与日本神道教的观念相背离,日本遣唐使曾担心如果用船将其载之回国,必遭覆没,为此迟迟没有带回《孟子》一书。中国明代的谢在杭在《五杂俎》中记载说:"倭士亦重儒书,信佛书。凡中国之经皆以重价购之,独无《孟子》。有携此书往者,舟亦覆溺。"

看来,绝不应该因为日本文化呈现出一些令人眼花缭乱的"杂色",便认定日本文化没有自己的立足根基。其关键在于:那里的人们善于及时地从杂乱无章的外部世界中,筛选出自己所需要并最终证明有助于自己存活下去或发展起来的东西。就像两位曾因公开宣称日本可以对美国说"不"而闻名于世的盛田昭夫和石原慎太郎所说的那样:"我们日本人有时果断、有时冷静地反复进行着各种各样的选择。在选择的过程中,如果顺利的话,我们也许会达到前所未有的成熟并获得一种以日本开发的尖端技术为主体的全新的文化,而且我们

石原慎太郎

已经发展到了现在这一步了。这条路无论如何也要走下去。"① 这两位人物都非同寻常,一个当过索尼公司董事长,一个做过东京都知事,尤其后一位,曾屡屡因口出狂言而招致人们的反感。但无法否认的是,他们上面这段话确实揭示了日本文化的精髓之所在。如果不虚心思考并弄明白这一点,便谈不上真正搞懂日本传统的奥秘。

---

① 盛田昭夫、石原慎太郎:《日本应该直言不讳——日美关系的新变化》,中信出版社1990年版,第10页。

七

可怜日本青少年

　　笔者觉得，日本的青少年有点让人觉得"可怜"。对于这一说法，那些亲眼见识过他们的生活状况的某些外国人也许难以接受，因为从物质条件上看，世界上能够像日本那样富裕的国度并不太多。在那里走马观花，会看到一般的家境大都像模像样，少男少女们的穿戴更是整齐、干净又时尚，并不至于给人留下"可怜兮兮"的印象。

　　那么，说日本青少年"可怜"究竟是指什么呢？主要是指他们的心理境况。在笔者看来，与相对富足的物质条件相比，日本青少年处在一个视追随与模仿为天经地义的国度里，似乎是世界上最缺乏自主意识的群体，其心灵与精神大都要受外界力量的摆布甚至是"奴役"，其精神状态确实有些令人"怜悯"。

　　日本自古有所谓"四大怕"的俗语，那是指地震、打雷、火灾和老爷子。与前三种自然灾害并列，日本人从小最害怕的人是自己的父亲。而且，日本历来有推崇独身、家族情结淡薄的传统，和中国强调与突出血缘亲情的家庭观念有所不同，日本的父母娇惯与溺爱子女的相当少见，倒是十分注意对青少年的艰苦磨炼，培养他们的吃苦耐劳精神。在第二次世界大战以前，"现代的学校里没有取暖设备，据说这对锻炼孩子们的意志大有好处，将来能够忍受人生各种艰苦。西方人则对日本孩子经常感冒和流鼻涕印象更深，因为这种习惯只能如此"。[①] 如今学

[①] 鲁思·本尼迪克特：《菊与刀——日本文化的类型》，商务印书馆1996年版，第124—125页。

校与家庭的物质条件之好已与过去有天壤之别,但笔者不止一次在日本看到过这样的情景:在冰天雪地的冬天,父母们穿着厚实的棉衣裤,却让小孩穿着短裤跟在后面小跑。再联想到日本儿童在与外国孩子们的艰难求生比赛中屡屡得胜,都不由得会使人产生一种印象,即日本的父母偏重于磨炼子女却不太懂得如何去疼爱他们,因此,日本青少年对家庭的温暖感受大约不会像中国孩子那样深刻。

神社前的学生

按理说,注意教育子女们具有忧患意识和吃苦耐劳精神,本来应该有利于培养他们的独立与竞争心态,但令人不解的是,好像日本青少年迟迟长不大,大都比同年龄段的中国孩子显得幼稚与嫩弱。一个最普遍也最有代表性的"奇观"是:受即使是成年人也痴迷于漫画书籍或卡通片的风气的熏陶,日本的少男少女们个个乐此不疲,俨然日本是一个到处充满着儿童情趣的国度。日本每年的漫画出版物,无论是数量还是形式的多样化,都堪称世界第一。在街头和公交车里,到处都能看到旁若无人地专心翻看漫画书的大人和孩子。那里的卡通片并非是仅仅针对儿童的,还有所谓少女漫画、少男漫画、等等,在故事性和娱乐性方面足以迎合各种年龄、各种身份的青少年,不断造就着众多新的卡通迷。日本的电视卡通片一般都避开那种"扬善惩恶"或"道德至上"的单纯说教，设法展示卡通片新的魅力和潜力，借以吸引观众。其给人的强烈印象，就是日本文化"随风转"的浅薄化和幼稚化倾向。如今，读文字书籍的日本人正越来越少，倒是热衷于非严肃性漫画书籍与卡通片的人数逐年增多。

说日本青少年们迟迟长不大的另一个象征，则是学生们非常迷恋校服，这在女学生中尤其突出。记得2003年最后一天的《中华读书报》曾在一个整版篇幅的《世界青年夜生活圣地手册》中介绍过东京这样的街景：

> 走在大东京的任何一条街道上，都能见到穿着黑西装、呢子短裙的女孩。冬天，她们的脖子上会系一条格子围巾，但一年四季，她们都会穿着大象袜，白白的、厚厚的，非常惹眼。大象袜掩饰或者修饰的是一双双亚洲特色的腿。虽然分布在大街小巷的整形医院已经为改造日本女孩"罗圈腿"的形象做出了巨大贡献，但腿的长短是天生的，就跟日本天生是岛国一样，永远无法改变。这种造型的女孩数量多得能让人以为这是东京的中学联合规定的校服款式，但真实的情况是，这是东京的中学联合禁止的款式。女孩们放学或者逃学后一起换上这样的装束，然后到大街上为东京打造移动地标。

这段文字尽管多少有些刻薄，但其描述的景象真实无疑。不知是因为日本中学生的校服设计得漂亮，还是孩子们留恋学生的黄金年代，即使在周末、假期或不要求统一着装的情况下，他们也愿意穿着校服。这种爱好似乎隐约地反映了学生们希望永远做学生的梦想，以及他们对长大成人后走上社会的恐惧。有一个叫石田惠利的18岁女孩曾坦白地说："一想到这可能是我最后一次穿校服，我就感到不安。"

另外，据联合国教科文组织以一个"开放论坛"的名义调查中、日、韩三国共1200名18—23岁青年的价值观，最终发现中国青年最关心的是生存、竞争、就业以及和父母的关系，相比之下，日本青年则习惯于享受与消费，跟随着时髦和潮流奔跑。为此，他们经常抱怨得不到

穿校服的日本女学生

父母的理解，希望能够将西方的价值观融入日本文化传统。[①] 这种心态固然与日本相对优越的生活环境有关，但主要还是因为他们大都把追逐时尚视为人生意义之所在。这样一来，如今在日本的闹市区已很难看到传统日本的痕迹。青年们天生自然的黑头发正被越来越多的黄发和红发所取代，并且还从欧美最新潮流中筛选出一系列令人瞠目结舌的时髦打扮。他们只是偶尔吃吃日本饭菜。一名13岁的初中生在被问及西方世界对其生活的影响时曾说，她家里没有一间铺设"榻榻米"的房间。这些人被称为"西式日本人"。这种以新奇和古怪出众为美的心理，甚至使青少年起名字也显露出了无视常规的苗头，如近年来有人竟会取"沙丁鱼"、"草莓"、"甲虫"等女性名字，男性则有叫"我"、"癌症"或"大粪"的。因为类似的现象逐渐增多，日本政府法务省不得不研究增加人名汉字数量的问题。

　　日本娱乐圈推出青春偶像的速度与数量，也在世界上名列前茅。每隔一两年都要推出几个"当红"明星，吸引着青少年们狂热追逐，仿佛不如此，少男少女们便将失去生活的意义与热情。而实际上，那些曾经当过明星或正红的日本明星，却未必真像崇拜者想象得那么风光。据

[①] 埃菲社2003年11月23日电讯。引自《参考消息》。

说，最近的"人气"已将超越前一代明星滨崎步的中岛美嘉，就对捧红自己的日本"造星"机制感到很无奈。对这个刚刚20岁的小姑娘来说，目前所拥有的一切来得有点儿过早。她坦言，自己这个岁数应该像小孩一样，玩是生活的第一位，而自己为了在舞台上发出耀眼的星光，只能埋头苦练本领，早不知道玩是什么滋味了。

因为要看漫画消磨时光和追逐时尚，日本青少年们手里的钱其实并非像外国人想象得那么充足。于是，女孩子们发明了一种日本独有的赚钱方法叫"援助交际"，说白了就是以自己的肉体从男人身上换取所需的开销，而男孩子则只有违法乱纪才能满足自己的消费欲望。在日本的大城市中，像下面描绘的夜景已经司空见惯，很难说其究竟意味着繁华还是在诱惑青少年下水：

> （大阪）梅田地区的大街小巷让酒馆、餐厅、卖汤面的摊贩车吆喝得热气冲天，让你根本看不出来这里在白天是西装革履的公司职员行色匆匆的街头。高架桥的下面有许多发纸巾宣传袋的人，在来往行人中穿梭不停。这种晚上发的纸巾多半是替色情场所宣传用的，有写陪酒小姐妙龄绝美的，有写让你今夜销魂的，有的干脆画着一丝不挂的媚态女郎和大字的电话号码，搞得花里胡哨，就像往行人怀里塞纸巾的小伙子们打扮一样。他们这些人多半裤衩背心，头发染得蜡黄，有长有短，有卷有直，耳朵上挂着一连串儿的金属耳坠，在霓虹灯下发亮。其中有一个人在招呼大家光临的时候，我发现他的舌头尖上嵌着一个小指甲大小的银环儿。①

至于日本的中小学校教育，因为缴费既少还免费供应午餐，而且早已实行"愉悦教育"，仿佛孩子们在"蜜罐"里读书似的。但在实际上，学生的心理压力相当沉重，这主要是因为日本教育历来实行"填鸭"式的知识灌输而轻视伦理与价值判断，学生只练就了背书的能力，个人的意志决断能力大大降低。日本学校曾被称为非人道的"考试地狱"，即必须按部就班地通过各级学校的考试并拿到毕业证书，才能在

---

① 毛丹青：《认识日本虫》，中国青年出版社1996年版，第26—27页。

社会上争得一席之地。这种教育制度为日本培养出了既认真能干又循规蹈矩的劳动大军。对于一个历来把经济实力作为国家主要目标的民族而言,这种教育制度确实很有成效。据日本青少年研究所进行的"日中青年就业意向调查"的结果,日本很多受访者选择"喜欢做一成不变的工作","会好好听取上司和同事的意见",反映出日本青少年集体主义思想较强与缺乏个性的倾向。那些少数想最终出人头地的孩子,则必须在日常学校教育以外参加累人的课外补习班即所谓"塾"。"塾"的加工对象是成绩不错的学生,其目标是要让他们的成绩出类拔萃,以保证今后能够升入最好或有名的学校。

日本青年读物、玩具

日本学校的所谓按部就班与循规蹈矩,并非只是循序渐进地按学年升级,还意味着在学年时代就要逐渐见识与习惯日本社会普遍存在的"秩序"观念。比如,"上学时,学生当中有高低年级的秩序,这种秩序在学生业余体育俱乐部尤其严格。例如,有个学生登山队登山时,低年级的学生要负责搬运装备,扎帐篷和准备晚餐,高年级学生则可以一旁抽烟,督导他们。准备工作就绪后,又是高年级学生先吃饭,低年级学生在一旁侍候。据说，这种鲜明强烈的等级观念，反映了以前日本军队里的实际情况。"① 这种"上压下"、"大欺小"的学校风气，使日本孩子们从小对所谓"いじめ"（读如"依基埋"）即虐待现象不以为怪。应该说，恃强凌弱是日本学校里的传统"顽症"。

香港的《亚洲周刊》在 2004 年 3 月 7 日出版的一期曾报道过一起日本小学生欺凌华人子女的事件。受害人叫田婷婷，是一位在日本大学里工作的中国教授的女儿。只因为她有中国名字，会说中国话，日常打扮有些中国样式，便经常受到同学们的鄙视嘲笑、孤立乃至殴打。据田婷婷所在的神奈川县川崎市教委调查，她 2000 年升入 3 年级后，和本来就常嘲笑欺负她的日本男孩佐藤编入同一个班。从此，在佐藤煽动下，该班有 3 男 3 女"自发"结成"小集团"，变本加厉地对天真烂漫的田婷婷进行欺侮凌辱。

爱说爱笑、性格开朗的田婷婷慢慢变得惊恐不安，厌食厌学，课间休息时总是躲在卫生间，最后央求妈妈同意她不去上学。后来，她只好转到另一所学校，但因已患上精神障碍症，其父亲按捺不住怒火，便将此事控诉到川崎市教育委员会。教委派人前往田婷婷原就读的南菅小学调查，前后经过了近 3 年的时间，最终在 2004 年 2 月 7 日，面对市议员们对田婷婷事件的质询，川崎市教育委员会委员长河野和子正式表示对田婷婷及其父母的深表歉意，并将负担受害人全部医疗费用。

正如东京的樱美林大学副教授、社会学博士李恩民就此事所表示的那样，日本中小学中普遍存在的恃强凌弱现象，与日本民族传统的排他性、自闭性、自大性有关。"作为集团的一个成员，个人不敢干的施虐行动，借着集体之力就可以干出来。因此，它不是个人性的施虐，而是集体性的施虐。在学校里弱的孩子被欺、中学生围打街头流浪汉等，都是集体性的暴力行动。这是内藏歧视弱者意识的歧视性施虐。"②

除了学生之间的虐待之外，日本教师伤害学生的事件也持续不断。据《读卖新闻》的一项调查结果显示，2002 年全国因对儿童或学生进行性侵犯而被免职的公立学校教职员达近百人，是 1992 年以来的最高

---

① 中根千枝：《日本社会》，天津人民出版社 1982 年版，第 32 页。
② 南博：《日本的自我——社会心理学家论日本人》，文汇出版社 1989 年版，第 43 页。

纪录。调查人员发现，日本许多地方并未针对这类侵害设定处罚标准，不少犯过错误的教职员又被允许回到原来的岗位。这项调查涵盖了日本的大部分地区。调查内容包括因性侵害而遭到惩处（免职、停职、减薪）的教职员的情况和相关的处罚标准等。而 2003 年 1—10 月，已有 75 位教职员因性侵害受到惩处，其中有 53 人被免职。文部科学省公布的数据显示，在过去 10 年里，最高的免职纪录是 2000 年度的 71 人，其次是 2001 年度的 53 人。

也许与这样的学校风气有关，日本近年来青少年犯罪和受害人数也在逐年刷新历史纪录。据《日本经济新闻》2004 年 2 月 6 日报道，2003 年共发生以未成年人为目标的劫持案件 415 起，未成年人受到伤害的猥亵案件 6233 起，创下了对上述情况进行统计以来的最高纪录。此外，因虐待而死亡的儿童人数也从 2002 年的 39 人增至 42 人。虽然少子化导致孩子数量减少，但针对少年的恶性犯罪却在不断增加。从与前一年相比，在受害者中，中学生增加了 21.7%，小学生增加了 8.8%。除恶性犯罪之外，在劫持等案件中，小学生受害案件增加了 4.3%，达到 415 起。这是自开始对此情况进行统计的 1972 年以来情况最坏的一年。

日本有些青少年犯罪的案例让人既触目惊心又难以理解。1997 年 5 月 27 日清晨，在位于神户市须磨区的一所中学校门口，发现一颗被割下的头颅。据说，被害者是名叫土师淳的 9 岁男孩。当时不仅死者脸部血肉模糊，而且嘴里还塞了一张纸，上面写有"酒"、"鬼"、"蔷薇"等字样。后来，又在附近山坡上找到了被害人的尸体。过了几天，当地《神户新闻》收到了一封信，信写道："哈！现在游戏开始。诸位警察，请来抓我吧⋯⋯"署名正是"酒鬼蔷薇圣斗"。过了一个月后，神户警察署宣布犯人已经抓获，竟是一个 14 岁的中学三年级学生。受此案件的震撼，2001 年 4 月，日本国会修订《少年保护法》，将免于追究刑事责任的年龄从 16 岁降到了 14 岁。在 2003 年 11 月，一个 16 岁的日本少年当日因抢劫和强奸被判处有期徒刑 3 年半，成为日本第一个 16 岁以下犯罪被正式判刑的人。他在 15 岁时就同另外两个少年入室抢劫并强奸过一名妇女。而在 2004 年春天，在港口城市佐世保，又发生了一起一名 11 岁的女孩用利刃割断了一个 12 岁女孩的喉咙的事件。这些令人

日本女青年装束

日本青少年着装、学做电脑

震惊且百思不得其解的犯罪现象，似乎意味着日本青少年的心理疾患很难按常规或常理去解释。

据有人说，青少年心态如此冷漠的现象，是由于"日本母亲们灌输给孩子的，并不是对上帝的恐惧，也不是一整套以放之四海而皆准的伦理道德为依据的行为规范。相反，大多数日本人学到的是一套适用于日本民族及其社会各阶层的行为准则。当然，这些行为准则与当代大多数西方儿童受到的道德教育并无太大分歧。大多数日本人成年后，这些准则也依然大有用场——但只有当他们处在与日本民族相类似的环境中或具有同感的情况下，才能做到这一点。日本人如果遇到一些陌生的问题，又找不到现代的'日本式'解决办法，那么就会产生麻烦，因为他们缺少一套不受时间、地点和文化背景限制的原则。我认为，正是由于这一缘故，日本人有时面对陌生的环境便无所适从，似乎缺乏道德规范。"① 为此，日本青少年大都惧怕从学校毕业后走上社会。他们不太指望以后到社会成功什么"事业"，而大都把及时行乐视为眼下的生活准则。在2001年夏天，一个日本青少年研究所公布了"新千年生活与意识调查"的结果，调查对象是日、韩、法、美四国的中学生。其结果表明，有61.5%的日本青少年将"享受"作为"人生目标"，而选择这种"人生目标"的美国青少年只有4%。在美国青少年的人生目标中，40.6%选择"获得崇高的社会地位和名誉"，11.95%的人选择"为社会做贡献"。但在日本青少年当中，选择"获得崇高的社会地位和名誉"的竟只有1.8%，选择"为社会做贡献"的人只有4.4%。日本广大青少年如此胸无大志的状况令一些人忧心忡忡，他们担忧这些"可怜"的日本后代会把日本的未来引向何处。

---

① L. C. 克里斯托弗：《日本心魂》，中国对外翻译出版公司1986年版，第62页。

下　编

多"礼"少"义"之邦

唐代皇甫湜《东晋元魏正闰论》曾说:"所以为中国者,礼义也;所谓夷狄者,无礼义也。"日本的太宰春台则说:"称四夷为夷狄而贱于中华者,乃无礼义故也。"

从"残留孤儿"说起

笔者在日本时,曾不止一次看到过这样的景观:在街头摆卖包子或馒头等中国食品的摊贩前挂着一条大字横幅,上写着:"残留孤儿自谋生路"。那既是摊主在以特殊的身份招徕顾客,又似乎是在向日本政府示威,抗议对回国的"残留孤儿"的安置不负责任。听说由于很多日本人喜欢吃中国餐,他们的街头生意还算不错。

所谓"残留孤儿",全称应该是"战后残留在中国的日本孤儿",指在1945年侵华战争结束后,那些因各种原因未能随家人一同回国,而被中国人收养的日本人后代。据估计,在侵华战争期间,大约曾有150万日本人移民到中国的东北与华北等地区。到战争结束时,这些人连同军人家属等,有不少人把孩子留在了中国。虽然当时中国的生活境况大都极端困苦,但基于深厚的同情心,当地人仍收养了7000多名日本遗孤。到中日关系正常化以后,他们的养父母又不惜割舍多年的养育之情,支持这些日本遗孤寻找自己的亲属。1981—1987年,先后有15批共1488名在华孤儿回国寻

残留孤儿寻亲的照片

亲、认亲。到1994年，已有约4600个日本残留孤儿家庭，共计15000人回到了日本定居。①

"残留孤儿"在寻亲与回国定居的过程中，曾有过种种酸甜苦辣的心理感受。记得2004年日本的中文《东方时报》报道过一个真实的故事：一个日本老兵因羞愧于自己在战争中的所作所为，一直不敢公开自己的父亲身份，仅以亲属的名义认领了在中国长大的儿子。后来，其在去世前最终给儿子留下了这样一封信：

长雄：

你是我的亲生儿子，这是真的。（所附户籍抄本可证）

因我罪孽深重，虽然早已确认你的身世，但愧于相认，只有默默补过，以求儿子宽恕。

我不敢、不能轻易对你提起，除了自己至死惭愧自责外，最怕你的名誉受到损害，更怕儿子厌恶和追讨父亲，那是比任何惩罚都严厉的报应。

我和其他军人，都成了杀人狂。我承认，在攻陷香港时，我亲手杀死过4个英国士兵。战争和血腥使人发疯，我们得到的命令就是杀、杀、杀。

当我们冲进香港，占领了圣斯蒂芬医院时，我们从医院中搜出90多名英军伤病员，并用刺刀一口气扎死了64名想挣扎反抗的英军伤病员。而医院中60名女医生和护士，全被我们围了起来进行轮奸、强奸。然而这些中国女人十分烈性，在混乱中，竟然用手术刀之类的刀剪，扎穿了8个士兵的颈动脉，剪断了5个士兵的生殖器，3个士兵被捅穿了肚子！我们有18人被不屈不挠的中国女人扎死了，其中包括我们的大佐。

最后，我们架起了机枪，击毙了14名女人，剩下的被打了麻药扔到军车里，充当随军妓女。

就是在那天，我眼见白白的身子一个个在我的军刀下被斩断。

---

① 井出孙六：《满蒙权益与开拓团的悲剧》，《岩波袖珍系列日本近代史》第9卷，1993年，第53页。

当天夜里,我噩梦缠身,不住地大喊大叫,后来被送到精神病院治疗。

我从中国南方回到中国东北治病。你妈妈闻讯后,领你来中国探望我,可我在疯癫中,竟把你妈妈当成向我索命的中国女人,我恍惚中,用刀去刺她,没想到砍伤了5岁的你。日本战败,由于没来得及撤走,你妈妈领你逃难,死在路上,你被丢在了中国。

我成了战俘,隐瞒了罪恶,却受到中国政府的宽大,并治好了我的病。

我不能说"对不起中国人民",那不是我这种人有权说的,我不配说这种话。

我祸害过中国,我屠杀过中国人,可万万没料到,中国人救活了我的儿子,而他的父亲,双手沾满中国人的鲜血!

我将不久于人世了。爸爸求你,求你和你的儿孙后代用生命去报效中国。

父:中田道行(八十岁)(手印)

按理说,儿子能最终确认自己的生父,应该感到欣慰才是。但毕竟儿子是在中国长大的,耳濡目染的中华善恶观念使其对生身父亲的战争罪行无法释怀,始终无法抹去父亲曾充当过魔鬼的"烙印",他说:"这个肮脏丑恶的烙印,给我蒙上了痛苦的阴影,我不敢告诉妻子、儿女,不敢告诉中国的爸爸妈妈,更不能让其他中国人知道!"他痛苦地呼喊:"啊,爸爸!是谁把你变成了法西斯?你为什么要做法西斯啊?!我不会原谅你的,真的不会,永远不会!懊悔吧!在人类历史的被告席上!"听了这个故事谁都不难明白,那些回国的"残留孤儿"的心理曾经承受过多么沉重的负担。

中国曾拍过一部名为《清凉寺的钟声》的电影,内容是讲述一位中国云南老大娘收养日本弃儿的故事。在影片中,当她的女儿质疑为什么要收养"日本鬼子"的后代时,老大娘平静而又深沉地说:"他们没有人性,咱们得有人性。"在中日两国的传统观念里,对"人性"的理解似乎有所不同。日本人大都看重与强调人的自然性如食色等,而悠久的华夏文化传统则倾向于推崇那些超越自然人的道德准则，如"仁者爱人"、"扶弱济贫"等恻隐之心。正像日本政府厚生省社会援护局援护计划科中国孤儿对策室室长小林昭一郎所说："这些中国养父母像亲生父母一样抚养战争遗孤，此恩之大，无法用语言来形容。如果一定要表达出来，那我会说，中国的养父母宽大仁慈的胸怀是十分伟大的。"

显然，尽管"残留孤儿"们属于日本血统，可由于他们长期生活在中国，受中国文化环境的熏陶，其行为举止和心理习惯已大都中国化了。他们无论是对待中国养父母的感情还是对日本侵华罪行的看法，都与在日本的亲人有相当大的差异，甚至是格格不入。另外，这些人曾以为日本比中国发达与富裕，回国后物质生活条件将会有很大的改观，心理期待曾经相当高。但在实际上，由于他们文化水平大都比较低，很少有什么专长，加之年龄偏老，多数人回国后只能从事收入微薄的体力劳动，而且由于经济不景气，很难找到合适的工作。仅仅靠日本政府按月发放的有限"年金"补助，全家的生活水准很难与一般日本人相比。因此，"残留孤儿"中有不少因逐渐对日本政府失去信任而情绪沮丧。他们认为，自己已三次被国家抛弃，一次是在战争结束后日本人撤退回国的时候被丢下不管；另一次是在1959年3月，当时日本政府基于敌视中国的立场，施行所谓"关于未归还者的特别措施法"，逼迫家属宣布未归还者已经死亡；第三次则是在本人回国以后，并没有获得应有的补偿，长期无权享受养老保险制度。为了享有与一般日本人同等的人格与权利，他们中曾有万人签名抗议此事，并已有1262人多次向官方提起过诉讼，要求日本政府向每个回国的"残留孤儿"至少赔偿3300万日元。原告们认为，国家没有及时采取措施让日本遗孤回国，并且没有尽到援助孤儿们自立的责任。近来，这一态势还有进一步激化的倾向。由于日本法院已有过判决国家对前日本军队遗弃在中国的毒气弹造成的伤害负有责任的案例，战争遗孤们表示将继续追究国家在处置他们的问题上的"不作为"责任。

尤其在他们回国定居以后，由于在与亲属之间的情感方面，不习惯日本一般待人礼节烦琐却情绪淡漠的特点，更使"残留孤儿"们思念当初中国养父母的温馨亲情，其心理反差相当强烈。《朝日新闻》1987年2月6日报道过，有一位名叫松尾忠尚的"残留孤儿"，1986年带领

描写残留孤儿的小说

一家 5 口人回到日本定居后，开始时与一位亲戚住在一起，后来因为彼此关系闹得很僵，只好分开另过，从此两家再无来往。他的亲戚们觉得，无法忍受松尾忠尚一家对他们的依赖，而松尾本人则认为，亲属之间相互照顾是理所当然的，从其中的冲突不难看出日中两国在对待亲朋关系方面的文化心理距离。按照日本的说法，出生在国外即"外地"的日本人与"内地"人是无法同日而语的，何况"残留孤儿"还是在中国长大成人的。1986 年归国的大道武司在手记中写道："在日本，金钱比什么都重要。身无分文的人没有谁搭理你，亲戚也不愿与你交往。"他觉得以贫富作为衡量人的尺度的日本是一个"可怕的国家"。周围的无形歧视使他们深刻体味与领悟到中国人养育之恩的可贵与伟大，越发激发了他们对中国父母的感激心情。2000 年秋，有 330 多位遗孤在神奈川县县民中心成立了"中国养父养母谢恩会"。另一位名叫远藤男的日本遗孤还牵头在其中国故乡黑龙江省方正县建立了"中国养父母公墓"和纪念碑，其中既表达了他们对中国亲人的无限眷恋，也反映出中国伦理道德观念对他们潜移默化的影响。

与此相反的是，至今仍有不少日本人对这些回国定居的"残留孤儿"的心态还相当复杂。一方面，由于没有亲身感受过中国家庭的温馨亲情，他们常常隔靴搔痒地猜测中国人为什么竟会收养那么多敌对国家的孩子；另一方面，他们中的很多人又缺乏应有的同情心，视"残留孤儿"为"外来者"而以漠然的态度冷眼旁观。在回国后有过如此心理遭遇的"残留孤儿"以亲身经历提示人们：中日两国文化传统在道德观念方面确实存在着一定的差异。今后要想恰当地处理中日两国政府与人民之间的关系，实在有必要从"残留孤儿"的回国经历中领悟与总结出某些有益的启示，力争客观如实地正视中日两国传统在对待人与人的关系方面的不同特点，这显然要比一相情愿地空喊"一衣带水"之类的友好口号要切实有效得多。

因为从根本上说，"一个民族的文化在很大程度上是由其伦理观念决定的。文化要有伦理观念作后盾，反之，伦理也要打上文化的烙印"。[1] 而"伦理之法则、理想，往往因时代地域而不同，古今东西诸民族各有其适应环境之首先法则，无论习俗制度如何歧异，亦莫不各有理想伏于其后"。[2] 比较不同民族在伦理文化观念上的差异，未必就是为了判断孰高孰低或者此优彼劣，而是要使人们能够如实认识对方在人情世故等心理方面的与己不同之处，以求得真正的相互理解。不深入到这一步，所谓两国友好关系，充其量只能是一句空话而已。

不可否认，中日两国同处东亚，尤其是在漫长的古代，日本在汲取中国文化成分的过程中，曾借鉴过华夏的人伦道德观念，这使中日两国在心理与情感上确有相同之处。但在另一方面，日本与中国两种文化传统由于地域和人种的不同，毕竟又有着巨大的区别，不看到后一点，也会以偏赅全。著名日本社会学家中根千枝在《日本社会》中文译本序言中指出过："从礼教来说，日本引借了中国的伦理，但是在日本人从中国人那里吸收的东西同日本人思想和行为的样式之间存在着相当大的差距。"比如，"日本人倾向于一如其原状地去认可外部的客观的自然界。与此相应，他们也倾向于一如其状地去承认人类的自然的欲望与感情，并不努力去抑制或战胜这些欲望与感情。"[3] 由于视自然的存在为先天合理，于是，便从来不太像中国那样强调善与恶、理应与任性之类

---

[1] 秦家懿、孔汉思：《中国宗教与基督教》，三联书店1997年版，第239页。
[2] 黄建中：《比较伦理学》，山东人民出版社1998年版，第9—10页。
[3] 中村元：《东方民族的思维方法》，浙江人民出版社1989年版，第238页。

的伦理尺度，从而也就很少有人会像中国人那样去遵循所谓"己所不欲，勿施于人"之类的为人之理，在意对方对自身行为的道德评价。

　　说起道德与伦理观念，也并非有什么神秘之处。伦理文化的价值在于，人类的历史其实就是一部逐步文明地驯化自身野性和率情纵力习惯的过程。一个民族的历史越悠久，其道德的约束就越严格，也越自觉。美国研究伦理哲学的学者乔舒亚·格林认为，人的善恶反应是百万年磨炼的结果。他说："我们深信的许多道德观或许是进化的痕迹。"像杀人者最初也许是不得已或者是必要的，但随着文明的演进，其日益使人们引发出极其负面的情感，并尽可能加以避免。[1] 用中国古书《释名·释言语》中的话说，即所谓："好生恶杀，善含忍也。"或者如《孟子》所云："人皆有所不忍，仁也。"另外，像中国人普遍怀有的"道义"信念，所谓"见义勇为"、"舍生取义"、"大丈夫威武不能屈，富贵不能淫"，等等，都是经过长期积累形成的一种人格自觉，即不惜为至高的"正义"天条献身的勇气。中国人历来把这些伦理准则视为人之根本，《孟子》中说的"仁，人心也；义，人路也。舍其路而弗由，放其心而不知求，哀哉"，便是这个意思。而《墨子》更推崇："义，天下之良宝也。"要求人们坚持的是："不义，虽利勿动。"经过日久天长的升华与深化，中国的"仁"、"义"之类观念已经充实为具有多层次内涵的体系性范畴。如"仁"的浅层意义可以指"亲切"（Kindness），进一步意味着"宽厚"（clemency），或者是更内在的"慈善"（benevolent）、"慈悲"（merciful），等等。

　　日本很早就引入了中国的典章文物，古代有不少天皇曾以"仁"或"义"字为名号，如"光仁"、"仁和"之类，但这种借用并不等于他们真正认同中国儒家道德的本真含义。"日本文化无可置疑的倾向，在于它不建设抽象的、体系性的、理性的言语秩序，而却把语词应用于具体的、非体系性的、感情式的人生特殊场面之中。"[2] 因此，即使在以往，日本人也时时流露出对中国强调伦理规范的传统的隔膜与拒斥。像较早的古书《古事纪传》就已质疑："如彼中国人者，其心本恶，事乱

---

[1] 卡尔·齐默：《低温会救谁的命？》，美国《发现》月刊，2004年1月号。
[2] 加藤周一：《日本文学史序说》上卷，筑摩书房1975年版，第7页。

本多，故事无巨细，皆详悉规定，以及之也。"公元604年，作为圣德太子（574—622）"大化改新"的标志公布的17条宪法中，也没有特别强调中国儒教的"仁"的观念。而和歌总汇《万叶集》中收录公元8世纪诗人大伴家持的诗是："在海与水共沉浮，在山与草同枯荣。为君尽忠节，我身何所惜。"将对君之"忠"看得比"仁"要重要得多。

尤其是"罪过这个观念，无论过去和现在，对日本人的思想都是格格不入的。日本的神和大多数人一样，既不十全十美，也不彻底败坏"。[1]看日本古代神话传说便不难理解这一点。后来，一位名叫唯圆房的和尚在其所著《叹异抄》中记载净土真宗教祖亲鸾（1173—1262）的话说："阿弥陀的本愿并不在于区别老少和善恶之人，而要大家知道对本愿来说，只有信仰才是救世的关键。"其甚至表白："至于善恶，我一无所知。什么是恶？这要彻底了解阿弥陀以何为善后才能分辨。对于我们这些烦恼俱足又无判断力的凡夫而言，这是个苦和无常的世界。所谓善也好，恶也好，万事都是虚伪、愚蠢的，不存在真实，而唯一真实的就是念佛。"这一净土真宗至今在日本影响最大。据说，《叹异抄》一书的3个注释版本，在近60年中竟印刷了169次之多，可见至今仍拥有众多的日本读者。

当然，古代日本人并未公开拒绝"仁义"的观念，但他们并不像中国人那样推崇它。像著名武士伊达政宗（1567—1636）曾宣称："过于义则固，过于仁则懦。"[2]认为行"仁义"只能适可而止。到江户时代的学者山鹿素行（1522—1685）时，又提出了一个有名的"性之本然不可以善恶论"的命题，其中指出："人之性是天命也，天地之命唯生生无息，不可以善恶论。"（《山鹿语录》）在山鹿看来，"人必有好恶之心"，而这种"好恶"是体现在"欲"上面的，因此，所谓好恶就如同性情一样，人人皆有，根本无罪可言了。其在《圣教要录》一书中更批判道："孟轲所谓性善者，不得已而字之，以尧舜为的也。后世不知其实，且认性之本善，立工夫，尤学者之惑也。"而标志着与儒学彻底决裂的日本"国学"集大成者本居宣长（1730—

---

[1] 伊恩·布鲁玛：《日本文化中的性角色》，光明日报出版社1989年版，第6—7页。
[2] 新渡户稻造：《武士道》，商务印书馆1993年版，第31页。

1801）更在《玉胜间》一书中说："大凡论世间人及万事之善恶是非，推万物运行之理，皆以彼汉籍之趣言也。"坦率地表达了对中国伦理意识的反感。他在《直毗灵》中径直提出了"人欲即是天理"的说法，毫无顾忌地把中国道德信条抛在脑后。这不禁会使人想到德国的尼采在《瓦格纳案件》的《反基督徒2》一节中的话："什么是善？——所有能在人身上增强对权力的感觉、对权力的意志以及权力本身的东西。什么是恶？——所有源自孱弱的东西。什么是幸福？——就是那种感觉，即感到权力在增长、感到抗拒和阻挡它的东西被克服了。"由此可见，当1914年日本军队进攻中国青岛时，美国传教士李佳白曾在9月17日《大陆报》上刊载的《上日本内阁总理大隈伯书》中，告诫其"立命国人停止围攻青岛之计划，并使贵国恪循天理，毋徒从人欲，当以公平、辑睦之道待中、德及世界各国"，实在是切中日本传统中崇拜实力而轻视仁义的要害，可惜的是日本肯定不会听从这一劝告的。记得有一位日本教授谈到过自己的感受说："从我指导的中国留学生那里，常常会听到'日本人从不明确说好或说不好'的抱怨，这给我留下了很深的印象。"[①] 显而易见，中国留学生所反映的，正是中日两国伦理道德意识的主要差别。

有的伦理学家指出，各国的基本道德准则有所不同，有以知识为中枢的，也有强调仁爱为根本的。若将中日两国加以对比，无疑日本历来偏重于前者，而中国以后者为传统的核心。中国的《大学》里说："格物而后致知，致知而后意诚，意诚而后心正，心正而后身修，身修而后家齐，家齐而后国治，国治而后天下平。"是主张"格物致知"服从于"修身"。如果缺少了仁爱情怀，人仅仅学会了丰富的知识与技能，很难保证一定做出与人为善良的事来。在分析与解释事物的机理、强弱等问题时，可以是客观的，即摆脱价值判断，可客观分析得出的结论如果不考虑社会道德、利害等价值判断，是相当危险的，甚至会是恃强凌弱，助纣为虐的。相比之下，日本人在江户时代的儒学也曾有人主张文德为"仁"，武德为"义"，认为仁义为一德，文武为一体，但他们重视内在道德良知修养的意识始终比较淡薄。这是日本在近代得势后屡屡

[①] 马克斯寿子：《向中国留学生投以温和目光》，《产经新闻》2003年10月27日。

发动战争却始终不太懂得设身处地地体谅受害国的感受的主要原因。如果明白了这一点，大约也就不会对某些日本人不理解中国人为何会收养"残留孤儿"并对他们冷眼相看而感到意外了。

二

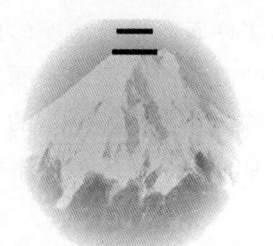

日本之"礼"

外国人乍到日本，也许很难同意关于日本人比较轻视人伦道德观念的说法，因为初看起来，似乎日本人个个文明礼貌、彬彬有礼，那里名副其实称得上中国俗话所说的"礼多人不怪"。比如，像下面这样的情景在日本司空见惯：

两个朋友在街头见面，都会急不可待地首先向对方深深鞠躬，那姿势个个是标准的 90 度大礼，而且几乎是说一句话一鞠躬，不厌其烦地直到谈话结束。有人形容日本人行礼如同"捣蒜"并不过分。

日本礼仪

无论是旅行团的导游还是商场里的店员们，其职业性的动作与言谈都已礼仪化：穿着整洁的工作服，戴着洁净的白手套，像机器人一样做出规范性的动作，以不变的温柔声音迎接着顾客。据说，这种礼仪性模式就是按照机器的标准训练的：一个不锈钢的手臂严格规定职员们鞠躬的度数，几乎不差一分一毫，最终使人形同木偶和玩具，可惜少了点真人的亲切感。

也许日本语是目前世界上唯一留有反映对话双方身份高低之别的"敬语"、"自谦语"等用法的语言。不必说上下级之间，即使同样是"给钱"这句话，说"你给我"与"我给你"中的"给"字竟不是一个词。许多刚学日本语的外国人对此难免莫名其妙。

与中国人经常对朋友说"没事来我家坐坐"的习惯不同，日本人很少轻易邀请别人到自己家里做客。常常能看见一个主妇在自家门口与邻居交谈，就是不请别人迈入自己的家门。日本人邀请客人到家里，要提前很多天就正式通知，客人则必须事先准备好礼品，并且会面的时间要适度把握，不可无限制地闲聊。因此，笔者曾不止听到中国人抱怨说，去日本家庭做客规矩太多，觉得太拘谨，等等。

也许是因为习惯于生活中的礼仪严格而且烦琐，近代日本人反观历来被称为"礼仪之邦"的中国日益衰败，社会动荡，耳闻目睹中国人因穷困而粗野的种种举动，倒觉得他们远不像自己有礼貌、讲文明。福泽谕吉（1835—1901）似乎是较早表露过这种印象的一位，他在著名的《文明论概略》中说：

> 中国自古以来称为礼仪之邦，这句话好像是中国人的自夸，但如无其实，也不会有其名。古代中国，确有礼义君子，而且不少事情是值得称赞的，就是在今日，仍然有不少这种人物。不过从全国的情况看来，杀人盗窃案件层出不穷，刑法虽极严厉，但犯罪人数并未减少。其人情风俗的卑鄙低贱，可以说彻底暴露了亚洲国家的原形。所以，中国不能叫做礼仪之邦，而只能说是礼义人士所居住的国家。[①]

[①] 福泽谕吉：《文明论概略》，商务印书馆1959年版，第43页。

后来，还有一位名叫桔朴（1880—1945）的日本记者兼中国研究家，更亲自根据个人的实地观感表示支持福泽的论断，认为："日本心目中的支那人是一个几乎没有道德情操的民族。"① 这些评价似乎与中国人认为日本人缺少道义观念的看法相互抵牾，甚至会给人以彼此攻击的印象。中日两国在评价对方民族的道德水准上的这种矛盾与分歧，可能不太好通过度量两国礼仪规范的宽严程度加以鉴别，主要还在于彼此道德传统的侧重点有所不同。在笔者看来，历史久远的中国伦理文明强调的是内在的"礼义"观念，而日本人则侧重于外在的"礼仪"规范。中日两国传统道德观念的一些错位与矛盾，可能与这一字之差有相当大的关系。

唐人皇甫湜曾写有《东晋元魏正闰论》一文，其中认为古人所谓"华夷"即中外之别，其根本不在于人们外在的礼仪形式，而应以有无内在的"礼义"情怀为标准，文中说："所以为中国者，礼义也；所谓夷狄者，无礼义也。"对于这种说法，日本江户时代的儒学家太宰春台（1680—1747）曾表示赞同，即："中国称四夷为夷狄而贱于中华者，乃无礼义故也。然若中华之人无礼义，也必与夷狄同。反之，四夷之人若备礼义，则必与中华之人无异。"也就是说，"华夷"之别并非天生不可改变，主要看其能否具备"礼义"的文化内涵。"夷狄"之人懂得了"礼义"便与华夏不分轩轾，而华夏若昧于"礼义"也与禽兽无异。

实际上，单一的汉字"礼"在古代本有深浅与多侧面的含义，肯定并非只指"礼节"或"礼貌"。按《礼记·乐记》的解释是："乐者为同，礼者为异。同则相亲，异则相敬。乐胜则流，礼胜则离。"与"乐"象征着融会一体有所不同，"礼"意味着对异己者有距离的敬意与交往。因此，若是"礼"过于烦琐或死板，会使人们产生某种疏离感，给人以拒之门外的感觉。因此，中国人很早就把"礼"看作是社会文明的最基本与最低级的规范，如《老子》说："失道而后德，失德而后仁，失仁而后义，失义而后礼。"谈到"礼"的这种性质，禁不住让人想起鲁迅复述过的叔本华在一篇文章里讲到的故事：

---

① 桔朴：《认识支那的道路》，《支那研究月刊》第1卷第1号，1924年1月。

有一群豪猪，在冬天想用大家的体温来御寒冷，紧靠起来了，但它们彼此即刻又觉得刺的疼痛，于是乎又离开。然而温暖的必要，再使它们靠近时，却又吃了照样的苦。但它们在这两种困难中，终于发现了彼此之间的适宜的间隔。以这距离，它们能够过得最平安。人们因为社交的要求，聚在一处，又因为各有可厌的许多性质和难堪的缺陷，再使它们分离。它们最后所发见的距离——使它们得以聚在一处的中庸的距离，就是"礼让"和"上流的风习"。①

可见，在中国人心目中，忽视内心的"礼义"精神而专注于形式上的"礼仪"，充其量只是一种待人的手段与方法，就像前文介绍过的日本的种种"道"一样，主要属于技能或技艺之类，并非深入到人的心灵境界的内在价值。而到了江户时代，日本学者基于要对以前传入的中国儒学观念加以清算的需要，恰好以与中国传统相反的态度去看待"礼仪"与"礼义"之间的关系的。著名学者荻生徂徕（1666—1728）曾批判当时日本的社会风气说："世儒醉理，而道德仁义、天理人欲，出口便发。不佞每闻之，便生呕哕，乃弹琴吹笙。否则关关雎鸠，以洗其秽。"② 为此，他分离了孟子以来将仁义礼智并重的看法，把"礼"视为"道"之象征，而将"仁智"归入"德"的范畴，并把"礼"吹捧得比"仁智"还重要，认为其为普遍的、根本的标准，所谓"夫道大矣，自非圣人，安能身合于道之大乎？"而后者则是个人参与普遍性、根本性大"道"的媒介，即"德者得也，谓人各有所得于道也"。于是，"仁"与其他的"德"一样，成了特殊和具体的伦理尺度，认为其性质属于一种安民的途径，并非大众普遍的或最高的心灵境界，倒是"礼"被看作了至高的人生价值标准。一位韩国学者通过对比中、日、韩三国人对《三国志演义》的态度后得出结论说："如果没有错的话，中国喜欢诸葛亮的人比较多；而韩国较为尊敬刘备和关羽，其中关羽更

---

① 鲁迅：《华盖集续编·一点比喻》。
② 荻生徂徕：《与平子彬书》，《经子史要览》卷上，第136页。

升格为武神；相反，日本人普遍倾向于曹操。"这与三国本身的文化特征有关，中国重"义"，韩国喜"仁"（韩国人认为孔子所指的东方"仁"之国指的是韩国），而日本崇"礼"，并可以对应法家的"法"、"势"、"术"三家。①

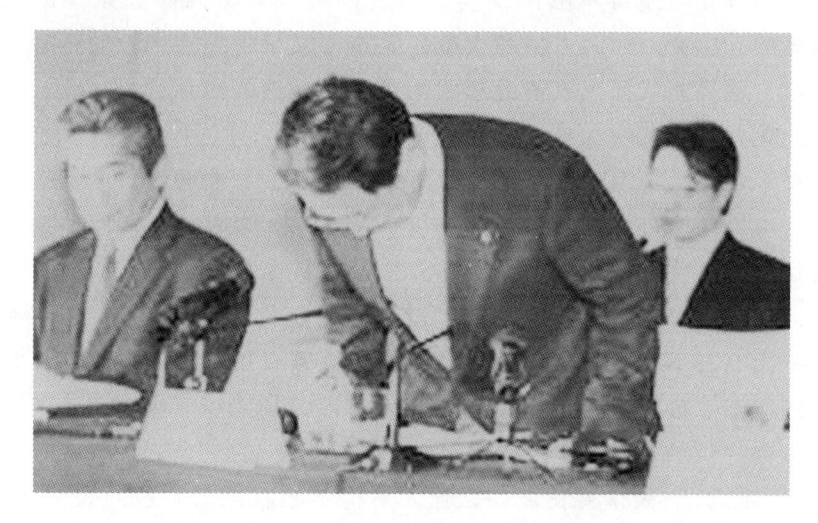

日本式道歉

由此不难明白，为什么日本人至今大都对形式上的"礼仪"一丝不苟，步步到位，相反却不太在意内在"仁义"情操的陶冶与涵养。这是一个美国学者在半个多世纪前对日本的印象："尽管日本近年来西方化了，它依然是个贵族社会。人们在每一次寒暄，每一次相互接触，都必须表示出双方社会距离的性质和程度。每当一个日本人向另一个日本人讲'吃'或'坐'时，都必须按对方与自己亲疏的程度，或对方的辈分，使用不同的词汇。'你'这个词就有好几个，在不同的场合必须用不同的'你'；动词也有好几个不同的词根。换言之，日本人像许多太平洋上的民族一样，有'敬语'，在使用时还伴有适当的鞠躬和跪拜。所有这些动作都有详细的规矩和惯例。不仅要懂得向谁鞠躬，还必须懂得鞠躬的程度。对某一个主人来讲是适度的鞠躬，在另一位和鞠躬

---

① 李浩栽：《此三国已非彼三国》，《读书》2004年第9期。

者的关系稍有不同的主人身上，就会被认为是一种无礼。鞠躬的方式很多，从跪在地上、双手伏地、额触手背的最跪拜礼，直到简单地动动肩、点点头。一个日本人必须学习在哪种场合该行哪种礼，而且从孩提时期就得学习。"① 这样的习俗使那些眼光犀利的人得出的结论是：日本人谦恭有礼但显得不够亲切与真诚，即那里的"人际关系不断地受着具体的、感觉方面的人情的支配。甚至在文学中表现儒教的合理一面的时候，也只能从礼仪人情的形式去表现对人情的随和。"②如此礼仪上的形式化，甚至反映在日本人对人的微笑上面。一位中国人曾说，以前认为日本女人是最温柔顺从的女人。乍到日本，总能看到日本女人笑吟吟的。可有一个丹麦朋友告诉她："日本女人微笑的时候，你如果认为她是快乐，也许你就错了。"后来的事实终于使人明白了，那大都是日本女人一种应对外人的"形式"，也许当时她们心里正在生气。例如，她有一次到日本友人家做客。那位日本太太素日里都是和风细雨，软语温香的样子。可那天因为她的孩子不太听话，其大声呵斥与举手的恐吓胜过任何一位威严的中国母亲。但一转脸，她又能笑容可掬地对来客说："对不起。"表情变化之快，让人不得不佩服她天才般的表演才能。还有的日本妇人，正在歇斯底里地对着孩子发怒，突然，电话响了，女人立刻满面春风接起电话来，轻柔地问候，即使对方看不见，也是又点头又哈腰，非常客气地寒暄交流一阵后，非常礼貌地道了声再见。等放下电话，女人脸上的笑容顿时烟消云散，还恶狠狠地骂一句："混蛋！"③

作为礼仪形式至上的例子之一，譬如外国人如果接受日本人的邀请去那里访问，与主人的首次会面被称为"表敬拜访"，主人照例要进行"挨拶"（读如"阿伊萨茨"），这个日本词的本来意思是"推进"或"推回"。因此，该次活动只是表明彼此之间力求减轻初次碰面时难免的心理压力。双方应该力求获得平衡感，才意味着下面的交流将正式开始。初访日本者如果不明白这种"表敬拜访"和"挨拶"的本意，想

---

① 鲁思·本尼迪克特：《菊与刀——日本文化的类型》，商务印书馆1996年版，第34页。
② 加藤周一：《杂种文化之希望》，《日本文化的杂种性》，吉林人民出版社1991年版，第32页。
③ 鸽子：《日本女人的微笑》，《恋爱·婚姻·家庭》2004年第10期。

一下子便切入访问的正题，那无异于异想天开，日本主人一定是一副"顾左右而言他"的尴尬神情。客人不但会自讨没趣。日本人还要厌恶你不懂得他们办事的规矩。

可见，日本待人处世非常强调与突出其过程与形式。就像他们把"礼仪"看作头等大事一样，那些形式一般都是不可忽视或者省略的，因为在他们的心目中，形式便意味着内容，没有了形式却要办事属于不守规矩的"胡来"，是不可原谅的蠢笨行为。正像一位已定居于外国的日本人指责的那样："我以为日本人是一个注重形式的民族，这才是要害。在其他国家，很少像日本的官厅那样拥有众多的印章，然而这些仅仅是用于不问内容的机械盖章布局。买一张写字桌，竟要在市官厅的文件上盖40多个印戳。从部长、次长、课长、代理、辅佐、主任等逐级而下，市官厅的阶级即有30之多，而在我国（指拉丁美洲国家）仅有5级。"①

同样，像下面这些现象或情况，从它们郑重其事的礼仪形态看，中国人也许会觉得事主的内心一定痛不欲生。但其实，这些做法大都是形式意识大于实质性内容，外国人大可不必当真地认定参与者个个都会刻骨铭心：

像日本人为了自己或亲属家办丧事，成年男女都备有一套平时不穿的黑色丧服。它们已不像中国的丧服那样留有古风的痕迹。每到街上有丧葬仪式，几乎都是一色的西服革履，很少有人例外。其丧葬活动程序千篇一律，不能不让外国人感到吃惊。

再比如，在日俄战争时期立过战功并写有《肉弹》一书的樱井忠温，在该书第10章中讲述过两个俄罗斯士兵宁死不屈的情景，后来写道："尽管是敌人，我等依然流下同情之泪。他死后受到深切吊唁，远山牧师为之诵经、作法事，他被安葬在十字架墓标下。"这种肯为敌人的英勇落泪的心态，似乎是把对死者悲悼看得比恩仇更为重要，同样有淡漠真情实感而推崇礼仪的味道。

另外，日本人经常因过失引咎自杀，外国人猜测那可能是受内在良知的驱使，但有的学者分析说："良心，或者个人的廉洁，或者对自己

---

① 高桥敷：《丑陋的日本人》，广州文化出版社1988年版，第171页。

的忠实，随我们怎么叫，在日本似乎不如我们所生活的社会环境对我们的期望那么要紧。如果出了问题，很少是个人责任。个人可以承担责任，并且自杀，但这也是照章办事，因为结束自己的生命并不一定就干了什么坏事。"①

品味与剖析以上事例，回顾日本汲取外国文明以自强的经验教训，有学者这样总结过："论到文化或文化的起源问题，我们可以说日本文化的绝大部分来源于中国，并和中国有许多相通的地方。这，便是建筑物的材料问题。其材料源于何处也是个问题，但是具体怎样使用这些材料，即建筑物的形态和机能等问题则应另当别论。用木材组合也好，用塑料组合也好，说来道去住宅还是住宅，而不会是学校。同样，不管是用木料也好塑料也好，学校因为是学校，机能上是不同于住宅的。所以说素材的由来问题同构造和机能问题应另当别论。"② 如果说古代日本在输入大陆文明的过程中曾有过重形式而轻内在良知观念的偏失，那么自近代以来，日本也未尝没有竭力提倡公共道德的"民族道德论者"。可惜的是，由于日本文化传统意识视自然与自身生命为至高无上的观念根深蒂固，却迟迟未能从伦理的角度真正悟懂摧残别人的自然与身外的生命已堕落为"伤天害理"的道德犯罪行为的道理。众多日本人重外在"礼仪"形式而轻内在"礼义"观念的事例，引导人们不得不去思考：若按儒家道德的仁、义、礼、智、信来衡量，日本人在前两方面的发育是否不如后三者那么健全？换句话说，似乎一般日本人在礼仪、知识和诚信等侧面提升得相当迅速与充分，而在仁、义观念的积累上则明显有些滞后与不足。就像《论语·八佾》中已经说过那样："人而不仁，如礼何？人而不仁，如乐何？"如此便使日本民族文化心态在有时候显得失衡甚至是病态。

如果日本人当真能够扭转这种在伦理道德领域重形式而轻内涵的思维偏向，目前日本社会中的某些顽症或丑恶现象也并非全然无计可施。这里不妨举两个日本法律明令禁止却一直在变相通行无阻的例证：一是到处可见的弹子房即所谓"扒金库"。按法律规定，赌博属于非法，于

---

① 伊恩·布鲁玛：《日本文化中的性角色》，光明日报出版社1989年版，第128页。
② 梅棹忠夫：《面对未来的对话》，《何谓日本》，百花文艺出版社2001年版，第168页。

下　编　多"礼"少"义"之邦　203

是店家便采取变通的办法，让实质上的赌钱者用钱买了钢球去赌输赢。输了，弹子机吞的是钢球；赢了，用钢球换的是筹码。钢球越多，换的筹码也越多，然后再拿筹码到几十米以外的隐蔽窗口去换钱。警察来巡视打弹子的场面时确实看不到钱，但谁都心知肚明那实际上就是在赌博。整个日本社会都睁一只眼闭一只眼，自欺欺人地认定"扒金库"不算赌博，然而，要是不算赌博怎么会叫"扒金库"呢？

日本扒金库

还有一种形亡而实存的无耻风气，就是日本的色情产业隐形或公开泛滥的现象。日本法律明文规定禁止贩卖黄色录像和漫画，若店家不露出图书或录像封面某些人体部位，就能够避免法律的制裁堂而皇之地在街上出售，使书店里的淫秽图文随处可见。至于卖淫活动，政府公开承担打击的责任，但那些投机者说自己是在从事各种"服务"行业，像所谓"洗浴"、"按摩"、"陪酒"，等等，便可以照干不误。而且这些行业还不断从国外输入人员以应需求,从而形成了人所共知的日本跨国色情活动。问题还在于,那里未能真正从根本上形成对反伦理道德的丑恶现象深恶痛绝的社会舆论,即使政府打击无力人们也不以为怪。

　　包括中国人在内的外国人看到日本这些社会病态,往往耻笑日本官员太"死性",不懂得如何灵活应对变相违法者。但依笔者的推测,恐怕整个日本社会,从官员到普通百姓,原本就不把色情或卖淫之类视为违法乱纪。因为在他们的头脑中,这些事并算不上什么"不道德"的可耻行为,何必去认真禁止?因此,日本的色情行业的防治,非不能也,实不为也。

三

百年奇辱"慰安妇"

说到日本色情行业禁而不止甚至变相泛滥,有关防范与取缔的法律形同虚设,归根结底还是由于在日本传统心理中,对男女性关系的羞耻感远没有视伦理道德为立国之本的华夏文明那么强烈。一般日本人对性关系的话题或者性行为并不特别避讳与掩饰,更很少与"罪恶"意识联系在一起。比如,一位中国年轻人曾碰到这样的尴尬场面:日本女青年竟会当着众人的面,神情坦然地问他是否喜欢性交,令他尴尬到手足无措。① 笔者初看描写日本现代女作家谢野晶子人生经历的影片《华之乱》,对这样一个镜头也曾感到吃惊:一个走红女演员在与别人争吵后气汹汹地冲进了厕所,而一会儿又在厕所里娇嗔地嚷道:"给我送手纸来!"这时,一个男助手立刻诚惶诚恐地拿着手纸送进了女厕所。在中国,这样的事情恐怕很难想象。而后来在日本的亲眼所见使笔者相信,此事在日本人看来实属平常。因为在那里不止一次地发现,女清洁工会毫不在意男厕所里是否有人在大小便,会旁若无人地径直走进去打扫卫生。

据笔者推想,日本的如此种种现象,大约与那里开化较晚,古代生殖崇拜的遗风长期延续,对性事始终不像中国那样禁忌有关。在古代日本,"英雄好色"乃是正面的说法,认为男女关系是风流或"玩"之一种。像小说《源氏物语》中主人公的下属就公开宣称:"我的主子身份

---

① 尹荣方:《日本人的生活风景》,上海三联书店1997年版,第49页。

高贵，地位尊严，然而年方青春，容姿俊秀，天下女子，莫不风靡。倘无色情之事，未免缺少风流，美中不足吧。"① 从其中的故事情节看，古代日本人的婚恋相当"自由"。其主人公源氏的第一个婚外恋对象是父亲的宠姬，与其通奸后生下了日后成为冷泉天皇的皇太子，心中并没有什么罪恶感。后来女作家清少纳言在《枕草子》的《常陆介》一节中，也记载过古代皇宫中可以大胆以性事开玩笑的情景。如进入宫中的尼姑竟然吟唱："夜里同谁睡觉啊？同了常陆介去睡啊！睡着的肌肤很是细腻"，等等。日本内藤湖南（1866—1934）在谈到这些现象时认为："日本持有一种特别是与中国道德相脱离的观念。《伊氏物语》也描写男女关系中的放荡之处，但日本人对它写出了日本国民的真诚的人情却表示尊崇……这表明日本人已经发现这部表面上描写男女间放荡关系的小说所蕴含的深刻意义，把它视为一种日本文化。现在看来也许应该有各种分析，但我以为已经从中发现了既非中国人也非印度人，而是日本人的真诚的、正直的性格……总之，已经显现出在传统的中国文化之外，具有了日本特有的文化要素……这是日本脱掉中国文化这套衣服，变成赤身裸体后才得到的。日本人开始以崇尚正直、崇尚本来面目作为自己的特色。"②

至于日本民间，以前农村、渔村、山村的青年男女的性关系则更随便些。日本著名语言学家金田一春彦（1882—1971）曾在《〈远野物语〉拾遗》中说过："我们常到乡下去听村里老人给我们讲故事。当讲完几个正宗的传说后，立刻就转入到那些庸俗的话题。这些故事他们讲得是那么地开心，就连听的人也跟着开怀大笑，的确有一种令人返老还童的感觉。"在他们看来，这样才是"很开朗、很正常"，才令人"欣慰"。至今在日本的一些神社里，还陈列着类似女性外阴器官的"姬之宝"或"花之窟"之类，还有摆着男性生殖器模型的。16世纪后期的耶稣会传教士弗洛伊斯（Luis Frois）已注意到"日本的女性根本不讲处女的贞操"的情况。"过去，甚至是最近，在偏僻

---

① 《源氏物语》上册，人民文学出版社1982年版，第65页。
② 内藤湖南：《日本国民的文化素质》，《日本文化史研究》，商务印书馆1997年版，第190页。

的农村，许多姑娘，有时是大多数，在出嫁之前就已怀孕。这种婚前的性经验是不属于人生大事的'自由'领域。父母议婚也不在乎这些事。"①难怪有的日本学者直言不讳地承认："从某一点看来，古代的'中国化'根本上不适合于日本社会，特别是在婚姻制度以及建立于此基础上的权力结构方面。以中国的标准观之，日本的婚姻制度只能是不道德的、野蛮的。"②

可在日本人的眼中，男女关系的随意性并非有什么"野蛮"或"不道德"，因为他们把"情欲"看得高于善、恶等道德标准。本居宣长（1730—1801）曾在《日本经济大典》一书中反驳说："视欲为恶，可谓大谬不然矣。欲即人情，无欲则不可谓人也。"其显然把"欲"视为人之根本，认为只要是为了满足人之"欲"，什么手段都不能算坏。本居还认为，日本对性欲的超道德评价，可追溯到神道教义，其在《日本伦理汇编》中宣称说："一切神道，皆无儒、佛之道所谓善恶是非之论。"由于本居的"国学"在日本的权威性影响，如此崇"欲"贬"德"的风气甚至到了毋庸置疑的程度。后来，有一篇小说记述过一位名叫神代种亮（1883—1935）的杂学家这样一段议论："如今这个世道的事情，你是无法用以前的道德之类来加以衡量的。如果把所有事物都看作是精力发展的现象，那么无论是暗杀也好，奸淫也好，无论发生什么，大概都不会看不惯了。所谓精力的发展，是指追求欲望的那种热情。体育运动的流行，交际舞的流行，旅行登山的流行，赛马等赌博的流行，无一不是欲望发展所表现出来的现象。这种现象具有现代社会固有的特征，那就是每个人都想让别人承认自己比其他人优秀，并且自己愿意这样相信——这样一种愿望，希望感到优越的欲望。"③照这些话来看，既然性欲也是"精力"之一种，就无所谓善、恶之别。像风靡一时的日本江户元禄时代（1688—1703）色情文学与中国的明清小说都有淫秽的内容，但毕竟《金瓶梅》中的色情描写还挂有一面"劝戒"的幌子，而井原西鹤（1642—1693）的《好色一代男》与《好色一代

---

① 鲁思·本尼迪克特：《菊与刀——日本文化的类型》，商务印书馆1996年版，第195页。
② 柄谷行人：《日本现代文学的起源》，三联书店2003年版，第171页。
③ 永井荷风：《墨东绮谭》，《永井荷风选集》，作家出版社1999年版，第271—272页。

女》等作品，完全没有惩戒的用意，对性事采取的纯粹是玩味的态度。可见，中日两国在性道德观念上早就有所区别。而到了明治时代，日本文坛上形成的自然主义文学潮流好像是对西方的模仿，但在实际上，那是把日本人对于道德理性的排斥态度，即所谓"实际存在的样子就是美"这样一种审美观"近代化"了，并赋予一种以表现人物的肉体感觉为主的"私小说"形态。像发表过《肉体之门》等作品的作家田村泰次郎（1911—1990）竟宣称："我不相信肉体以外的任何东西，只有肉体是真实的。"书中描述主人公说："他对自己的肉体有强韧的自信，几乎成了信仰一样的东西。他鲜明地感觉到在自己的肉体当中存在着的勇猛的生命力。他没有绝望过，在不断地从自己内部产生的生命的鼓动、冲动中活了下来。如此明朗的、乐天的男子汉，还不多见。"这样的观念在中国恐怕会被视为"行尸走肉"或"醉生梦死"，而日本作家对其的评价却是："既与敌人斗，又追逐女人，这样，自己才品尝到了活着的滋味。"日本学者丸山真男曾称这种文学为"肉体文学"，可谓名副其实。

20世纪的日本妓女

日本漠视性道德的习俗曾让不少外国人觉得难堪与尴尬。16世纪的朝鲜使节黄慎在《日本往还记》中批评说："其俗尚沐浴，虽隆冬不废。每于市街设为俗室，以收其值。男女混处，露体相狎而不相羞愧，与客戏狎，无所不至……至嫁娶不避甥妹，父子并淫一娼亦无非之者，真禽兽也。"而150多年前以武力逼迫日本开国的美国佩里将军，也对日本男女混浴的习惯颇有微词。但是，日本人对这些指责却很少觉得脸红。直至目前，不少日本学者仍津津乐道以江户时代的"春宫"浮世绘作为研究的对象，他们对外来客人也会开很"荤"的玩笑。比如，笔者对一位日本名校教授说过，喝茶最好泡三四次，没想到对方却随即开玩笑说："结婚最好也是这样。"这不禁使笔者回想起以前的一件文坛逸事：一个日本作家叫水上勉，有的朋友故意把其名字的读音念得如同"初次接客的妓女"，而他对如此恶作剧竟然轻描淡写地说："这种叫法我实在不敢当，虽然我通常在这方面不太计较，但'初次接客的妓女'太令我难堪。"此事若是换了中国人，当事者要不翻脸才怪呢！

可见，日本人对卖淫嫖娼之类历来不像中国人那样深恶痛绝。按照日本惯例，"社交集团拥有花柳界那样独特的社交场，人们出入这里本身，便有显示一种地位的资格。江户时代的游乐场，在被称为'恶所'（即娼馆）集团里，就产生了为所谓'风流人'、'行家'拥有的被精炼过的美的意识所支撑的强烈的自我意识。"[①]如此传统使得像明治时代启蒙思想家福泽谕吉（1835—1901）那样主张男女平等的人竟然也支持公娼制度。他在1885年出版的《品行论》一书中，一方面认为卖淫是人世间最卑贱、最丑恶、最违背人伦的非人行为；另一方面又正面肯定公娼制度，其理由是：穷人会因为贫困无力娶妻，富人也会忙于虚礼而无暇结婚，而要满足这些人的性欲，只有娼妓最方便。因此，要保持社会安定，必须依靠娼妓。他预料，如果取缔日本的烟花巷，不出数月，就会满市兽欲横流，出现良家女子淫乱、寡妇偷情、为人之妻私通的现象。无独有偶，日本著名作家二叶亭四迷（1864—1909）还提出过向西伯利亚输送日本妓女以实现殖民统治的方略。另外，电影导演新藤兼人（1912— ）在《"天才"或"狂人"的悲剧传说》一文中也

[①] 南博：《日本的自我——社会心理学家论日本人》，文汇出版社1989年版，第18页。

讲:"那个时代妓院公开,嫖娼成风,甚至有不传染给女人性病就不是男子汉的说法。"以至于中国人"平江不肖生"在民国初年创作的长篇小说《留东外史》第 14 章里,把日本称作"卖淫国"。据美联社 2002 年 7 月 12 日报道说,目前日本黑社会的规矩是:每月娱乐夜总会要提交 4 万日元(约 333 美元)保护费,电子游戏中心交 12.5 万日元(约 1041 美元),妓院交 17.5 万日元(约 1458 美元)。可见,色情行业的收入是日本各服务业中最高的。

如今在日本,像东京新宿西口之类的"色情一条街"自不必说,名为"斯那库"(可能是英文 snack 的日译文)日式酒吧更是遍布大街小巷。这种酒吧其实是一种提供"陪酒"甚至是更多"服务"的场所。光顾那里的客人大都是为了从中挑选酒吧女以倾诉心声,其中不少"陪酒女"会逐渐变成他们的"朋友"或非正式"情人"。而东京的赤坂则是政界人士最喜欢光顾的艺妓馆区。据说,日本每个政治派别都在

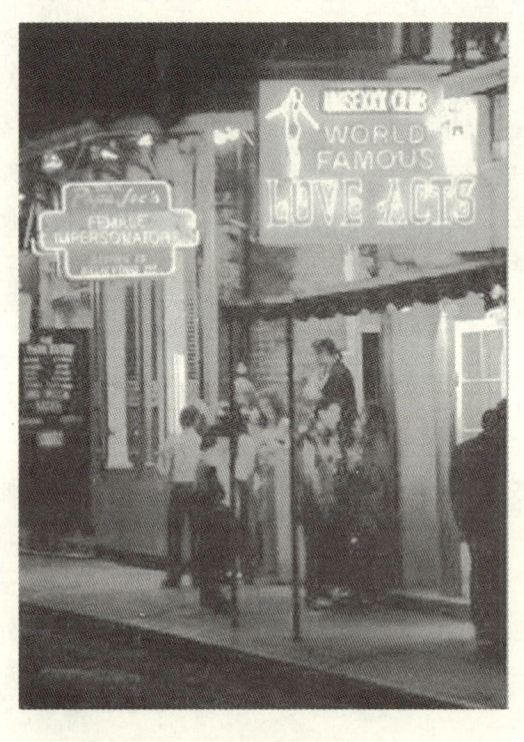

情人旅馆

那里有自己喜欢的娱乐场所，各个艺妓馆财势的兴衰取决于前来光顾的各政治派别的状况。新闻界曾对这种所谓"接待室政治"大加抨击。虽然艺妓的职业规定要守口如瓶，而且对立的政治派别也很少光顾同一家艺妓馆，但艺妓知道那么多政治机密，也会成为探听消息者收买的对象。如前首相宇野宗佑就曾被与其有关系的艺妓揭露过"内幕"。在这样的社会风气下，一些政客说起性事来口无遮拦就没有什么可以奇怪的了。像自由民主党原总务厅长官太田诚一曾在一次公开集会上说，几名对一个妇女进行轮奸的大学生的生理比不愿结婚生育的男青年更正常。这一无视妇女尊严的浑话大大得罪了广大日本妇女，因而导致其政治家形象严重受损，最终在2003年11月的众议院选举中落选。

2003年，日本一家公司借组织海外度假之名在珠海嫖娼，引起了中国人的极大愤慨，闹得日本外务省不得不向中国道歉。但实际上，日本人出国"买春"早已不是什么新闻，甚至其中还有政界人物。1999年8月，一个由自民党国会议员组成的代表团访问俄罗斯时，就曾由日本驻俄大使馆的官员引导，乘3辆轿车去莫斯科的地下妓女街。此事在日本被闹得沸沸扬扬。

成年人风气如此，日本青少年很难不受其影响。这首先因为，似乎没有哪个国家比日本黄色文学艺术作品更加泛滥。那里的黄色书刊尽管不是最露骨的，但数量却堪称最多。连住家隔壁的小小书店也堆放着大量的黄色杂志、连环画或书籍。街角设有方便的自动售货机，可以提供各种各样的黄色连环画和"肮脏照片"。一度兴旺的日本电影工业目前残存的最大的公司之一"日活"如今只生产黄色影片。至于在公共交通车辆中，挺大的男人公开翻看黄色书刊的现象实不罕见。1975年以后，在模特摄影集中出现了所谓"塑料书"，即把黄色画册封装在塑料袋中出卖，以防人们看而不买。到1980年，日本全国出售这种色情书的商铺已达2781家之多。尽管1984年日本政府曾试图制定《有害图书规制法》，终因出版界的强烈反对而作罢。目前，类似的黄色图书仍在各地堂而皇之地销售。

据智利《最后消息报》2004年1月28日报道说，日本当局已在近20年来首次对色情书刊采取打击措施，按照刑法规定，判处了一位姓岸的色情漫画出版商出版以描写性器官和性行为闻名的杂志《密室》

属"违法"。审判中,法官中谷佑二郎表示:"被告的所作所为是对传统性观念的极大挑战,我们不能坐视不管。"不过,事后有人对这一判决表示质疑,据说是因为人们弄不明白,日本传统性观念究竟指的是什么?

不难想象,在当今时代,日本青少年的性观念已相当开放。据报载,初中毕业生大约已有三成抛弃了童贞,这与他们拥有手机的比例差不太多。尤其是初中女学生很会模仿比自己大一两岁的女孩子的做法,在性方面的大胆开放程度令人吃惊。甚至有初中生穿着校服去宾馆开房间,还有过中学校长接到宾馆的电话要求代替溜掉的学生付房费的怪事。[①] 在日本,女学生们以获得金钱回报为目的的性服务被称为"援助交际"。一时间,在夜东京的街头,等待与大男人进行"援助交际"的女学生三五成群,形成了一道特有的"风景"。日本政府调查的结果是:目前日本女学生兼职卖淫的市场营业额高达627亿日元(约5.22亿美元),相当于东京市债务的总额。调查还发现,有5%的中学女生为了金钱曾与异性约会或进行性交易。尽管日本早已通过法案,从1958年3月31日夜12点起正式禁止卖淫,但在实际上,色情行业至今仍旧在半明半暗地进行。

许多外国人去日本后都难以抵御这种风气的诱惑,做到洁身自好。有一位名叫李小牧的中国男青年,在日本出版过一本畅销书《歌舞伎街头的导游人》,讲述了自己怎样去日本留学,最终却在东京新宿"歌舞伎第一街"做起了"皮条客"的经历,而且一干就是15年。后来,这位男青年面对媒体的镜头侃侃而谈,说起自己的经历居然毫无愧色。如果说此书反映了一些为赶时髦东渡的中国人的"生活状态",即为了活下去而陷入困境确为实情,而更重要的是启示人们,一个在视色情与淫秽为道德极端败坏的中国文化氛围里成长起来的年轻人,到了日本那样的社会环境里,也会"近墨者黑"地堕落到麻木不仁。可见日本那种对色情行当纵容的社会体制,会将人陷入何等可怕的地步。从中或许可以看出,日本文化对外来者确实具有"同化"的能量。

而且,日本色情行业泛滥已不再只是什么"内政",其祸害早就殃

[①] 刘黎儿:《日本少男少女性早熟大众都逊色》,台湾《新新闻》周刊,2002年7月25日。

及"池鱼"。前文说过,近代日本曾有过向海外输出妓女的"国策"。包括像电影《望乡》中的阿崎婆在内的众多"南洋姐",成了日本"裤裆政策"的牺牲品。到目前,这一行业的流向已经倒了过来,据说至少有10万名来自亚洲各国的妇女在日本的夜总会、"斯纳库"或卡拉OK酒馆做女招待。这种工作在日本被称为"水商卖",意思是收入高低由顾客多少来决定。她们之中有不少是受甜言蜜语引诱非法入境的,一旦入境后便落入从事人口买卖的暴力组织的魔掌,被强奸、强迫卖淫、成为性奴隶是家常便饭。一位长期在东南亚各地采访的《朝日新闻》特派员估算,目前在日本的现代"慰安妇"人数为4万名左右,其中最多数是泰国和菲律宾妇女,其次是中国台湾、中国内地和韩国的妇女。① 她认为,目前日本是世界最大的接受人口买卖的国家。前几年,一名叫露西·布莱克曼的英国航空公司空姐到横滨一个日本酒吧里当了吧女。最终被一名顾客带出去,等发现她时,她的尸体已被肢解得残破不全。这一事件曾使英日关系一度变得非常紧张。

2004年6月,在东京举行过由国际劳工组织、非政府组织"生命之声"等发起的"亚洲反贩卖人口战略研讨会",讨论的议题之一就是外国女子被贩卖到日本从事色情行业的问题。在会议期间,一份报告受到与会者的极大关注,报告引用美国国务院有关"日本的现代奴隶制"的调查报告中的材料,批评日本当局打击贩卖人口罪行不积极,日本被列入"最坏国家"名单。据"人权观察"组织声称,"在日本的性产业中,妇女像奴隶一样被买卖"。

日本政府对待色情行业如此消极的态度当然绝非自今日始。日本是1949年《联合国禁止人口买卖和剥削卖淫者条约》及1979年《禁止所有歧视女性条约》的签约国,但是,日本法庭和警察都不肯正视历史上政府曾有组织地剥削和虐待女性的证据。日本政府直至1993年还把第二次世界大战期间的从军"慰安妇"说成是纯为赚钱的卖淫行为。因此,虽然有众多亲受过"慰安妇"伤害的各国妇女向日本法院提起过诉讼,可至今还没有听说过有胜诉并获得官方赔偿的。实际上,日军"慰安妇"几乎已成了人类"百年奇辱"的象征,被视为与纳粹屠杀犹

---

① 松井八代利:《国际人口买卖与亚洲女性》,《世界》1995年2月号。

日军"慰安妇"

太人不相上下的"国家行为"。近年来更有大量证据说明，日本军队的"慰安妇"制度是当时日本政府以本民族性传统为借口，无视和践踏本国同其他受害国妇女人权与生命的"反人类"罪行。在战争期间，日本政府竟然会在调查后得出如此荒唐的结论，即飞行员禁欲3个星期便容易发生空中事故。而在1932年"一·二八"事变以后，又借口为了避免日本占领军大规模强奸当地妇女，逐步将配备"慰安妇"变成了一种为军队提供性服务的天经地义的制度。后来，这种制度日益扩展与充实，使军队"慰安所"成为渗透到所谓"大东亚共荣圈"各个角落的巨型组织。据推测，根据当时每个妇女为35个士兵"慰安"的标准，为战场征集的各国妇女总数为10万—20万人左右。① 不难想象，这些曾被蔑称为"公共厕所"的妇女所受的身心伤害是何等刻骨铭心。早在20世纪，被掳掠到日本充当"慰安妇"，后滞留在日本并化名"池成子"的韩国人裴凤基，就引起过世界的关注。这个"无国籍人"最后惨死在无人过问的日本冲绳县乡下。后来，韩国梨花女子大学教授尹贞玉和日本女作家川田文子者都访问过她，后者还出版了《群岛红瓦之家》一书，揭露与批判日本政府和社会对遭受过日本侵略战争摧

---

① 铃木裕子：《朝鲜人从军慰安妇》，岩波袖珍丛书229，1992年，第31页。

残的外国妇女无情无义。日本政府如不能设身处地地认识这一历史罪行所造成的严重后果，并下决心以具体行动洗刷这一污点，很难指望各国人能够谅解日本政府，或者恢复对他们的信赖。

原慰安妇抗议

四

日本的富与穷

中国电影界人士成龙曾讲过,他原想在日本筹建一个基金会,但后来听有日本人说,那里没有穷人,并不需要公众基金救助。为此,他对日本社会的普遍富裕非常感慨,并因中国还比人家贫困而耿耿于怀。

日本民众生活在当今世界上的相对富庶,是以雄厚的国家经济实力为基础的。目前日本年国民生产总值仅逊于美国和中国,居世界第三位。尽管自20世纪八九十年代以来,日本经济已连续滑坡,但到2002年,日本人均GDP仍高达36000美元,与美国、挪威、瑞士等国一起继续位居世界前列,而其人口却只有中国的1/10左右。从这一简单对比不难明白,中国人的平均生活水准和日本相比确实还有相当大的差距。眼下走在日本的大街小巷,特别是亲眼目睹东京银座大街上那摩肩接踵的人流和奔驰不息的车流,看到那里日新月异的时尚,很难想象其在不久前曾遭受过"经济萧条"的打击。不错,当今日本物质的丰富已有点无以复加的味道,再加上长期高税收政策的调节,日本人的贫富差距相对比较小。尽管像《福布斯》一类杂志每年富豪排行榜上的日本人要比美国少得多,但那里也少见如美国的贫民窟之类的地方。也就是说,日本已经是一个中产阶级相当普遍与大众化的国度,人们的富裕程度比较均衡,这一点与其他发达国家对比非常突出,也相当难得。

不过,在承认日本的生活大都相对富裕的同时,另外一个引人注目的特点也不可忽视,那就是与国家总体经济实力相比,日本似乎又是一个"国富民穷"的国度,即财富主要集中在国库,一般老百姓并非像

东京银座夜景

按照人均 GDP 之高推测的那么有钱。在日本住久了的人都会发现,虽然那里丧失劳动力的人都可以享受国民养老待遇,但一般日本人的境况也只能说"过得去",有的还相当辛苦。有不少人把勤劳的日本人比喻成"工蜂",甚至是"工作狂",这固然反映了他们热衷于工作而不知疲惫的耐性,但也意味着生活并不容易。比如,在 1991 年,人年均工作时间美国为 1945 小时,英国为 1902 小时,德国为 1582 小时,法国为 1682 小时,而日本则为 2080 小时。[1] 也有人推算,当年日本男性工作的时间是 2617 小时,女性为 2409 小时。[2] 与欧美国家相比,日本人

---

[1] 埃诺·白尔顿:《从"日本式经营"的退却》,《立命馆经营学》第 33 卷 3 号,1994 年 9 月。

[2] 安丸良夫:《历史研究与现代日本的对话》,《世界》1994 年 1 月号。

显然要劳累得多。另一方面，日本人还有一个特点更像是"工蜂"，那就是他们好像只知道卖力气工作，却不太介意自己参与酿造的那些"蜂蜜"即财富究竟应该哪些归"公"哪些属"私"。就此而言，与日本国家的整体富裕相比，不妨说日本也存在着不少"穷人"。

日本一般的"穷人"意识，在中国人看来，一是办什么事都显得"穷兮兮"的，有点儿吝啬。即便是有钱人，也不太会像中国人那样会"摆谱"或者"夸富"。笔者曾在电视里看到过一个节目，追踪一个日本富翁把孩子送到乡下锻炼谋生能力的经过。看到那个"公子哥"战战兢兢、无所措手足的样子，恐怕中国人很难相信其有权从父母那里继承一辈子都花不完的钱。日本人的另一种"装穷"则是指国家的总体做法。比如，有人写过这样一篇文章挖苦日本人："在世人看来，过去10年里，日本经济一蹶不振，经济增长持续低迷，国内问题百病丛生；日本人一直在哭穷，在叫苦，似乎要让世人对他们这些见人鞠躬的谦谦君子给予更多的怜悯。""有权威人士对日本经济做深入调查后发现了更为令人震惊的情况：1995年到2000年，日本不停地哭穷、叫喊衰落的同时，不露声色地投入到设备技术开发和刺激生产上的资金，已高达1000万亿日元，折合人民币在60（万亿）至76万亿之间。"[①]

其实，所谓日本人的"穷"，也并非只是指精神或心理上。具体核算起来，一般日本老百姓的实际生活水平确实未必一定那么富裕。请看一位外国学者的分析：

> 从个别项目来比较，日本能同欧美先进国家相匹敌的或取胜的仅是人均收入、电视机和电器产品的拥有量（当然也应加上世界最高的日本人平均寿命）。据野村综合研究所的调查，日本的生活水平远远落后于美国和德国，这个倾向今后还将持续下去。1990年12月时东京57平方米的公寓的平均价格是8000万日元，为东京市民年均收入的12倍。申请居住东京都经营的廉价住宅的人数是实际可容纳的40倍。用别的尺度来衡量的话，大学毕业生一辈子的平均收入只能在东京买一室的住房。充满富裕的图像环境中建

---

① 杨景利：《日本装穷的"阴谋"》，《北京晚报》2003年12月2日。

成的高楼公寓是在嘲笑现实,如想住进其两室的房间,便必须每天坐三四个小时的车去上班。这是极其普遍的现象。刚就职的新大学毕业生对日本"生活大国"的宣传表示疑问。他们一踏上社会马上就意识到自己一辈子的收入只能换来相对贫穷的生活。[①]

不能说这样的描述与分析属恶意夸张,其中如实反映了日本人在物质绝对丰富的条件下相对贫困的实情。比如,日本式民居的造价相当高,建一座稍好一点的单栋房子要在3000万日元(约30万美元)以上。面积100平方米、位置好的少说也要5500万日元(约50万美元),甚至近亿日元。在"泡沫经济"时代房价更是昂贵,普通日本人辛苦一辈子,能建一处房子就算功德圆满了。而现在,很多日本人更喜欢公寓,因为现代建筑设计更加合理,但价格同样十分吓人。位置好的两室一厅,使用面积60平方米左右,要4000万日元(约40万美元)以上,分期付款每月还20万日元(约2000美元),20年左右才能够还清。因此,买一所公寓需要一生的努力。很多人买不起房,只能租房。在东京,一室一厅、有卫生间和厨房的住房,位置好一点的一般每月要12万日元(约1200美元)左右,两室一厅要每月15万日元(约1500美元)左右。日本30岁左右的年轻人每月工资30万日元(约3000美元)左右,光租房就用掉了一半。实在没钱的人只好租一间附有公用洗澡间和公厕的公寓,10平方米左右每月要四五万日元(400美元至500美元)。当然,日本各地也有福利性的"公团"住宅可以租住,两室一厅每月5万日元左右,但由于报名者太多,往往要抽签才行,且附有诸多条件,过几年不符合条件了就得搬出去另想办法。

至于日本的国家财政状况,总体上也未必多么乐观。《日本经济新闻》2003年12月25日报道说,按照内阁府当日公布的日本2002年度国民经济统计数字,表明国家财产总额的国民资产在前一年底为8152万亿日元,连续3年减少。占整体70%弱的金融资产也连续3年减少,非金融资产则连续6年减少。工薪人员工资和企业利润合计后,2002

[①] 加文·麦考马克:《虚幻的乐园——战后日本综合研究》,上海人民出版社1999年版,第86页。

年度名义国民收入为 362 万亿日元，比前一年减少了 1.3%。家庭经济通过提取原有存款来弥补收入减少的情况仍旧在继续。

这种经济总体不见好转的趋势，连以往被视为"生活幸福"象征的中产阶层也未能幸免。日本中产阶层甚至有沦入"地狱"的危险，这是一位叫桐野夏子的作家在其畅销小说《OUT》里的说法。她写道："我感到日本的中产阶层已经崩溃，现在好像又分成了'新中产阶层'和'其他阶层'两部分……那些家庭主妇不必外出打工的家庭属于新中产阶层。主妇做小时工，或全天做临时工，或有职业的家庭属于其他阶层。问题是，整个日本社会对家庭主妇做小时工的事实视而不见。尽管那些并不富裕的家庭要靠主妇做小时工还住房贷款，贴补教育费用，但是谁都不公开说这件事。"[1]

目前最让人头疼的，还是由于老年人逐年增多而日益尖锐的养老金问题，多年来一直拖延着未能根本解决，现在已有演变成当务之急的政治问题的趋向。在 2003 年 11 月举行的日本大选中，对一些重要的政策性问题没有进行讨论，反而出人意料仔细探讨了如何改革养老金体制。问题大部分集中在所谓"福利性养老金"方面。这部分额外的退休金原是为了保障公司雇员的退休金至少能达到工作时薪水的 50%。20 世纪 60 年代刚刚建立养老金体系时，这种做法还行得通。因为当时日本社会尚处在年轻型，劳动力队伍不断扩大，而且经济增长速度惊人。但是，如今好景已不复存在，日本劳动力队伍正在以每年 0.6% 的速度萎缩。这种趋势如果持续下去，那么到 2040 年，等于每个劳动力都要养活一个 60 岁以上的老人。日本经济在 90 年代已停止增长，从 1995 年开始，因为持续通货紧缩，日本经济总量一直在萎缩，而经营这些养老金的投资回报也因长期的零利率政策大大降低。所有这些，都增加了未来养老金体系的负担。可见，日本原来想追赶北欧福利政策的设想正陷入困境。

---

[1] 桐野夏子：《在深夜的饭盒工厂从事"奴隶式劳动"的妇女们》，《经济学人》周刊，2004 年 2 月 18 日。

东京街头

也许与经济发展与社会不太协调有关系，日本给人的印象是：一向标榜收入平等的日本，贫富分化的迹象也日益显现。根据数字统计，拥有储蓄的家庭存款额在增加，而完全没有储蓄的家庭也创了历史新高。若就现象来说，则是那里露宿街头的流浪者有增无减。如美国《华尔街日报》刊登的文章所说："一度以公平社会闻名的日本，如今面临着严重的无家可归问题，东京和大阪等城市的几乎所有大公园里都搭满了棚屋。"据政府的估计，目前全国无家可归者已猛增到2.5万人左右，实际数字可能还要高出几倍。地方官员在设法自行解决这一问题的过程中曾引发过混乱，如由于修剪树木，东京新宿中央公园的管理者要求大约130名流浪者迁到公园的另一个区域去，等到工作完成后再让他们返回原处，为此差点儿形成冲突。而大阪城公园的棚屋区生活着400名流浪者，他们组织了夜间保安巡逻队伍，以维护自身的利益不受侵害。至少在目前，日本的福利制度还无法解决日益严重的流浪者问题，因为按规定，救济品只能发放给病人和老年人，其理由是适合就业年龄的健全人应该去做工。但眼下失业率达到了创历史纪录的5.5%，再培训计划少之又少，无法提供良好的就业前景。在大阪，有3/4的无家可归者是50—60岁的男子，他们没有达到领取养老金的年龄，但又超过了在日益缩小的就业市场中竞争的年龄，住宿露天也是迫不得已。一位名为尼克·琼斯的记者在 2004 年 3 月 23 日《纽约时报》的报道中举例说,东京 6000 名无家可归者,主要是没有什么技能的平均 55 岁的单身男性。59 岁的直野濑一就是其中一分子。他 15 岁时从日本北部到了东京,一直在建筑业干活。在 20 世纪 60 年代,由于东京工作机会多,薪酬优厚,大批农村年轻男子涌到这个发展迅速的城市。而 30 年后,日本经济衰退,他们则成了受害者。直野在隅田河边用板材和防水油布建成的小棚子里已经住了 5 年。在一个建筑工地发生意外后,他找工作越发的困难了。现在,他靠从垃圾堆中捡废品过日子,一天大概能赚到 22 美元。

更有一些企业,通过黑社会招募流浪汉去核电站清洁反应堆或清除核污染。据调查,30 年来已有 700—1000 人死亡,还有 1000 多人正忍受着各种癌症的折磨。①

长期以来,愿意伸出援手救助这些流浪者的团体只有工会和志愿者组织。如"亚洲工人联合组织"开始就是由 6 名志愿者组建的,他们花了多年时间去帮助无家可归者,希望帮他们重新过上正常的生活。其中一个志愿者说:"我感觉政府没有发挥什么作用。"政府并没有意识到那些流浪者想要的是什么。

这些无家可归者的惨状,当然并不能代表一般人的生活。不过,对大多数日本人来说,工作的相对稳定往往又意味着心理上的巨大压力。也许与日本人大都不太会忙里偷闲地自我放松有关系,凡在那里工作过的中国人没有一个不反映比在中国上班劳累。据一位在日本公司就职的中国人说,他的顶头上司只是一个项目人,但每天上班都要提前一小时,晚上大家都下班了他也不回去,有时干脆就睡在办公室里。他看上去很有精神,实际上却外强中干,抽屉里全是提神药。如此工作状态的最终结果,据日本厚生省 1990 年的《患者调查》报告,反映在患高血压的公司人员自 60 年代高速增长以来,30 年增加了 4 倍以上。而最突出也是最令世界惊讶的,是日本社会中因劳累过度而导致的所谓"过劳死"现象不断增多。有的人曾把这种现象与日本的传统联系起来,认为:"至死而为公司工作的'志愿者'仿佛是二战中'神风特攻队'

---

① 《乞丐——日本的"核奴隶"》,西班牙《世界报》2003 年 6 月 8 日。引自《参考消息》。

在现代社会的再生。他们同特攻队一样,把为更大的集团利益而全面牺牲自己的无私奉公的精神内在化。现在还很难确知牺牲者的人数,但是有人估计死亡人数达到 1 万人。"①

据日本政府统计,2002 年"过劳死"为 317 人,比上一年增加一倍多。自 1987 年以来,日本因过度劳累死亡的,以医生、工人和出租汽车司机最多。日本人因为拼命工作而损害健康是全球有名的。虽然政府采取了补充核酸等健康疗法,但到 2003 年 9 月,官方公布的半年过劳死人数还是达到了 136 人,接近 2002 年全年的数字。为了减少"过劳死",日本政府已组织建立一种疲劳测量法,寻求疲劳舒缓的计划。目前大阪市政府和学者正在开始试行这项计划。

以往"过劳死"悲剧的主角大都是男性,而如今已波及到了女性。2004 年 1 月 26 日《日本经济新闻》一则关于《过劳死悲剧波及到女性》的报道便是例证。一位母亲因女儿"过劳死"而将原所在公司告上了法庭。她的女儿土川由子从专科学校的编辑设计专业毕业之后,在 1996 年进入大阪市一家广告设计公司就职。据她母亲的手记称,由子进入公司半年内,"几乎没有晚上 11 点前回过家。乘坐最后一班地铁回家后,往往连洗澡的力气都没有。周六、周日也要上班,没有加班费、没有奖金,工资也并不高……"由子在进入公司第二年的秋天身体就垮掉了,最终于 1998 年 3 月底辞职。同年 4 月她开始在另一家公司工作,但很快就因脑蛛网膜下出血在厕所里倒下。由子死后,相关的两起诉讼被提交法院。一桩是刑事诉讼,由子最初就职的公司被控告在未签署协定的情况下,让由子等职工从事额外劳动(违反劳动法),以及未对员工进行健康检查(违反劳动安全卫生法)。另一起是民事诉讼,两家被告公司被要求赔付大约 1.2 亿日元。报道就此评论说:过度劳作带来的悲剧有"过劳致死"和"过劳自杀"。最近上述现象在职业女性中也多了起来,而且发生问题的人还比较年轻。在工作领域推行男女平等本无可厚非,但"过劳死"这样的悲剧也越来越多地发生在女性身上,这难道是正常现象吗?

---

① 加文·麦考马克:《虚幻的乐园——战后日本综合》,上海人民出版社 1999 年版,第 93 页。

大阪城公园里的流浪者

过去遭遇"过劳死"悲剧的女性，大多见于从事教师、护士等职业，而最近"过劳死"已开始袭击其他职业领域的女性。据说，由"过劳死"辩护团全国联络会议于1988年开设的"过老死110"求助电话，在截至2002年的14年中，曾接到32件由疑为女性"过劳死"者家属提出的咨询。这些女性死者的职业涉及商业人员、营养师以及银行工作人员等。

在如此严峻的形势之下，在职女性们纷纷寻找如何才能放松精神压力的办法。最近的时尚是盛行"一日尼姑"。所谓"一日尼姑"，就是这些女性利用休假时间，到寺庙中"出家"或"修养"一天，拜和尚或尼姑为师，学习坐禅。她们穿上素白的袈裟，盘膝端坐在禅堂中冥思，全神贯注恭听梵钟和经文，同时还要斋戒清心，以佛界特有的修养意境，驱除身心的烦恼负担。日本佛教界人士认为："一日尼姑"热的形成，最主要原因是当今女性，特别是年轻的未婚白领女性想寻求静谧的生活，而日常工作和学习的快节奏和都市的喧嚣，使她们的内心世界常常不能平衡。越来越多的女性"返璞归真"，将眼光转到了佛门净土的寺庙，以求得短暂的心理快感，用以释放烦恼的心情。

另有一则关于"哈鲁拉拉"热的报道，也颇能反映日本人试图摆脱最终"过劳死"结局的强烈欲望。"哈鲁拉拉"是日本高知县赛马协会的一匹纯种雌性赛马,自 1998 年参加比赛以来,已经连输了 98 场,最好成绩也没有超过第 4 名。由于屡战屡败,它竟成了不少人的偶像,被称为"令人尊敬的失败者",印有"哈鲁拉拉"头像的 T 恤和纪念品一度十分走俏。许多赛马迷明知它会输,照样要下它的注。日本的主流媒体几乎都到"哈鲁拉拉"的马厩里采访过,日本的一家电视台甚至在拍一部以它为主角的纪录片。分析家认为,这个现象的出现源于日本社会的残酷竞争,很多人从"哈鲁拉拉"身上找到了认同感,仿佛从中能够听到人们"同是天涯沦落人"的共鸣。

以往有不少外国人非常羡慕日本主妇因男性收入颇高而能够悠闲持家,可 2004 年 3 月 4 日《读卖新闻》的一则报道却说:当今日本主妇的心情相当郁闷。这一方面是因为,与中国人相比,日本人的家庭观念大都极其淡薄,男人们下班后很晚才回家。为此,一位在媒体具有相当影响的妇女节目主持人林郁认为:"丈夫对妻子注意力的减少,已经成了日本社会的'公害'。妇女有苦无处诉,日本妇女又不善于争论和吵架,有气闷在心里,最终积郁成病。有些夫妻彼此从不大吵大闹,外人还挺羡慕,其实只有夫妻双方知道,他们之间经常发生冷战;加之丈夫对妻子除经济供给以外,缺少起码的义务感,自己又在外边追逐异性,就使妻子越发苦闷。"为此,这位主持人出版了一本名为《家庭内离婚》的书,揭露日本家庭生活的冷漠。[①]

在日本,有不少妇女成为家庭主妇实际上是因为职业性别歧视而不得已退居家庭,因此,她们要遭受经济窘迫和过度劳累的双重煎熬。这些蜷缩在富裕社会阴暗角落里的女性,反映了经济大国浮华背后的某种无奈。日兴证券公司在 2004 年 1 月进行过一项调查,此次调查为期 1 个月,对象是 300 名居住在东京和大阪的 55—69 岁的主妇,美国的调查对象则是 200 名居住在纽约的同年龄层的美国主妇。结果显示,日本主妇对生活感到不安和不满的比美国为多。比如,有 59% 的美国主妇认为退休之后"生活变得更有乐趣了",而持这种观点的日本主妇只有 30.7%。相反,有 24.3% 的日本主妇认为退休生活"很郁闷",比感到

---

① 晓凡:《裸体的日本》,中国文联出版公司 1988 年版,第 17—18 页。

郁闷的美国主妇的比率高出一倍。另外，65%的美国主妇对目前的退休金额感到"满足"，而对退休金额感到"满足"的日本主妇的比率为 18.7%，大大低于感到不满的 69.3%。

五

"狗模人样"

中国有句俗话叫做"人模狗样",意思是调侃某人混得不错,无论是本人还是宠物都生活得像模像样。后来,笔者在报纸上看到过一篇名为《狗模人样的生活》的文章,则是变通了通常的说法,把"狗"摆在了"人"的前面,描述现今中国城市的养狗族们对宠物的关怀已到了无微不至的地步。这句中国俗话不禁会使人联想到日本的情况。依笔者的感觉,在那里似乎狗不只是人们的宠爱之物,甚至已被视为值得学习与效仿的榜样。因此,说日本人是推崇"狗模人样"可能更合适一些,也就是指他们是把狗看作人的典范。

若不信,不妨看看日本小学二年级"修身课"教材中曾经收入的一篇文章,其题目叫做《勿忘恩》:

哈齐是一只聪明的狗。它一生下来,就被一个陌生人带走,在那人家里像小孩一样被爱着。因此,它弱小的身体强壮了起来。主人每天早上出去工作时,它一定陪伴他到车站。傍晚主人要回来的时候,它又会到车站去迎接他。

后来,主人终于逝世了。不管它知不知道这件事,哈齐还是每天继续寻找主人。它会到车站在下车的人群中找它的主人。

就这样,日子一天一天地过去。过去了一年、两年、三年,甚至十年,年老的哈齐还是每天到车站去寻找它的主人。

这个故事里那条狗的名字"哈齐",中文写作"八",大家都尊敬地称其为"八公"。后来,听说这条狗老死了,有人便在它过去迎接主人的东京涩谷车站前面广场上,为其立了一座铜像。现在,这座狗雕像已经成了那个车站的一个显著标志。

八公犬塑像

日本人为孩子们编写如《勿忘恩》之类的狗故事并为狗树立铜像,无疑是在提倡与表彰其不忘主人的恩惠而全力图报的道德观念。他们对待狗,好像很少有如中国称人为"走狗"时的那种极度藐视的态度。甚至不妨说,在日本人看来,对主人或上级无论有多么恭顺与忠心都不算过分。笔者在日本时,曾注意到邻居一家公司的老板差不多每天早晨都乘坐同一家出租汽车公司的轿车来上班。在其下车的时候,无论是哪一位司机,无一例外地都会脱帽向他行鞠躬 90 度的大礼,而老板却是昂首挺胸，对司机毫不理睬，仿佛觉得他们的做法是理所当然的。笔者在日本也曾多次乘坐出租车，尽管司机的服务态度大多周到，可从来没有看到他们对自己那样毕恭毕敬。后来笔者曾就此事询问过日本人，他们猜测说，那老板可能是那家出租车公司的固定客户，司机对那老板"感恩戴德"是严格遵照公司的规矩。这使人想起，日本商家在为顾客服务或卖出东西后收款时，无一例外都会说"谢谢"。按中国人的想法，顾客接受了商家的服务，理应由顾客向商家道谢才对。而日本的商家却认为，顾客让商家赚钱是对自己的一种恩惠，因此理所当然地应该表示谢意。

这些日常生活中的具体事例启示人们，日本的文化传统中并非没有所谓的伦理准则。如一切民族都有自身的道德标准一样，日本人也有独特的道义观念，只是这类观念的内涵与重点和中国人有所区别而已。比如，中国源远流长的伦理文化历史积淀成了一些高悬于几乎所有社会成员头顶之上的共同行为尺度，像"理"、"道"或"义"等范畴便是。普通中国百姓可能讲不清楚这些道德尺度的内涵究竟具体是什么，可当他们为人行事的时候，大都会自觉或不自觉地以这些尺度去衡量上至天子下到黎民的所有举动，用以判断应该其是好还是坏，是值得赞同还是抵制。中国人平时爱说"得道多助，失道寡助"、"历史自有公论，是非自在人心"，以及"多行不义必自毙"、"有理走遍天下，无理寸步难行"之类的话，就是这种意思，即在他们心目中，都有一杆掂量人品行优劣的"秤"。他们不太肯根据对方是不是上司或是否有权有势来决定自己的态度，而宁愿以那些心中的无形道德标绳去考量他们。于是，中国历史上便形成了强势者未必能坐稳皇帝宝座，而把"得人心者得天下"奉为天下公理的"集体无意识"。相比较而言，日本的道德观念似乎不像中国那样推崇某些抽象的伦理信条，而主要根据具体的对象是谁来决定自己的道义态度。就像爱岗敬业、专注于实际的技艺一样，日本人对哪个人感恩或对谁行义，大都要看对方的身份，看他们的实力、地位以及与自己的主从关系来决定。在他们看来，中国人所说的"看人下菜碟"，甚至是"趋炎附势"等做法，都是天经地义的，并不是什么"见利忘义"的小人之举。早在半个多世纪以前，有的外国学者已经看出了这一点，认为："日本人没有一种现成的普遍适用的道德作为善行的试金石。在大多数文化中，一个人的自尊是以其道德水准，如善良、节俭以及事业上的成就为标准。他们总要提出某些人生目的作为追求的目标，如幸福、对他人的控制力量、自由、社会活动能力等。日本人则遵循着更为特殊的准则，不论是在封建时代还是在《军人敕谕》中，即使谈及'大节'，也只是意味着对等级制上层者的义务要压倒对下层者的义务。"① 这一论断恰如其分地点到了日本伦理传统的要害之处，至今仍称得上是不移之论。

具体来说，对道德范畴中"忠义"观念的理解，中日两国就各有偏重。大体上，中国古代对专制皇权尽"忠"的观念曾经根深蒂固，但随着历史的演进，似乎后来其深入人心的程度已逐渐让位于对抽象的"仁义"信条的崇拜，而不再只满足于对具体的个人效力。像中国著名的流传既久且广的"赵氏孤儿"故事，便可以作为这种伦理观念转变的很有说服力的例证。早期关于程婴为延续亡主血脉在"搜孤"中"救孤"的传说，确有对国君尽忠的含义，可是到元代杂剧《赵氏孤儿》面世以后，就已经不再侧重宣扬"忠"的观念，而开始变成了一出以"义"为主题，即主人公基于"仁义"之心痛恨奸臣屠岸贾，舍弃亲生骨肉救助弱者的戏剧。后来，以这一观念为基础，还出现过名为《八义记》的传奇，其中不再只是弘扬程婴一人的"义"胆，改为了突出众多义士为救"赵孤"而"义无反顾"的群像。越到后来，"义"的概念越在中国传统伦理观念体系中赢得了远高于诸如"孝"、"忠"等道德范畴的声望，几乎处于首屈一指的地位，成为中国传统道德里抽象规范的主要标志之一。

相比之下，像在日本同样长期流传广泛的《忠臣藏》之类故事，其中47志士矢志复仇并视死如归的心理动力，却主要是基于对主人尽"忠"的道德信念，并没有上升为以抽象的"义"去引导个人行为的精神境界。

以《忠臣藏》等剧目广泛流传日本民间的"47义士"故事，说的是在1703年日本封建制度鼎盛的江户时代，赤穗（如今神户）地方的47位武士牺牲一切为主人尽忠而最后自杀的事件。在当时，日本各地

---

① 鲁思·本尼迪克特：《菊与刀——日本文化的类型》，商务印书馆1996年版，第147页。

藩主即"大名"要定期到江户去觐见最高政权首脑幕府将军。一次，幕府规定任命两位"大名"来主持觐见仪式，而浅野侯为其中之一。这两名地方"大名"要想熟悉仪式规范，需要向另一位在幕府中枢任职的"大名"吉良侯去请教。不巧的是，当时浅野侯最有才智的家臣大石回故乡去了，而浅野本人不谙世故，没有向那位在幕府中枢任职的"大名"吉良侯送礼，而另一位"大名"的家臣却向其送了礼。因此，吉良侯便不屑于指教浅野，故意让他穿错了衣服。于是，浅野便在觐见仪式上因出丑而受辱，气得他拔刀砍伤了吉良侯的前额。尽管浅野算复了仇，但在将军殿上伤人毕竟属于不忠，因而被将军赐死切腹。浅野在等到家臣大石回来后便自杀了。他死后，大石决心要向吉良报复，以对死去的主人尽忠。他通过财产分配的方法去试探周围失去了主人的浪人们是否还对死去的浅野怀有忠心，最后选定了47个武士与自己滴血为盟，誓死为主人报仇。为了麻痹吉良，这些浪人曾经假装行为堕落，甚至有的还杀死了自己的亲属。最终，在当年12月24日吉良举行酒宴的时候，47个武士袭击进了其府邸，杀死仇人并为主人报了仇。事后，据说当时的著名学者荻山徂徕（1666—1728），虽然也觉得这47人的行

忠臣藏

为因为杀戮而违反了社会公德,但从私人尽忠的角度,还是肯定了他们的做法。为此,他不主张将这47人以极刑斩首,建议改为较轻的剖腹自杀来折中对他们的褒贬。最终,幕府将军评价这47人对主人尽忠之心可贵,命令他们切腹与主人同归于尽。

这个故事在日本可谓家喻户晓,人人皆知,历来为被认为是日本传统伦理道德的样板。不难发现,虽然名为"47义士"的故事,其实47个武士是为向主人尽忠而非为义献身的。为凸显这一观念,同时代著名艺人近松门左卫门(1653—1724)在讲说这一故事时,曾经把武士对主人的"忠"字加以分解,将上下两部分颠倒过来,写成了"心中"二字,解释成为情殉死,既指为"恩情",也可泛指基于任何感情。以后,到了为主尽忠献身的观念逐渐淡化的近代,关于基于爱情殉死含义日益成为了日语"心中"一词的主要意思。实际上,像"47义士"那样家臣在主人身后殉死的事例,日本历史上早已出现了。江户初期武将、福冈藩主黑田长政(1568—1623)死的时候,就有20多个家臣一起剖腹自杀,后来竟导致政府发布"殉死禁令"。可到江户幕府第三代将军德川家光(1604—1651)死时,又有十几名大臣殉死。甚至在明治天皇(1852—1912)去世后,还有乃木希典海军大将夫妇殉葬的事情发生。而且,在某些日本人眼里,越是以剖腹之类惨烈的办法自杀,其尽忠的境界越被视为"壮绝",越是显得凄美与有气魄。

近代以来,日本道德规范推崇"忠"而轻视"义"的倾向没有什么根本性的变化。1882年,日本天皇下达的《军人敕谕》里也是强调忠、礼、勇、信等伦理素质,并未涉及"义"等信条。当后来天皇下达的战争指令明显与人类道义观念发生矛盾,不符合多数人的利益时,很多日本人宁肯抹杀社会良知也要服从君命,因为他们大都把"忠"于天皇看作自己的最高价值标准。

日本人"忠"的观念在战争中最典型的表现是所谓"玉碎",即为天皇献身。一位名叫大西泷治郎的空军中将任第一航空舰队司令官时,曾于1944年10月20日下令组织所谓"神风特别攻击队",训练队员们以自杀性的行为去作战。队员们使用专为自杀攻击的目的制造的飞机,并从自愿参与这一行动的人当中选取人员。一时间,这些人成了"英雄"与"神威"的代名词,各种媒体争先恐后报道他们的神勇精神与业绩。其中,有不少人确实以"神风"的名义成了侵略战争的炮灰。就此,日本著名中国研究家竹内实曾进行对比说:"对日本的武士来说,'瓦全'象征着耻辱,而'玉碎'则意味着荣誉。但在中国政治家看来(对民众而言也是这样),'玉碎'是愚蠢的行为,'瓦全'才是维持人与中国的文明的睿智选择。"① 其中的主要区别在于:日本武士的自杀主要基于"忠"于主人,而并非一般抽象的社会伦理观念的"正义"之类。这一"忠"的观念在日本人心目中曾经根深蒂固,以至于直到"若干年前,一位日本军人在菲律宾战争中因躲藏在山洞中侥幸生还,当他回到日本的时候,他对欢迎者说:'我感到万分惭愧,万分惭愧。'他的意思是他本应早为天皇捐躯,而到如今仍贪生人世,实为莫大的羞耻(日本神道的自然主义,根本不提及任何道德上的懦弱)。"②

鉴于以往历史的诸多教训,目前已有日本学者开始认识到:"如果说,中国的儒教是以'仁'为中心的儒教,日本的儒教则是以'忠'为中心的儒教。"③ 日本这种伦理传统偏颇的症结在于:表面看来,那里的人们似乎个个都能对自己的顶头上司认真服从与负责,心甘情愿接受其指使,非常遵守秩序与纪律,这使日本民众较中国百姓更好领导与拢聚,也是他们看起来容易团结一致的主要原因。然而,一旦国家的决策者发生政策偏差的时候,日本人又少有勇气去抵制那种全国"同仇敌忾"的危险局面,不太可能凭借思想上的道义观念去扭转乾坤。如此偏重"忠"于个人而轻视天下"道义"公理的伦理传统,实际上最终会形成这样一种逻辑:"在天皇独揽大权的情况下,决策者由下至上地推卸责任。但是,作为最终决策者的天皇个人也不是价值观的'核心'。'核心'是'皇祖皇孙万世永存的皇运'。日本没有一个人敢于主动承担风险,面对问题做出决断。于是,日本变成了一个'庞大的不

---

① 竹内实:《邓小平的沉浮及其韧性》,《朝日杂志》第 20 卷 42 号,1978 年 10 月 20 日。
② 秦家懿、孔汉思:《中国宗教与基督教》,三联书店 1997 年版,第 62 页。
③ 森岛通夫:《透视日本:"兴"与"衰"的怪圈》,中国财政经济出版社 2000 年版,第 12 页。

负责任体系'。"① 回顾历史,这也许是日本人对曾发动的侵略战争大都保持缄默,个人责任感相对淡漠的心理原因之一。

说日本伦理强调"忠"而轻视"义",是就其实质与中国文化传统相对而言。在日本的道德观念中,也未尝没有与"义"字相关的伦理范畴,如所谓"义理",便是日本的一种特殊人际关系准则。"义理"即"义"的道理的意思,是基于"人情"以及如何处理人与人之间的关系的社会习惯。日本人一般比较内向,不善言谈和交往,怎样与人相处自古就是他们的一种苦恼。到中世纪的武士时代,才基本形成了所谓的"义理"观念,到江户时代又进而普及至农民和市民阶层。但这一观念大体是"忠"的意识的扩大与泛化,其行为、态度和意识强调奉陪、效劳、服务、报恩于他人。它们都是义务性的,不希求任何报酬,属于单方面的尽责,不期待从特定的个人或集团获得利益。如果"义理"能够与"人情"保持均衡,也就是责任同友情保持一致,便可复合为"情义"。所谓"情义兼备",既推崇"义理"又笃信"人情",曾被日本人认为是最理想的人格形态,如果不得已而求其次,则应该牺牲"人情"而顾全"义理"。

这种"义理"的信条至今仍被许多日本公司视为企业的向心力,强调把公司的整体利益作为个人行为的准绳,也就是把忠诚于公司作为员工言行的出发点,否则员工便会在企业中无立足之地。公司甚至暗示员工,当企业存在有悖于社会良知的污点时,更是考验他们"义理"观念的关键时刻。为此,一次关于日本企业的调查竟会出现这样的结果:当问到"上司指示的工作内容和性质,如果违反自己的良心,你如何应对自处"时,有43.4%的受访员工表示,虽不太想配合,但还是会依照命令行事。持这种态度的受访者比例,不仅较前增加了10个百分点,同时也刷新了以往的纪录。这反映了,为了依赖公司,不少日本人会首先考虑公司业务的需要而不太顾及良心或道义标准。

也许会让中国人吃惊的是,"义理"一词在日本被普遍认同的程度,甚至渗透到了黑社会团伙内部。在那里,说"义理"就等同无限

---

① 梅泽正邦:《日本人的价值观每况愈下——青少年只图享受》,《东洋经济周刊》2004年9月22日。

忠于本帮派的办事规矩，若违反了只能自认倒霉。这种"义理"规矩足以使黑社会经久不衰。根据日本警方调查，日本黑帮势力在20世纪90年代曾达到鼎盛，成员总数超过9万人。后随着1992年实施"暴力团对策法"，经过严加取缔、大力扫荡的结果，到1995年前后，其成员一度锐减到7.9万人。截至2003年底，日本各地的暴力团（黑道帮派）分子和次级组织成员总数还有8.58万人。其中，帮派分子人数比前一年增加800人，共计4.4万人，次级团体成员略少，约为4.14万人。其中主要有三股势力，分别是"山口组"、"稻川会"和"住吉会"。它们分别拥有3.81万名、1.25万名和9600名帮众。这些黑社会势力涉足日本的娱乐、酒店、商业等地盘。特别是在色情行业，黑社会几乎称得上一手遮天。它们是日本社会既老大又难治的"毒瘤"，相当令人头痛。

六

干吗非参拜靖国神社不可？

日本当今同中国和其他亚洲国家出现抵牾或摩擦，大都与如何理解与认识当年的侵略历史有关系，其中最敏感的话题，莫过于日本官员公然参拜靖国神社一事。

日本官员执意去参拜靖国神社，亚洲各国对此则难以接受甚至表示愤慨，两者之间的尖锐对立，与其是对参拜仪式的象征意义的解读有歧义，实际上更源于各自文化传统对历史罪恶的不同态度。自1975年当时的日本首相三木武夫开始去那里参拜以后，几乎年年都有日本政府官员效仿。至于亚洲各国对此的批评，日本前首相小泉纯一郎曾经辩解说：甲级战犯被执行死刑以后就成为佛，这是国民的感情。后来，2004年3月23日他又在参议院预算委员会上讲过："我没有对任何国家的领导人参拜战殁者和对战殁者表示敬意说三道四。如果有人批评我这么做，日本国民会怎么想呢？"他仿佛自恃能够得到国内舆论的一些支持，权衡得失，觉得在国内政治上的得分会大于在国际声誉上的损失，才敢于一再胆大妄为。

小泉所说的日本"国民舆论"，其实也并非只是一种声音，不妨各方面略举一二：

日本外务省报道官高岛肇久在2003年秋接受中国香港凤凰卫星电视台采访时对此解释说，日本首相所以参拜靖国神社，并非是赞美战争，而是为了发出永恒和平的誓言而去，并且是为安慰非自愿上战场作战的英灵。希望国外不要误解。

在日本前首相小泉纯一郎 2004 年元旦参拜靖国神社引发中、韩等国强烈抗议之后，日本《读卖新闻》1 月 6 日刊登社论，认为一国首相何时或以何种方式追悼战争牺牲者，本是基于国情和传统习俗的行动，没有必要受他国的干预。而无论战犯与否，采取对亡者一律平等看待或追悼的价值观，一向是日本引以为傲的传统文化和习俗。社论还表示，单纯的神社参拜竟然演变成了外交问题，实在令人匪夷所思。

小泉参拜靖国神社

但另一方面，自 2001 年 8 月 13 日小泉以"内阁总理大臣"身份参拜靖国神社后，日本就有 631 名战死者家属和宗教人士认为，首相以公职身份参拜靖国神社违反了宪法第 20 条关于"政教分离"的规定。为此，以小泉首相、政府和靖国神社为被告，他们于 2002 年 11 月向大阪地方法院提起诉讼。大阪地方法院在 2004 年 2 月 27 日作出判决，认定小泉是以公职身份参拜靖国神社的,但没有涉及是否违反宪法中"政教分离"的规定,驳回了原告要求赔偿精神损失的要求。对此,小泉表示说,他不理解那些被告为什么会对他不满。

关于其中原委,日本著名律师尾山宏后来在接受记者采访时认为,小泉首相为参拜靖国神社所进行的辩解让人不可思议。小泉说尊敬在战争中死去的人并进行慰灵是日本人的习惯,让中国、韩国等国家人民对其信念给予理解。但是,中国战争受害者以及遇难者家属受到的心灵创伤小泉给予理解了吗?理解应该是相互的。日本现在一方面将自己加害于人的史实尽可能地掩盖;另一方面又将自己受害的一面极力宣扬,其做法有悖于人类普适的正义观。

不难推测,那些坚持参拜靖国神社的人以及对此支持的日本舆论,所以不肯理会国内外的反对声音,大约是认为关于如何对待历史罪恶等伦理观念,是各国"公说公有理,婆说婆有理",判断尺度只是相对而言,不可能也无法用统一、普遍的标准去衡量。然而,当初日本的侵略战争最大的伤害对象毕竟是亚洲各国,如今以日本不辨善恶的传统习惯去对待战死者,显然属于"不识庐山真面目,只缘身在此山中"。如果不跳出日本传统道德的狭隘眼界,与各国的伦理观念加以沟通并取得某些共识,恐怕今后仍会自说自话,无法结束彼此在历史问题上的对峙局面。

而要这样做,首先应该搞清楚靖国神社的性质。这座日本最大的神社位于东京千代田区的九段北,占地近 10 万平方米,始创立于 1869 年。当时是为自明治维新以后在战争中阵亡的官兵合祀而建,取名"招魂社"。1874 年,明治天皇曾亲临神社,祭拜过战争亡灵。到 1879 年,"招魂社"改名为靖国神社,变成了由国家管理。按照日本惯例,神社事务历来属于内务省,但靖国神社却例外受皇室保护,由陆、海军和内务省三方管理。经费则由陆军省单列,祭祀活动由陆海军军官主持,警卫也由全副武装的宪兵担任。战后,盟军最高司令部曾于 1945 年发布过"神道指令",禁止日本政府对神社、神道进行经济扶持,使宗教与政治分离。但自 1950 年美国转为侧重"反共"以后,特别是随着日本经济与政治实力的发展,某些人对靖国神社的情结又逐渐狂热了起来。参拜靖国神社已不再是宗教活动,而变成了表示效忠国家的场所。目前其中供奉的246万亡灵，有210万死于第二次世界大战。特别是在1958年，同年死亡的甲级战犯开始进入靖国神社。1966年12月，东条英机、板垣征四郎等14名甲级战犯的牌位，也以"昭和殉难者"的名义偷偷弄进神社。此事到1979年4月19日公开以后，引起了一些批判侵略战争历史的人们的强烈反对，他们反对把战犯与无辜的战死者等量齐观。然而，自此以后，竟屡次出现政府官员在8月15日参拜神社的事件。另外，多年来神社内又增建了祭祀战死者的大殿以及一座纪念馆，神社四周陈列着不少战争中用过的东西，如大炮、军舰、潜艇、铜铸战马等。在神社内左右的两座石塔上，还雕刻有16面浮雕，记述了自1931年发动侵华战争以来诸多令军国主义分子"追慕的光荣史迹"。而在所谓"宝物遗品馆"中，则保存着当年军人使用的军刀和"战利品"。院内还有不少树木，上面常会挂有牌子，写着"某某炮团、某某兵团生存者种植"等。对内容如此驳杂甚至善恶不分的神社性质，有的日本人分析道："把为视同'国体'的天皇战死的'英灵'集中于靖国神社，然后天皇亲自参拜，表达对'英灵'的祭奠，因此，战死者们就被定位成为国捐躯。这就是靖国的意思。靖国神社虽然叫做'神社'，其实与传统的日本神道毫无关系。靖国的思想其实是关于战争与国家的宗教教义。""战死的士兵，无论是佛教徒还是基督教徒，既然是为了作为'国体'的天皇而奉献了自己的生命，就与信仰无关，其'灵'在靖国神社被合祀，受到既是大元帅又是祭司的天皇亲自拜祀。全体臣民都要认可为天皇而死便获得死的意义和价值的永恒性。而这是通过靖国而被赋予的。靖国的思想隐含着近代民族国家强迫国民自愿地在战争中为国家献出生命的巧妙的意识形态手法。"[①]

在世界各种文化传统中，立足于儒家伦理观念的中国传统意识非常重视以善恶的道德标准去衡量人格价值。像文天祥《正气歌》中"人生自古谁无死，留取丹心照汗青"的名句，便是中国视"流芳百世"为人生最高境界的价值观的典型反映。而与之相反的另一端，则判定卖国求荣、伤天害理等败类应该天诛地灭，其死后也要"遗臭万年"。基于如此追求扬善惩恶的强烈情绪，中国人也许说不太准其中的判断尺

---

① 小森阳一：《天皇制与现代日本社会》，《读书》2003年第12期。

度，但所谓"公道自在人心"，还是有不言而喻的大致标准。因此，像人们对宋代曾迫害过忠臣岳飞，最后降金的秦桧恨之入骨，以至于尽管秦桧写得一手好字，像当今使用的宋体字据说就是从秦桧的字体演变而来，但人们还是不愿提他的名字，而宁愿称其为"宋体字"。在中国姓秦的人里，后来甚至有"人从宋后羞名桧，我到坟前愧姓秦"的诗句。最终竟会塑一对秦桧夫妇的铁像，使其跪在岳飞墓前，并在两边门框上刻上对联："青山有幸埋忠骨，白铁无辜铸佞臣。"正像邓小平对后代讲述这段历史时所说："英雄总为后人所纪念，坏人为后人所唾弃。"①

靖国神社中的军国主义分子

而与前面屡屡谈及的看重事物自身与本色的存在，却不怎么强调抽象的伦理观念的文化传统相关联，日本人扬善惩恶的意识要含糊与淡漠得多。读日本最古的典籍《古事记》，会在其中看到天皇和其他祖神都干过许多蠢事，他们经常捣乱与失败，其愚蠢行径都不以为耻地被记录了下来。可见，日本人没有"神圣无谬"的观念，至于对一般人，就

---

① 市红：《小平与孙子孙女们》，《中国老年》2004年第8期。

更不热衷于追究其性善还是性恶了。后来的日本式佛教净土真宗推崇的是"普度众生"的宏大目标，无论善恶都不在话下。该宗与主张通过反思成佛的"善行道"不同，认为："有人用自己的思虑琢磨行为的善与恶，说善帮助往生，恶阻碍往生，这样的两分法是不信阿弥陀的誓愿的不可思议性，是一种任凭自己的修行想往生净土的举动"，并没有悟懂净土佛教真谛的异行。① 而日本"国学"的代表性人物本居宣长（1730—1801）则宣称："一切神道皆无儒、佛之道所谓善恶、是非之论，唯多妙合雅物、歌之情趣。"② 这不禁会使人联想到日本中部栃木县游览胜地日光的一处景观，就是著名建筑物东照宫内古代养马的神厩舍廊檐下雕刻的3个活灵活现的猴子，它们从左至右分别捂着耳朵、嘴和眼睛。据说，这叫做"三猿主义"，即是所谓"非礼勿说，非礼勿闻，非礼勿看"。意思是为人要明哲保身，莫管他人是与非，似乎世间任何事情都无须以好坏去裁判。因此，在离日本战败尚早的1938年，中国学者蒋百里就在《日本人》一书里预言过："明媚的风景，刺激了这个情热人种的眼光，时时向外界注意，缺少了内省的能力。"③ 其与后来日本学者加藤周一的看法完全一致，即：日本人"在态度上尊重现在，对往事不太关心。当然，或许谁都会不在乎往事，但日本人对不利的事忘得很快。不只是个人忘，集团也忘得很快，所以是一种国民健忘症。"④

当然，也不能说战后日本人丝毫没有过反省。在1945年8月15日日本投降当天，以皇族东久迩为首相的内阁曾提出过所谓"一亿人总忏悔"的口号，以应对世界舆论。不过，如有人指出的，"战争失败时，正像'一亿人总忏悔'这句话所表现的那样，是以'同是日本人'的形式，将战争的责任归于整个日本。相互宽容，不特别规定，也不追究战犯。战争失败所带来的深刻的自我不确实感，靠日本人的叫做

---

① 唯圆房：《叹异抄》，文津出版社1994年版，第29页。
② 本居宣长：《初山踏》，《增补本居宣长全集》第9卷，第494页。
③ 《蒋百里先生全集》第3卷，传记文学出版社1971年版，第175页。
④ 加藤周一：《日本社会、文化的基本特征》，《日本学》第4辑，北京大学出版社1995年版，第23页。

'同罪意识'的心理状态，得以大体安抚。"①其最终结果竟然变成了"一亿人总无责任"，因为把战争责任化整为零分摊给每一个公民，自惩、自责和自肃的心境人人有份，也就谈不上什么心理压力。因此，直到 20 世纪末扶桑社出版新版教科书，在"大东亚战争"一节还说："战争是悲剧，不过没有善恶。不是说哪一边是正义而另一边是不正义的。国与国之间因为利益的冲突而最终以政治也不能解决时，战争即是最后的手段。"其给人的印象是：日本人心目中始终只有利益之争，并无善恶之别。此外，1982 年 5 月 30 日，在福冈市中央区国有土地上树起了一座由"大东亚战争阵亡者慰灵显彰会"建造的、高 7.3 米、重 130 吨的"纪念碑"，其碑文竟然写道："1945 年 8 月 15 日，遵为万世谋太平之诏书，吞饮万斛泪水迎来终战。尔后，孜孜不倦三十六载，致力于祖国之再建，今已成为世界大国。此次大战乃一场为自存自立不顾日本国之存亡，为解放受虐待之民族，谋求万邦共荣之圣战。虽沉沦于战败悲境，然亚洲之民众相继赢得独立与自由之荣光，此乃世界史未曾有之庄严历史事实。"这简直有点不以侵略战争为耻，反以为荣了。对这样颠倒黑白的文字，这样良莠不分的心态，历史上受过日本伤害的各国人民情何以堪？

　　日本如此不善于或不肯以善恶的良知标准自我反思的缺陷，与德国在第二次世界大战后的举动相比较形成了鲜明的对照。自 20 世纪 70 年代末美国连续电视剧《种族灭绝》在德国放映以后，德国社会开始普遍关心起战争责任问题来。1985 年，借助于记录纳粹时代受害者、加害者叙述历史记忆的电视片《大屠杀》播放，更出现了"历史学家的论争"。以后，关于历史与社会史的论争在德国从未间断过，如 1994 年有"抵抗概念的论争"和"旧东德独裁问题的论争"，1995 年有"国防军犯罪的论争"，1996 年又有围绕"戈尔德哈根的论争"，1998 年的热点则是"共产主义黑皮书的论争"和"纳粹政权下的历史学家的论争"，等等。这些论争的直接结果，是使德国人对战争罪行反省的意识逐渐强烈起来，其程度甚至令外国人"震惊"，因为"连当时的东德学者提到'二战'，都自觉有罪"。"德国的自我批判，深刻和惨痛到带有

---

① 南博：《日本的自我——社会心理学家论日本人》，文汇出版社 1989 年版，第 29 页。

了'负面影响'。由于长期做自我批判,这个19世纪到20世纪前期盛产种类领袖的民族,缺乏领袖气质了。"[1] 最终,"战争罪责和大屠杀的双重心病使德国有一种强制进行自我审查的情结,只有实现更高程度的欧洲统一,这种情结才能得以化解。为了可爱的和平,不惜付出让德国分裂的代价。与用游行抗议来拒绝'扩大军备'相比,'通过接触进行演变'对柏林墙的倒塌和苏联的'内爆'起到了更大的作用,从维利·勃兰特开始,这一直是德国'新东方'政策的基本信条之一。"[2] 实际上,这种反思直接推动了德国和欧洲统一。

具体来说,德国前领导人勃兰特1970年为悼念被纳粹杀害的犹太人,曾在波兰首都下跪忏悔。2004年8月1日,德国总理施罗德再次去华沙为在1944年起义中被害的成千上万人"低头致歉"。此外,至今德国已向第二次世界大战期间主要来自东欧的150万劳工赔偿了26亿美元。到1991年,德国共向以色列和欧洲公共团体和组织赔偿、补偿、抚恤金864亿马克,至2030年还将支付336亿马克,累计约1000亿美元。据报道,战前德国生活有50万犹太人,战后仅剩下1.5万人,而目前已经达到20万人。根据德国在1989年通过的一项法律,苏联所有犹太人都可获得德国国籍,并自动享受政府福利,这是德国的一种赎罪表示。德国的"纪念、责任与未来"基金会一负责人在2004年6月25日宣布,该组织计划在2005年对第二次世界大战结束60周年之际,完成对俄罗斯及世界其他各国第二次世界大战劳工的赔偿。从2001年6月到2004年5月,这个基金会向世界80个国家160万名原第二次世界大战劳工支付了近30亿欧元赔偿。曾被纳粹集中营关押的第二次世界大战劳工平均获得赔偿7669欧元。其他遭受过纳粹德国不同程度奴役的劳工也将得到数额不等的赔偿。

钱款赔偿仅仅是一种悔罪的象征,更重要的是德国民众鉴于历史上的血腥教训,对任何复活纳粹迹象的警惕与毫不留情地抵制。像在2003年,为一个供应商参与建造德国国家大屠杀纪念馆引起的争议,形成了近年来关于历史问题最激烈的争论。此事源于监督纪念馆建造工

---

[1] 张辛欣:《针对德意志》,《读书》2003年第3期。
[2] 阿道夫·穆希格:《关于欧洲认同的思考》,《读书》2003年第10期。

德国总理勃兰特在犹太人墓前下跪

程的董事会禁止使用由化学巨头德古萨医药集团制造的防涂写层材料，理由是当年纳粹用来有组织屠杀集中营犹太人的Zyklon—B氰化物就是由该集团的子公司德格施有限公司提供的。德国工业界的许多公司曾被指控在纳粹时代直接参与了战时罪行，包括像西门子、贝特尔斯大众和德格施之类大公司，都着手雇用独立历史学家研究这些公司在纳粹统治时期的历史并提交报告。至于赎罪方面，德格施公司还是纪念、责任和未来基金会的17个发起者之一，该基金会筹集了44亿美元，发给纳粹集中营的受害者和以前受过奴役的劳工们。该基金会发言人说："一个公司的前身参加了60年前的一个邪恶体系，那么这个公司现在能做什么呢？他们该怎么办呢？你只能坦白承认你或你的公司过去犯下的罪行，然后尽自己的职责。"[①] 另外，在2004年3月6日，因为德国柏林艺术博物馆搬进了一个"希特勒"蜡像，也引发过民众的强烈抗议。没几天，博物馆的留言簿上写满了参观者的批评，他们普遍认为，这样做可能损害德国的国际形象，甚至可能造成亲纳粹势力重新抬头。迫于舆论压力，这个博物馆现在已关门了，管理人员近期将把希特勒蜡像

---

① 《德国公司能为过去赎罪吗？》，《基督教科学箴言报》，2003年11月3日。引自《参考消息》。

"扫地出门"。

　　与德国人在第二次世界大战期间大约杀死过 600 万犹太人和 2000 万苏联人相比,日本人共杀死了 3000 万菲律宾人、印尼人、越南人、柬埔寨人,其中包括至少 2300 万中国人。但耐人寻味的是,同样是在以美国为首的盟军监管之下,日本与德国在反悔战争罪行方面的表现相差十万八千里。不仅日本给予战争受害者的赔偿仅为德国的 1/40,而且屡屡出现以政府官员参拜为代表的无视战争罪恶的做法。与大多数国民关于战争话题的沉默与暧昧态度相对应,某些日本政客则不时信口开河,试图为国家的战争罪责开脱。所有这些,都不能不让各受害国人民心寒与愤慨。难怪人们会质疑道:"请大家想象一下同德国相似的另一个国家,它在战争中杀戮了 2000 多万人,军队的残暴与希特勒的'最终解决'是同性质的。它负有战争责任,但战争结束已有 50 年,它至今仍否认其罪行,依然生活在幻想中。这个国家的阿道夫·希特勒不仅没有死去,而且享有长寿,虽失去了至高权力,但聚集了臣民的崇拜。现在,学校的儿童们每天早上列队向太阳旗敬礼,合唱希特勒万岁的国歌。内阁官僚们重复地宣称奥斯维辛集中营的悲剧是虚构的,进攻波兰、捷克斯洛伐克、荷兰、法国是为了'解放'这些国家。"[①]如此强烈的反差与对比,不由得会让人们深思,日本在反思战争责任上的巨大差距,固然与美国战后为抵制共产主义而对日本采取宽松、纵容的政策有关系,但另一方面,日本文化传统在伦理基因上的历史缺陷,也是其狐假虎威、有恃无恐而不肯真心诚意洗心革面的重要原因。如一位德国前总统说过的:"德、日两国的命运虽有许多类似之处,但在历史连续性、文化、社会和政治制度的结构方面都有很大的不同点。"与德国人一经发现科学技术和资本主义经济的威力便迅速利用其改变本国生活相类似,日本的近现代化进程也主要是从仰慕"力量"、"才能"与"技术"的角度开始的。但其症结在于,日本并没有像德国那样长期经受欧洲启蒙主义或人道主义观念的洗礼,在人伦文化成果的积累方面根本无法与德国同日而

[①] 本·希尔斯:《为什么日本必须正视其过去?》,《时代》1994 年 10 月 4 日。引自《参考消息》。

语。"在近代日本,向日本民众所灌输的,是肯定弱肉强食的信念。佛教所强调的慈悲心,在这种信念面前,特别是与国家行为相比较,显得非常软弱无力。人们一味地看好、赞赏并羡慕强大与出人头地(即使是在反体制的情况下出人头地),而对弱小或默默无闻,则觉得应该无条件地厌恶与蔑视。以至于当强者加害于弱者时,人们竟会去责怪后者。如此不平等的社会状况,在近代以前自然也曾经存在过。明治以后,日本人由于沾沾自喜于维新的'成果',便借机向朝鲜、中国扩张了起来。"[①] 全国上下不仅长期无视伦理道义信念的建树这一民族健全与成熟不可或缺的基盘,更没有领悟中华伦理的"仁义"原则与西方文化中人道主义观念的相通之处。当其最终单靠军事强势不足以压人并自寻失败以后,日本仍难像德国那样对第二次世界大战的罪行有足够的悔悟。日本文明在这方面的迟钝与执迷,仿佛是西方那个有名的"西西弗斯"传说的现代翻版。那故事里的主人公也许可凭个人的力气把滚石推上山头,但他最终还是无法与巨石的自然重力抗衡,仍将被其碾到山底。同样,一个民族的经济与军事再强大,也无法在与人类普遍正义的较量中永久立于不败之地。历史早就证明了这一结论,可惜日本人中悟懂这一真谛的还不太多。

值得欣慰的是,以"知识型"文明擅长的日本民族对伦理智慧的价值也并非人人冥顽不化。早在第二次世界大战期间,日本驻立陶宛代理领事衫原千亩就曾不顾本国政府的反对指令,给予 6000 多犹太人过境签证,使他们获救。尽管其归国后竟被迫辞职,但最终还是在好友的帮助下生存了下来,并 1985 年被以色列政府授予"各国正义者奖"。即使在目前,也有许多富有良知的日本人在默默清洗着本国历史上的战争罪责。像一位名叫石岗史子的女士,从 1998 年开始负责"东京浩劫教育资料中心"(holocaust education)的工作,通过举办非营利的小型展览,让日本孩子们了解欧洲历史上德国纳粹迫害与屠杀对犹太人的罪行。到 2003 年 5 月,史子组织的展览已在日本的 6 个地方巡回展出,参观者超过了 6 万人。另外,在 1980 年 3 月,一部真实反映"七三一"

[①] 竹内实:《〈野战邮便旗(续集)〉解说》,《竹内实文集》第 5 卷,2004 年 5 月,第 265—266 页。

细菌部队、南京大屠杀和"三光"政策的纪录片《侵略》在日本上映，据说观看者达 200 万人之多。这部影片的剪辑者是静冈县一位中学历史老师森正孝。他曾自费 13 次到中国调查，后又拍摄了电视片《尚未被知晓的细菌战——来自中国方面的证言》，他不顾右翼分子恐吓，坚持向日本人民揭露日本侵华罪行。还有一位纪录片的导演松井稔，拍了一部名为《日本鬼子》的纪录片，内容是采访当年从中国遣返回国的侵华日军战犯成员，揭露与反省日本侵略中国的罪行。虽然该片在日本公映时遇到各种困难，可竟多次在国外电影节如德国的柏林电影节上获得好评或奖励，并被译成英文。有不少日本年轻人看了这部影片，决定组织揭露日本军国主义罪行的群众团体，并坚持活动下去。与此同时，自 20 世纪 80 年代以来，已有一些正义的日本人出版了确认与反省南京大屠杀罪行的著作，如曾根一夫的《南京大屠杀亲历记》和《续南京大屠杀亲历记》、东史郎的《我们南京步兵队》，以及洞富雄的《决定版南京大屠杀》等。这些人通过自己的努力说明，有越来越多的日本人开始理解，"曾受日本统治的地区的人们在战后 50 年中向日本要求的不是钱，而是日本已经脱胎换骨的证据。近邻诸国之所以要求日本显示有诚意的态度，是因为它们意识到日本在金钱上着迷，丧失了被称为亚洲独特的价值观和伦理观。"[①]只有懂得这一层，日本才有可能同那些受害国真正实现心灵上的沟通。

[①] 加文·麦考马克：《虚幻的乐园——战后日本综合研究》，上海人民出版社 1999 年版，第 323 页。

七

说三岛话石原

  外国人看日本的民众，总的印象会觉得他们大都是举止恭顺、谨言慎行的谦谦君子，很少随意或轻狂的做派，这并不假。但另一方面，那里又总会隔三差五冒出一、两个胡言乱语或故作惊人之举的怪异人物，与日本人的总体严谨形象形成巨大的反差，常让人莫名其妙甚至目瞪口呆。这后一种人在日本经常被冠以"右翼分子"的称呼。

  记得毛泽东有过一句名言，说凡有人群的地方都有左、中、右。其意思是指：任何群体的政治立场都可区分为激进、中间与保守等不同的部分。如果说由于中国的政治变动不怎么规范，各种派别有些游移不定的话，那么日本的所谓"右翼分子"倒显得一以贯之，几乎是无一例外地推崇与鼓吹"国家主义"或"民族主义"（National）的政治口号。这些人的国内政治立场相当保守，如誓死捍卫天皇制等，而在对外政策方面却无一例外地表现得气势汹汹，颇有"语不惊人死不休"的气概。日本人对他们似乎已经司空见惯，可在外国人眼中，其无疑显得缺乏理性，甚至有点"发神经"。其中最令人瞩目的，要算最终剖腹自杀的作家三岛由纪夫以及现任东京都知事的石原慎太郎。

  三岛由纪夫作为日本现代著名作家，不仅多产而且作品独具个性与魅力，由于他的文字带有浓厚的忧郁情调，故事常见神秘阴冷的情节，有人称其为日本近代文坛上的"鬼才"之一。从创作才华的角度，三岛确实不同凡响，很值得人们认真品味与评价。但令人不可思议的是，像这样一位若在中国本应属于"文化人"的"才子"，竟然会在 1967

年秘密参与自卫队训练，并且在第二年发起近百人的"私人军队防御社"组织，宣誓效忠天皇。最终因对"日本历史已退无可退，传统遭到忽视，武士道精神丢失殆尽"痛心疾首，公然在1970年11月5日于东京一处营地煽动自卫队成员起来"暴动"。当时，有许多人嘲笑他是"精神失常"，觉得仿佛是当代东方"堂·吉诃德"的可笑再现。由于多数人对他的"号召"反应冷淡，导致他在营地的阳台上剖腹自杀，时年45岁。其行为典型地反映了个别偏执的日本人那难以理喻与可怕的心理变态。

三岛由纪夫原名叫平冈公威，其祖父平冈定太郎曾任桦太（现俄罗斯萨哈林州）地区最高长官，祖母原是华族即旧贵族。他的父亲平冈梓官至农林省水产局长，母亲则出身汉学世家。三岛自小在日本的贵族学校即学习院系统读书，也许是基于自己出身不凡，逐渐培养出浓厚的"大和思想"，对日本文化传统依赖到近乎痴迷的程度。后来，他日益显现出写作的才能，并开始在文坛上引人注目，其心态也通过其作品得以展示出来。他的主要代表作《金阁寺》，是一部根据真人真事创作的小说，其中描写主人公因神往于京都西北一座外表四面贴金的著名古刹，便去那里当了一名学徒。后来，终因战后现实中的金阁寺与其理想中的印象相差太大，使他心灰意冷，而最终纵火烧毁了金阁寺。从这些作品可以发现，三岛内心对所谓纯粹"理想"的迷恋近于神经质与病态，那就是一味追求心目中"日本精神至上"的虚无境界，却全然不顾眼前的现实与实际社会状况。他的这种心态通过所住的宅院也可见一斑。笔者曾看到一本三岛生前住宅的照片集，那是一座标准、地道的古希腊式建筑。乍一看可能会使人难以理解，一位醉心于日本传统精神的作家为什么要建造一所"数典忘祖"的西洋住宅？实际上，这种看似与其极端民族主义情绪相矛盾的审美情趣，恰好反衬出了三岛一贯拜倒在至高无上的"神圣"境界的疯狂情绪。正是这种病态心理使他觉得现实既可怜又可憎，由此而认为人生无聊、无味以及走投无路，最后只好选择自杀作为个人的结局。

京都金阁寺

在满足于世俗生活、怀有强烈现实感的中国人看来，三岛由纪夫的自杀心态是一个根本无法理解的谜。即使是普通日本人，也都难就此事说出个子丑寅卯来。按说，一个人迷恋本民族的传统不能说算什么错，日本作家中以自杀了结性命的也不在少数。不过，当这两者集中表现在像三岛由纪夫之类的同一人身上时，总难免让人有不寒而栗之感。人们有理由担心，说不定今后日本还会冷不丁冒出个把像三岛这样的偏执狂，一时搅得国内外心惊肉跳。

有道是：往事固为鉴，来者犹可追。眼下日本首屈一指的"狂人"或"怪人"，则非现任东京都知事石原慎太郎（1932— ）莫属。石原在以作家身份最终从政这一点上与三岛相似。其最早以《太阳季节》等小说登上文坛，并曾以惊世骇俗的心理描写，如作品《小英子》里男主人公的强烈性欲竟使其阴茎戳破了纸隔墙之类，获得过创作奖。后来，人们称其为此类青年即"太阳族"的首领。他发起过"青年日本会"，还创建了自民党的极右派"青岚会"。而他在政治上名声大噪，始于1989年与索尼公司总裁盛田昭夫合著的一本叫做《日本可以说"不"》的著作。由于此书招致各种责难，以后他又接连写出了《日本还要说"不"》、《日本坚决说"不"》，以及《"不"就是"不"》等一系列著作，被人调侃为专说"不"字的政客。石原本人最踌躇满志的时候曾竞选日本自民党总裁，可能因为口无遮拦，让自民党内不放心，最终败给了海部俊树，并导致其在后来的国会议员选举中也不太顺利。为此，他表示对日本政坛心灰意冷，便辞去了在位27年的国会议员席位，改为参选东京都知事而获得成功。他上任后"敢说敢做"，在地方行政改革方面出台了一些措施，似乎很得人心。可不知是否因为自恃精明能干，他并不满足于管辖地方性事务，总愿意俨然以代表全体日本人的名义介入与日本有关的国际纠纷，而且常常出言不逊。1987年2月，日本高知县中学生在中国旅行发生车祸后获得的赔偿没有当初要求的那样多，他就批评说："外务省作为日本的发言人实在太软弱了，致使华盛顿、北京的负责人利用日本的弱点而忽视日本的利益。"再如在1994年，当时任环境厅长官的樱井新在谈论侵华战争时宣称："那场战争使亚洲各国独立了，教育普及了"时，石原也附和说："日本发动的是从白人殖民统治下拯救亚洲各国的战争。""如果日本人没有参加那场战争的话，恐怕当今世界依然是白人对有色人种进行殖民统治的朝代。"还听人说，石原有段时间不管走到哪里演讲，手上总是握着一瓶装满废气的黑色罐子，当说完汽车柴油如何污染环境以后，便以气势汹汹的口吻大骂"支那人"。

> 石原慎太郎把"支那人"说成是天下大敌，他指"支那人"偷渡，使用青龙刀抢劫，杀人……他甚至还在一篇文章中指出，"支那人带有犯罪的遗传因子"。"支那"是日本在战前为带动社会大众藐视中国时所用的一个蔑称。凡是在战前受过日本人欺凌，历经日本人歧视的中国人，都无法忍受日本人继续使用"支那"这个字眼。①

石原敢冒天下之大不韪，起用早被唾弃的歧视性称谓，并非只是针对中国，他几乎对所有看不顺眼的国家都胡言乱语。日本《每日新闻》2003年10月29日报道说，石原在前一天呼吁解决朝鲜绑架日本人问题

---

① 符祝慧：《日本人口中的"支那人"》，新加坡《联合早报》2003年9月6日。

的"东京救援会"上发表演说时，竟否认日本曾对朝鲜实行殖民统治，说什么"（日本）绝不是通过武力进行侵犯。还不如说，朝鲜半岛是按照他们自己的意愿，对俄罗斯、中国和日本进行选择。于是他们选择了更现代化且肤色相同的日本。在世界各国达成的协议的情况下实施了合并。""如果说这是谁的责任，那就是他们祖先的责任。"意思是朝鲜人是自愿"请"日本去占领的。另外，日本《产经新闻》还报道说，为出席陈水扁的"总统"就职仪式，石原在 2004 年 5 月 18 日访问过台北。当天，他与陈的亲信、台北县长苏贞昌会面时说："我希望你们能为亚洲、为世界保卫自由的台湾。"并且表示："日本人对（中国）在陈总统就职前发表的恐吓言论感到震惊。"试想，这种狂言恐怕是任何一个日本政府首脑都不敢负责的。因此，难怪有日本人在香港凤凰卫视的对话节目里表示，像石原慎太郎这样的人，尽管一直觊觎总管日本政府政策的位子，以逞一时之能，但大部分日本人总觉得担心他有一天真正实现这一愿望，因为那样的话，很难预测日本将会被引到哪条路上去。

外国人看到日本不时冒出像三岛、石原之类的反常之人与言论，也许会觉得怪人、怪事家家有，似乎并不为训，也不为虑。但这种看法是似是而非的。在日本政界，近期像石原一样接二连三地狂妄挑衅邻国，即使受到对方谴责也不知反悔、不肯道歉的固然并无第二人，但有些政客虽然不太敢像他那样放肆，有时候实在憋不住，还是会吐出几句真心话，并不顾忌自己究竟是什么身份。如在 20 世纪末，日本内阁出现过因胡说八道而丢官的所谓"四君子"：1986 年 7 月，中曾根内阁文部大臣藤尾正行一上台就口出狂言，说"日军在南京进行的大屠杀是为了排除抵抗"；1988 年 4 月，竹内内阁国土厅长官奥野诚亮在参拜靖国神社后叫嚷日本不是一个侵略国家；1994 年羽田内阁法务大臣记永野茂门叫嚣把太平洋战争定性为侵略战争"是错误的"，"南京事件纯属捏造"；同年 8 月，村山内阁环境厅长官樱井新则变本加厉地说："与其说是侵略战争，毋宁说几乎所有的亚洲国家都托它的福，从欧洲的殖民统治获得独立。"这样的官员"失言"仿佛已成了历届日本政府的惯例。可见，与石原同调的人，在中央内阁一级里也并非完全没有，他们在"偶尔露峥嵘"之后顶多辞职了事，说不定还会博得喝彩声或因祸得福。可反过来，那些仗义执言谴责过侵略战争历史的一些日本官员，却往往有杀身之祸，且不止出现过一起类似的事件。像长崎市市长本岛在市议会发表意见说："我曾在日本军队中干过，特别是从事过军队的教育工作。从这个方面看，我认为天皇是有战争责任的。"不久，全国右翼势力便向长崎集结了好些人，在市内横冲直撞，用高音喇叭责骂本岛是"国贼"，还有人向市政府递送装有子弹的恫吓信。1990年1月18日，右翼团体"正气塾"的田尻和美甚至枪击本岛，子弹打中其胸部，本岛险些因此身亡。在2002年10月，又发生过改革派政治家石井纮基被右翼分子刺杀身亡的事件……这反映出，日本的右翼政治势力在日本是有相当市场的，绝非一两个人的"越规"言行。甚至可以说，个别人的右翼心态是总体社会气氛熏陶出来的。不妨看看外国记者所描述的日本街头的"乌烟瘴气"景象：身穿带有铜纽扣的普鲁士式校服的学生、广播鼓吹民族主义的卡车和充耳不闻的警察，以及其他一些否认南京大屠杀和皇军种种暴行的人……记者忍不住接着质问道："如果现在有一辆带有纳粹标志的卡车一边广播战时宣传材料，一边在柏林的库达姆大街上招摇过市，而路边的警察却坐视不管，那会激起怎样的义愤？这是不可能的事情，然而，同样的一幕每天都在东京上演。"①

那么，日本这种以歧视邻国、难以压抑的对外扩张欲望为典型特征的右翼情绪是怎样形成的呢？据美国《外交》双月刊2003年11月、12月合刊号上发表的尤金·马修斯的文章《日本的民族主义》分析，历史学家认为日本民族主义思潮的出现可以追溯到自1603年开始的德川时代，到明治时期（1868—1912）已具有作为一种有着法西斯主义基础的哲学和使整个地区甚至世界形成不稳定状态的现代形式。至于民族主义目前在日本延续可区分两大类原因：国内因素和国外因素。前者是指新一代日本人已渐渐忘却了战争的教训，不再像前辈那样严密防范军国主义的复活；在国外方面，一个原因是中国等国的崛起引起了一些人的不满，正像石原慎太郎所说："我们把大量的钱投入中国，以使他们

---

① 《日本无视军国主义复活迹象》，香港《南华早报》2002年10月28日。引自《参考消息》。

能够继续致力于发展氢弹。"另一个原因则是许多日本人觉得依靠美国保护并不安全，比如如何面对朝鲜的"威胁"之类。特别是近年来，日本曾向亚洲各国大量投资，结果各国对日本的印象与情绪并未因此有所好转。这使历来习惯于"实力思维"的日本人产生一种幻觉，觉得"好心换了驴肝肺"，慈善或援助等恩德行为靠不住，只有成为经济与军事大国，才能重新赢得世人的敬畏。其中一些人也许比较温和，并不完全同意扩张军事力量。但如果日本人一旦感觉遭到了邻国的威胁，说不定会重蹈覆辙而走上穷兵黩武的道路。

1945年8月15日日本宣布投降以后，盟国曾整肃过233个右翼法西斯团体。而1951年夏天，日本的右翼团体却恢复到了540个。目前，日本右翼政治团体已达900个，约12.5万人。据说，还有许多右翼政治团体根本没有在政府登记，所以很难掌握其准确数字。从其组织和成员来看，规模较战前为大，成员复杂，从民众到政客都有。从活动的方式和性质来看，不外乎进行恐怖活动，策划军事政变，镇压进步力量，扼杀言论自由，极力否认侵华历史，坚持"皇国史观"，以及鼓吹民族主义，等等。

自20世纪80年代以来，日本政坛和社会"向右转"的趋势更加明显，右翼分子的气焰越来越嚣张，一些右翼团体、特别是那些由黑社会团体转化而来的右翼组织甚嚣尘上。日本前首相小泉等领导人执意参拜靖国神社，推动日本走军事大国道路，修改日本和平宪法等一系列做法，加之日本警方对右翼采取的放纵态度，客观上都助长了右翼政治势力的气焰。像日本右翼的领军人物、大量发行美化侵略战争的连环画《战争论》和《台湾论》的作者小林善纪，与西尾干二、藤冈信胜等人先后成立过"历史研究委员会"、"自由主义史观研究会"和"新历史教科书编撰会"，其中几乎网罗了日本所有的右翼学者。"新历史教科书编撰会"据说有1万人，在全国共有48个支部，每年的活动经费达42亿日元以上，共出版了100多万册的否认历史的各种图片集，每年在日本各地组织上百次否认日本侵华罪行的集会、报告会、讲演会等。中国的钓鱼岛问题、韩国的独岛问题、日本的历史教科书问题等，都是右翼团体兴风作浪的借口。目前，他们在中国钓鱼岛问题上纠集了约420个团体，从事反华煽动等活动。而在2004年×月23日凌晨3时多，竟发生了日本皇民党一辆大型宣传车冲撞中国驻日本大阪总领事馆大门,并引燃了车内装有柴油的严重事件,造成领事馆大门严重受损,馆舍部分建筑遭到破坏,这是中日恢复邦交以来中国驻日外交馆舍最为严重的损失。

日本右翼团体的宣传车

那么,这些日本右翼团体有何经济实力才如此张狂呢?其实,它们仅靠会员的会费是难以为继的,主要依靠的是那些有实力的企业和财团的资助。在第二次世界大战期间,日本右翼团体的活动资金主要来自各大财阀。战后,这些财阀的实力并没有垮掉。随着经济的高度增长,财阀集团以新的形式相继恢复,重新成为右翼团体的经济后盾。它们为右翼势力输血、打气,反过来又依靠这些右翼团体来捞取政治资本。例如,支持否认历史事实、美化侵略战争的右翼政治团体"新历史教科书编撰会"的企业多达95个,仅大财团就有16个。

当然,右翼势力绝不能代表广大日本人民的态度,大多数日本民众始终竭力抵制这般浊流,防止着国家主义思潮的蔓延。譬如,由于"新历史教科书编撰会"两名负责人参加了东京都知事石原慎太郎1999

年创办的私人恳谈会，后来又有两名成员当上了都教育委员，因此，促使该委员会决定从 2005 年春天开始，都立初高中一贯制学校可使用"新历史教科书编撰会"推出的歪曲性历史教科书。为此，曾有 78 个反对派团体代表举行记者招待会，对这一决定表示抗议。在 2001 年 4 月 3 日通过文部省审定以后，到当年 8 月中旬，全国中学决定采用新书的比例还不到 1%，这无疑真实地反映了日本民众人心的向背，是给"新民族主义"的当头一棒。还有像东史郎那样富有正义感的日本老兵，与控告他的原日本军官桥本光治不懈地诉讼，以确认与揭露日本军队在南京大屠杀的罪行。另外，1991 年，仙台地方法院首次做出了前首相中曾根康弘 1985 年参拜靖国神社违反宪法的判决。1992 年，又有两家法院做出过类似的判决。在 2004 年 4 月，福冈地方法院再次判决首相小泉参拜靖国神社违反日本宪法第 20 条中关于"政教分离"的规定。所有这些进展与胜利，都是大多数主持正义的人不屈不挠努力的结果。与他们相比，三岛和石原等右翼分子无疑显得形单影只。

在这些正义者当中，有一位名叫尾山宏的日本律师十分令人钦佩。他在 1994 年成立了一个"中国人战争受害者索赔要求日本律师团"，至今已有 300 多名律师参加。这个连睫毛都已花白的老人，作为中国战争受害者的代理律师，从 1963 年起参与了 40 年来所有的对日诉讼案件：历时 32 年的"教科书诉讼案"、"山西慰安妇案"、"731 人体试验案"、"南京大屠杀案"、"刘连仁劳工案"、"李秀英名誉权案"以及"遗弃化学武器及炮弹案"……这个律师团坚持无偿代理诉讼，并自行垫付一切费用，还曾多次自掏腰包将中国受害者接到日本东京出庭。其实，他们当中大多数人的生活条件很一般，将大部分精力投入诉

日本正义律师尾山宏

讼案件上的尾山宏，只能以为企业做法律顾问来养家糊口。

这些以良知和正义感帮助中国人同自己国家的罪恶打官司的律师们，自然会触怒日本的右翼势力，许多人曾恐吓过他们。尾山宏对此不屑一顾，但他的举动却赢得了中国人乃至全世界人民的尊重。这位来自异国的正义之士曾被CCTV评选为"感动中国——2003年度人物"，以其撼动人心的正义之举博得了中国观众一次又一次的掌声。

尾山在接受中国记者采访时说，尽管有很多日本人认为帮助中国打官司是在做好事，但对整体日本人来说，能够理解他的做法的毕竟还是少数。确实，与日本右翼政治势力对抗，是需要各国人民共同致力的长期与艰巨的任务。

八

日本文人和中国士人

在笔者看来,像尾山宏那样的正义人士属于少数,战后日本迟迟未能形成像德国那种反思与批判当年侵略与反人类罪行的浓厚气氛,可能与日本文化人长期相对缺乏中国士人的浩然正气,以及西方知识分子的文化使命感等传统特点有相当大的关系。

按说,如今日本的教授或研究者等知识分子数量在全国人口中所占的比例,不仅比中国要多得多,即使是在全世界也名列前茅。然而,笔者却不止一次听日本学者们说过,日本很少使用"知识分子"的概念。其中的一个意思是指,由于近代以来日本教育相当普及,几乎人人都有文化,于是便把"知识分子"阶层淹没在"全民皆知"的汪洋大海中了。这也许确实符合日本的实际情况。不过,这会让人想起意大利政治哲学家葛兰西质疑过的一种现象,即:"……我们可以说所有的人都是知识分子,但并不是所有的人在社会中都具有知识分子的作用。"① 这主要是因为,所谓"知识分子",并非只是指那些有知识的社会群体,他们更应该是一个既懂得文化知识又怀有独特社会责任感与勇气的阶层。若与中国悠久的士人传统相比较,日本近代以来这种知识分子混同于普通百姓的状况,未必不是一种缺陷或弊端。当一个民族的知识分子群体觉得自己与普通民众并无二致,没有意识到自己所肩负的特殊社会良心与道义责任,即使其意味着民众文化水准普遍提高,也并不意味着

---

① 葛兰西:《狱中札记》,纽约国家出版社1971年版,第9页。引自《参考消息》。

民族之大幸。这也许恰恰反映了日本文化人至今还没有悟懂或不敢认同自身应有的性质和使命,即:"真正的知识分子在受到形而上的热情及正义、真理的超然无私的原则感召时,叱责腐败、保卫弱者、反抗不完美的或压迫的权威,这才是他们的本色。"①

这样评价日本知识分子,当然不是基于先验的偏见,而是根据日本近代以来,特别是在对外实施侵略期间的一般心态反应及其言行而得出的结论。

比如,1894 年中日甲午战争开始以后,当时主张反对封建、提倡民权的《国民之友》杂志与《国民新闻》报主编、著名学者德富苏峰(1863—1957)的笔锋就顺时流转,及时写出了一本名为《大日本扩张论》的书并畅销全国。他在书中的"序言"部分,竟把日本挑起对华侵略战争,说成是日本开国以来"所淤积的磅礴活力的发泄",是"与维新革命一脉相连的一次喷火"。他改口大肆称赞天皇支持战争的决策,认为皇室与国民上下一心,是"发扬三千年以来世界无与伦比之大日本国体"的圣明之举。这种鼓吹大大煽起了某些日本人恃强凌弱、对外耀武扬威的疯狂情绪。即使像福泽谕吉那样开明的启蒙思想家(1834—1901),也不肯分辨战争的正义与否,却在自传中赞赏当时的气氛说:"这种官民团结一致的胜利,实在令人高兴,值得庆幸。"后来,日本文人出版的类似著作接二连三。有一个叫后藤新平的人,到第一次世界大战中的 1916 年,又写过一本《日本膨胀论》,其中认为:"大凡一切政策,皆须以生物学之原理为基础",即依据"优胜劣汰"的原理倡导社会达尔文主义,千方百计给日本对外扩张的国策作合理性的解释。即使像夏目漱石(1867—1916)、森鸥外(1862—1922)和芥川龙之介(1892—1927)等非常有成就、大都被评价为富有良知的众多日本作家,也都难免受环境的感染,对处于弱势地位的近现代中国人投以蔑视或歧视的目光,很少为被欺压者鸣不平。战后曾有人对此回顾说:"无意流露出来的是最真实的。不可思议的是,连漱石那样的人,也对把中国人称为'支那佬'毫无忌讳。"② 事实确实就是如此。如夏

---

① 爱德华·赛义德:《知识分子论》,三联书店 2002 年版,第 13 页。
② 《不该忘记》,《赤旗报》1958 年 3 月 5 日。引自《参考消息》。

目在1906年写的《片断》一文里嘲讽道:"孔子的另一面,则是盗跖行盗。这就是支那人。"

到后来,日本文化人的正义感与勇气更是同政府的侵略政策成反比例发展,即对外扩张的气焰越是嚣张,文化人的心理越显得软弱。一方面,这固然与战争期间政府对文化人的严格控制以及军队对大学生们的野蛮训练有关系,一些被怀疑为"知识分子"的军人经历过相当残酷的折磨,他们所谓"傲慢"的个性大都被制服、压垮,他们中有的人最终竟变成了冷血的杀人机器。"这些人遭到上司的殴打并且被迫互殴。于是,他们也成了虐待狂。例如,一位名叫江波户强的教师本来怀着人文理想,但是后来却把中国农民当作人体扫雷器。"[1] 另一方面,大约也因为日本的自然与社会空间都过于狭小,那里的文化人根本不懂得如中国"隐士"那样的传统精神,即使无法硬性反抗,也想不到可以"避世"或者沉默,受压不过便纷纷表态支持国家的战时政策。在1933年,日本共产党领袖佐野学(1892—1953)和锅山贞亲(1901—1979)被捕后在狱中发表共同声明,批判打倒天皇、反对帝国主义战争的日共方针,"转向"支持天皇和政府体制,提出了要在天皇领导下进行"社会主义革命"的谬论。而日本共产党内有不少人基于本民族的实体性思维模式,认为党的领袖既然是自己选出来的,则不管政治意见如何变化,都应该继续承认他们是领导人。因此,也纷纷跟着"转向"。尤其到20世纪40年代,在太平洋战争爆发以后,随着法西斯统治的日益严酷,日本文化人的"转向"更变成了"一窝蜂"。报刊上大力鼓吹说:"知识分子的真正使命,是打倒由英、美、法等国所代表的已落后于时代的自由主义诸思潮观念,协助日本、德国、意大利等轴心国家在前线所进行的'世界新秩序'的建设。"而当日军击沉数艘美国军舰以后,大多日本文人欣喜之情溢于言表。还有许多作家和艺术家参加了"日本文学报国会",组成了战地采访团去各地鼓舞军队的士气,并借机鼓吹所谓"大东亚文学",实质上就是"殖民地文学"。而且,有些人"转向"不止一次,几乎成了"走马灯"式的人物,政治态度

---

[1] 马克·席林:《与"皇军"的罪恶面对面》,《日本时报》2001年12月5日。引自《参考消息》。

几年一变，让人摸不清其路向。京都大学经济学系有一位学者叫柴田敬（1902— ），原是日本马克思主义者河上肇（1879—1948）的学生，随后在高田保马（1883—1972）门下研究近代经济学时很快转向右倾，离开了河上。可到第二次世界大战结束以后，他又首先脱离了右翼。而最典型的，恐怕是在东京大学读书时曾热衷于社会主义思想并在后来参加过日本共产党的林房雄（1903—1975），到20世纪60年代，他竟毫无愧疚地把自己在1963年9月至1965年6月《中央公论》杂志上连续刊登的文章汇总成一本书，起名为《大东亚战争论》，堂而皇之地把作为政治犯从监狱释放后态度大"转向"，成为国家主义者的思想轨迹展示在人们的面前。这种做法在中国文人看来，无疑属于恬不知耻之类。可当时无论作者本人还是日本社会舆论，好像都没觉得有难堪的。另外，还有当今右翼派系"新历史教科书编纂会"发起人之一的藤冈信胜，当初也属于"转向者"。该会《创设之际的声明》活脱脱就是他的心灵剖白，其中说："任何一个国家都有独立自主的历史形象，各自持有不同的历史意识，不可能简单地与他国认同取得共识。"这些人很少考虑，自己的立场与态度在当时或当今世界文化潮流中处于什么样的位置。

日本人抗议中国

由此不难理解，直到今天，某些日本文化人对历史的暧昧姿态仍然会使很多国外人觉得莫名其妙。目前还健在的作家森村诚一（1933—）批评过日本"是个不会反省的民族"，仿佛很有正义感，但他同时又表示"战争中没有正义"，又实在让人难以苟同。不少日本学者在谈论周作人、李登辉等中国败类时大都显得相当心平气和，很少会想到中国人对他们丧失民族气节的厌恶心情。他们着眼的大都是这些人对日本的亲近态度，似乎亲近自己的就是朋友，根本不能理解中国人对所谓"汉奸"恨之入骨的态度。像"李登辉之友会"在日本成立时，竟有1400余人参加，便是一例。日本文化人在关乎民族正义问题时的种种是非不分甚至为虎作伥的行径，容易使人想起当初波普尔（Karl Popper）指责某些知识分子面对德国法西斯和斯大林极权制度暴行时所说的话："我们这些知识分子每每出于懦弱、专横或者骄傲而干下最可怕的事情。"[①]

日本知识分子与文化人在善恶颠倒的历史时代或正义沉沦的社会现实面前相对怯懦，有的还会为虎作伥，其原因恐怕不好简单地用害怕坐牢、担心丢掉饭碗之类的个人安危心理去解释。任何国家的知识分子都不可能个个是圣人，个别人品格的尊贵卑贱根本不能代表知识分子的整体形象。但值得深思的是，从国家与民族的总体构成上着眼，文人群体理应是社会良心和社会责任感的代表，他们肩负着理性思考和理性批判的使命。而回顾日本的历史，"在中国和朝鲜，儒者多兼具学者和士大夫的身份，但在日本，儒者集学者和武士于一身。他们身佩利剑，随时准备捐躯。这便是所谓'武士道'精神。这是日本儒学和中国、朝鲜的最大区别。至于儒家伦理中的'五伦'，中国的重点在父子，故强调孝道，而日本则在君臣，因此，为臣的必须世世代代向君主效忠。于是，我们便更了解日本'天皇崇拜'的形式及其将王神化的倾向。这些特征都是中国所没有的。"[②] 由于历来日本文化人不是势单力薄，就

---

① 戴维·米勒编：《波普尔的思想与社会——波普尔思想精粹》，张之沧译，江苏人民出版社2000年版，第488页。
② 秦家懿、孔汉思：《中国宗教与基督教》，三联书店1997年版，第69—70页。

是依附于庞大的武士集团，他们从来没有能形成如中国传统社会里那种人多势众且人格与心态比较自主独立的士人群体，因此，很难指望着他们会在日本民众中树立起伦理道义的标杆，并成为左右社会进程的力量。即使有某些个人的思考或抗争，最终的结局也大都是个体性的悲剧，很难在社会上掀起什么大的思想文化波澜。到了近、现代，日本文化人在整个社会中的这种角色依旧没有太大的变化："在知识分子与广大群众之间，很难画一条线把它们区别开来，因为知识阶层根本就不曾有明确的界限。日本知识分子缺乏任何共同基础的情况，可能反过来又加强了造成知识分子分散在各个互相排斥的、封闭的集团内的社会机制作用本身。"① 在这样的情况下，相当多日本知识分子在战争期间认同民族与国家主义的立场，无视更高的人类自由或正义的价值观念去反抗当时的潮流，实在算不得什么意外。正是日本文化传统对文人们的长期与强烈禁锢，使他们患上了心理上的"软骨病"。

日本知识分子未能形成独立的群体，怀有正义感的文人充其量只能孤军奋战的历史确实令人惋惜，但这种状况所反映的人类普遍道义观念似乎始终未能在日本社会找到相应的社会载体，才是最令人担忧的问题。每当人们觉察到日本政治态势出现动荡的时候，总是期待其国内的理性或抗辩的声音大于国外的反应，可让人失望的是，结果往往相反，即反常的态势一般总是迫于国外的压力才有所收敛。相比之下，日本知识分子群体的表态常常显得无足轻重，甚至表现为"秀才见了兵，有理说不清"的无奈。很多有远见的人士指出，日本一直追求经济大国、政治大国和军事大国的目标，却始终不懂得培育以雄大知识分子为标志的文化大国理想的至关重要。往轻了说这是急功近利的"短视眼"，说得严重些则是日本传统文化心理根深蒂固的"病态"表现。

要想医治日本文明与社会的这种"短视眼"与"病态"，无论是中国的"士人"传统还是当今中国的知识分子状况，可能对日本都有一定的借鉴与参考的意义，很值得日本人三思。

---

① 中根千枝：《日本社会》，天津人民出版社1982年版，第122页。

日本人的恶作剧

在中国的漫长历史上也曾有过宗教的迷狂或者暗无天日的封建独裁，但根本支撑中华文明的顽强生命力的主要还是具有世俗性质的伦理道义观念。作为中华民族根基的伦理文化，主要就是以有形的巨大士人群体去承载无形的道德观念。尤其是经历过春秋战国、汉末争雄和魏晋动乱，中国政治自唐宋大体形成了文官体制以后，不管是改朝换代，还是外族强占本土，都无法彻底撼动中华民族的精神凝聚力。作为中华伦理的戒律，也许并不像各宗教经典那样清晰、森严，但"天网恢恢，疏而不漏"之类的道义信条却是人人心照不宣、不言而喻的。所谓"天地良心"、"天公地道"、"天经地义"或"民族大义"等说法，都是中国人衡量人心向背，以及决定是否需要挺身而出"替天行道"的标准。中国几千年历史，几乎一直是以伦理道德信条为旗号不断演绎更新的过程，且至今不衰。

以伦理观念作为精神武器改朝换代的中国历史的主力军，当然少不了农民和将领，可其内在的精神与文化支柱也需要"秀才"，即"士"，就是所谓的知识分子。和平时代由文人为官执政，即所谓"学而优则仕"，动乱年月则需要文人为武将指点迷津，去寻觅推翻昏聩君主或政权的借口。然而，无论是前者还是后者，中国士人与日本文人"趋炎附势"、轻易"转向"的心态判然有别，最受欣赏的是那些在仕途的问题上三思而后行的人，像诸葛亮那样一旦在"三顾茅庐"后决定出山便鞠躬尽瘁的人。另一方面，与日本认为文人不出仕便是对国家和天皇"不忠"的单一出路不同，中国士人在"出仕"即投身政治之外，在各时代均有相当数量不与当局合作的消极者，即所谓"隐士"。中国早在《礼记》一书《月令》篇中，就有"勉诸侯，聘名士"的话，按古人的解释是："名士，不仕者。"后来则进而定义为："名士者，谓其德行贞绝，道德通明，王者不得臣而隐居不在位者。"像东汉的郭泰求名不求官，拒绝官府的征召，诸侯不得友，以示清高；晋代李密利用"以孝治天下"为幌子拒绝皇帝的征召，而以《陈情表》闻名后世；明代宗室朱耷在元人入主中原后南逃避险，取名"八大山人"并故意写作"哭笑不得"的样子以示心志，等等，都是历来为国人所称颂的隐士中的典范。他们有的言行刚直，疾恶如仇，有的虚与委蛇，明顺暗抗，成为游离于政权之外的道义力量。另外，中国的士人中历来就有在危难当头因不情愿低头随顺，而佯装疯癫的事例，变相表达了他们的气节与信念。正如有的日本学者所说的那样："无论是'狂'、'癫'、'怪'、'醉'还是'仙'等等，人们的这些真实生存状态，与'贤'、'圣'或'孝'之类的正统形态不同，均属于负面的形象，它们在现实中会遭到嘲笑。然而，偶尔碰到这些事例，也会意外地显现出人的真诚。"[①]他们无一例外地承担着质疑社会道义失范与对抗时代风气的责任，这些作为既超越了个人的利害得失，又以怪诞言行含沙射影地批判着现实世界的不合理。

在中国历史上，人们常把仕途的飞黄腾达视为文人的灾难，倒是推崇波折多难的社会经历会成为文思诗兴的源泉。杜甫在《天末怀李白》中说的"文章憎命达，鬼魅喜人过"就是这个意思。而宋末降敌效忠金王朝政权的赵孟頫尽管后来既官运亨通又字画双绝，却至死抹不去因中途丧失民族气节而留下的心理阴影。他在 63 岁时做的一首《自警诗》无异于对个人半生"转向"的自我嘲弄："齿额头童六十三，一年

[①] 竹内实：《疯狂、政治与人》，《东京新闻（晚刊）》，1971 年 6 月 16 日。

事事总堪惭。惟余笔砚情犹在，留与人间做笑谈。"其中的疚愧之深，反衬出了中国传统道义观念对文人们难以磨灭的强烈影响。在中国历代文人看来，道义、气节等是咬文嚼字的写作工夫的根本。《金瓶梅》里说："士矜才则薄德，女衔色则情放。"其与后来日本近代启蒙思想家们倡导的"重智轻德"的观点相比，绝非不同时代文化信念的弃旧图新，而是反映了两种不同民族文化传统的巨大差异。即使是当代中国的"文化大革命"那场历史劫难曾使众多知识分子受到迫害甚至遭残害，除了证明当时中国政治的残酷与黑暗之外，也是因为中国知识分子大都有至死不肯向邪恶低头的勇气，以至于宁愿以死相争。与战时日本文人们众多"转向"的行径相比，即使他们处于同样的时局，也未必会像中国受迫害的知识分子一样宁死不屈。

当然，这样的逆向历史推论可能并不合理。笔者的意图无非是想提醒日本文化人应该更加自重与成熟，切莫再随着政治的风向标轻易转动，而始终应当对社会走向保持冷静的观察姿态，以形成独立自主的文人群体。实际上，关于这一点，日本文化人确实已处在觉醒中。记得在第二次世界大战时期有一位名叫织田作之助（1913—1947）的青年作家在小说《世相》中，借别人之口表述过这样的态度："我等既不追随左翼，也不追随右翼，不相信什么思想，什么体系。""……飘流，飘流，描写这种不断地栖宿的流浪生活，唯有这时才是我的文章最富于活力的瞬间。"当时，自由主义思潮已经在日本文坛上显露苗头，只是还很稚嫩罢了。而时至今日，已有越来越多的日本知识分子开始懂得并身体力行地肩负起理性审视历史与现实的社会职责。比如，目前人气颇旺的作家村上春树一般被视为时尚的追逐者，但他最难忘的是自己的父亲在校期间被征召入伍并出国作战的残酷经历。后来，村上根据父亲讲述过的在中国的骇人感受，在《寻羊冒险记》中描写过一个代表邪恶和权威主义传统的"先生"形象，认为是其"致使日本政府杀害无数中国人"。他在接受采访时表示过："当我从某些书上读到日本在中国的暴行时，简直不敢相信……我想知道是什么驱使他们做这种事，去杀死或伤害数不清的人们。"村上的结论是："暴力是理解日本的关键。"他还一针见血地指出："今天的日本社会尽管战后进行了许许多多重建，但本质上丝毫没有改变。归根结底，日本最大的问题在于：战争结束后未能将那场战争劈头盖脸的暴力相对化。人人都以受害者的面目出现，以非常暧昧的措辞改口声称'再不重复那样的错误了'，而没有人对这架暴力机器承担内在责任，没有认真接受过去。"[1] 也许这三言两语的即兴发言还无法真正揭露日本文化传统的内在弊端，但令人可喜的是，毕竟有越来越多的文化人认真开始对其加以反思了。而这正是日本民族及其文化传统的真正希望之所在。

日本作家村上春树

---

[1] 林少华：《哈佛教授眼中的村上春树》，《中华读书报》2004年5月26日。

补 编

友好不易理解难

> 一位终生研究中国文化和中日关系的日本学者曾归纳说，中日两国之间"友好容易理解难"。更准确地讲，也许应该称为"友好不易理解难"。

"友好容易理解难"

关于中国和日本两国之间"友好容易理解难"的看法，是终生研究中国文化与中日关系的日本著名学者竹内实先生在20世纪70年代提出的。他指出：

> 在我看来，一国（或者民族、区域）与另一国之间，与相互"友好"的难处相比，还是彼此理解更困难一些。
>
> 说得极端点，可以说：友好容易，理解难。
>
> 我所以这样说，固然是基于自己对日本和中国的关系的思考。另外显而易见，也因为两国已经把"友好"的字样，写进了相互缔结的条约之中。
>
> 我当然并不是反对"友好"，而是觉得如果缺少了"理解"，其危险犹如在沙滩上建立起楼阁……①

竹内实说这番话时，中日两国在恢复邦交正常化6年以后刚刚签署了和平友好条约，一般人都兴高采烈或热情洋溢，期待着更加美好的前景。而曾竭尽全力推动日中友好进程的竹内实先生，此时却写出了如此冷静，甚至有点儿令人扫兴的话。实际上，与民间和政界人士普遍的友好激情相比，竹内实提出这一理性的提醒与告诫，并非故意向喜气洋洋

---

① 竹内实：《理解与友好》，《竹内实文集》第1卷，中国文联出版社2002年版，第371页。

的人们泼冷水,而是不再仅仅满足于表面的客气或谦恭,想呼吁人们力求深入认识对方相同与不同的国情与民族传统,以使双方的"友好"进展能够脚踏实地并且更有成效。

后来,这一"友好容易理解难"的说法不胫而走,逐渐获得了更多人的共鸣。像日本著名女社会学者中根千枝在为其《日本社会》一书中译本所写的序言中,差不多重复了竹内实的这一见解。她说:"我没有特别提到日本和中国之间的友谊,但是要建立友谊,我们必须相互了解对方人与人关系及团体结构的模式。由于中日之间存在着文化与历史的密切关系,双方易于忽视两者之间基本上的社会区别。"① 换句话讲,如果彼此并不透彻理解对方的实际情况,所谓"友谊"只能是一种在口头或纸面的套话而已。

呼吁不同国家间的"友谊"与"友好",是日益厌倦霸权与战争、企盼和平的近现代人日益强烈的心声。然而,与各民族、各区域之间的相互认识与"理解"的漫长过程相比,后一方面的努力无疑更为久远,其中也有过诸多发人深省的教训。

日本一向号称与中国"一衣带水"。近代以来,从对华友善人士、态度复杂多样的"大陆浪人"直到各种面目的军事、经济间谍,向日本政府提供的中国资料可谓不计其数。日本对华扩张侵略的野心由来已久,其经济和军事的实力也绝非中国可以比拟,但日本最后却落了个与德、意法西斯同样可悲的下场,其症结恐怕还是由于当时的日本决策者并没有真正搞懂中国当时的实情与要害。例如,在20世纪二三十年代,蒋介石政权初期民族资本的迅速发展确实已使上海、天津、广州那样的

日本老人抗议军国主义

---

① 中根千枝:《日本社会》,天津人民出版社1982年版。

大城市颇有规模,那里的繁荣俨然成了现代中国的象征。日本人认为,只要攻占几个工业与政治中心,整个中国便势必瘫痪而就范于日本。他们没有看透,尽管当时中国工业化进程大有起色,但基本上仍是一个农业国,贫苦农民还属于大多数。恰恰是日本军队把蒋氏从南京赶跑到西部腹地以后,奄奄一息的中国资产阶级政权给了反映广大贫苦农民意愿的中国共产党军队取而代之的绝好时机,使后者变成了得以直接对抗入侵者的民族英雄,并赢得了全国的民心。对此,毛泽东在1961年的一次谈话一语道破天机,认为是日本的全面侵略战争根本改变了中国国内的形势,从而使中国共产党得到新的发展机会并最终夺取了政权。日本人怎么也不会想到,最后打垮自己的主力军竟是当初看不上眼的"土八路"。导致日本侵华战争失败的根本原因,在于其对中国的认识与判断总体失误。

那么,日本侵华战争的惨败是否意味着中国人反过来对日本国情就了如指掌呢?却也未必。经历战后半个多世纪中日关系的风风雨雨,中国著名日本学家汪向荣先生的告诫很发人深省。他曾以留日的亲身感受说:"日本人常常佩服比他强大的人,你把他打倒了,他要向你鞠躬感谢;反过来,他要是把你打倒了,他是看不起你的。1995年《中央公论》杂志上,两个有名的日本教授对谈,里面说了几句:'在那次战争里,中国是战胜国,可是中国没有打败日本。'从这几句话,我就担心今后中日关系不容乐观,日本国民性至今还是如此。这一点,我们对日本太不了解。"① 这段话与笔者此前反复论证的日本文化中的"趋炎附势"或"崇力轻德"的传统特点不谋而合。中国人若对此"太不了解"却一味憧憬两国的"友好",不是幼稚便是糊涂。

当然,强调"理解"比"友好"更重要,也并非像俗话所说,意在"害人之心不可有,防人之心不可无"。即使顺应当今"全球化"与"国际化"的潮流,力图实现有别于殖民时代巧取豪夺的真正相互平等"友好"关系,也必须强调"理解"先行的必要。台湾作家龙应台在一篇名为《城市文化——在紫藤庐和Starbucks之间》的短文中说得不错,所谓"国际化"实质上意味着是一种知己知彼的努力。"知己,所以要

---

① 钟少华编:《早年留日者谈日本》,山东画报出版社1996年版,第170页。

决定什么是自己安身立命、生死不渝的价值。知彼，所以有能力用别人听得懂的语言、看得懂的文字、讲得通的逻辑词汇，去呈现自己的语言、自己的观点、自己的典章礼乐。它不是把我变得跟别人一样，而是用别人能理解的方式告诉别人我的不一样。所以'国际化'是要找到那个'别人能理解的方式'，是手段，不是目的。"缺少了"理解"的手段与途径，"友好"的美好目标只能是一种看似诱人的海市蜃楼而已。

因此，无论出于防范再度受害的目的，还是为了扩大与加深善意的交往，眼下越来越多的人清醒地意识到："从未有这样一个时代：文明更需要真正具有文化意识的人，能够客观地、毫不畏惧地、公正地理解其他民族在一定社会条件下的行为方式的人。"[1] 这种增进国家间相互理解的呼声，与中国各阶层民众为彼此尊重与沟通而喊出的"理解万岁"的口号相呼应，提醒人们再一次重温前人关于"知人者智，自知者明"的教训，古老文明的曲折历程表明，无论"知己"还是"知彼"都非易事。即使像前人慨叹的"蜀道"那样，说不同国家之间的相互理解"难于上青天"也不过分。

其实，战后日本人也在力求深入反思与剖析自身的文化传统，并相当重视外国人对日本文明的看法。从20世纪70年代国际上开始关于"日本人论"的大辩论以后，他们始终对此密切关注。像日本学者南博（1924— ）在1996年曾编选《日本人论》丛书出版，其中影印了自明治维新至1945年日本人探讨国民性问题的著作共达42种，称得上是集大成者。另外，津田道夫《南京大屠杀和日本人的精神构造》之类剖析日本人战时的病态心理的著作也随时可见。令人可喜的是，这些努力都未满足于就事论事，而是主要着眼于这样一种角度，即："对个人进行精神分析时，通过探究一个人是在什么样的条件下成长起来的，就可以找出疾病的原因。在治疗时应该通过找出其幼年所受的创伤，从正面加以诊断。国家也是由人组成的，是一个连续性的集团，通过分析历史性原委，就可以诊断出国家患病的病理。"[2] 不能不说，这称得上是

---

[1] 鲁思·本尼迪克特：《文化模式》，华夏出版社1986年版，第8页。
[2] 岸田秀：《"绝对正义"的荒谬》，《参考消息》2002年7月27日。

日本在对自身文化传统"理解"方面的知难而进。

不过，战后日本人的种种自我解剖，也未必一定能深化国际社会对日本文化本质的认识。这其中有两方面的原因：一是因为"对于一个在该文化特质影响下成长起来的人，要认识自己文化的特质是极为困难的。但更大的困难还在于，我们会低估我们对自己文化主导特质的自然性偏爱。"[①] 也就是说，日本人对本民族传统特征的解析，难免有"不识庐山真面目，只缘身在此山中"的局限性。因此，无论日本人的自我批判多么毫不留情，充其量只能作为外国人理解日本文化特质的参考。而另一个影响不同民族文化传统之间相互理解并准确把握一国文化内在精髓的最大也最无奈的障碍，在于不同文明类型之间的"不可通约"性。这种各民族文化的"不可通约"，说得形象一些，有点像数学中的分数简约（Reduction of fraction）过程，即当约分到真分数如 1/2 或者 2/3 的时候，会呈现出无法"通约"，也称为最终"不同共度"（Incommensurability）的结局。这意味着，虽然人类有一些共同的本质，如所谓"食色性也"或"爱美之心人皆有之"，等等，但各民族文化传统之间还存在一些根本无法相互沟通的方面，使得人们对异族文明的认识与理解只能浅尝辄止。这是近代以来所谓的伦理相对主义观点。这种观点认为，尽管不同文化之间应该也可以相互理解，但归根结底彼此的独特性决定了差异文明的不可比。所以，每种文化在人类文化体系中都占有独一无二的位置，不可重复，无法替代，其一旦消失，便无法弥补。

这种相对主义伦理观彻底反对"一国文化优越论"，提倡不同文化传统之间的平等相待与彼此容忍。在日本，在经受过当年侵略战争的惨痛教训之后，有越来越多的人开始重视本民族文化在世界文明的历史与格局中的准确定位，力求清洗以前曾经有过的"民族自大"心理。像著名的日本学者梅棹忠夫就曾提出"文明生态史观"，他认为，日本与中国的关系和西欧与地中海希腊、罗马文明的关系类似，可看作是文明中心与边缘的关系。埃及、两河、印度和中国等四大古代文明大都处于大陆干燥地区，其少森林而多草地的环境便于农业开发，而边缘地带的

---

① 岸田秀：《"绝对正义"的荒谬》，《参考消息》2001 年 7 月 27 日。

所谓"野蛮民族"所处的地理环境大都得天独厚，如处于中纬度地区，气候温和，雨量适度，被森林覆盖。边缘地区的人们最初技术水平低下，主要通过武力侵犯与破坏来向文明中心学习，逐步汲取中心文明的滋养以自我壮大。一般来说，人类文明的发展大都遵循从物质文明向精神文明升华的规律，而伦理道德观念则属于精神文明。边缘文明向中心文明的学习首先是以效仿与壮大实力为目的的，至于伦理道德文化，先是由于"力有余而心不足"而无法顾及，后来才会被逐渐看重。而中心文明与边缘文明之间在历史上既相通又矛盾的关系，其中内含有彼此物质力量与精神力量不平衡的情况。从历史进程的角度说，由于物质力量的此起彼伏，古老的中心文明往往会被边缘文明所取代，但在伦理道德等精神文明方面，中心文明却会长期处于优势的地位而令边缘文明望尘莫及。中心文明与边缘文明之间在精神与物质两方面的这种此消彼长，使不同民族在某一历史阶段上形成了在伦理道德领域无法公正对话的尴尬局面，以至于"其他民族难以接受我们所要求的生活方式，就好比我们无法学会用十二进位制来代替十进位制进行计算，或者无法学会像东非某些土著那样以金鸡独立式进行休息一样。"[1]

说到中日不同文化传统之间难以相互"共约"地沟通与理解，不妨提及一个眼下经常说及的话题。多年来有"中日两国世世代代友好下去"的口号，实际上，这一信念主要是基于中国人"来日方长"、"从长计议"与"风物长宜放眼量"之类的观念。而因为日本人的历史感不像中国那么强，他们对待任何事物的及时性和就事论事的态度，使其在与邻国关系上并不怎么着眼于未来，而更关注目前的利益得失。日本人面对与别人的关系或争执，一般不太热衷于争论谁对谁错，一旦势不如人，总认为说一句"对不起"事情就算过去了。中国人在说中日关系时，总说要记取历史的教训，如"前车之鉴"，日本人则觉得这种"无始无终"的事情，太没完没了。于是，常见的情况是："一提到中国问题，日本舆论的表现总是非常'情绪化'。""显而易见，日本今后必须与中国这个邻近国发展友好关系，否则日本将没有未来。然而，日本舆论对此难以达成一致。日本经济界是很现实的，他们非常清楚，中

---

[1] 鲁思·本尼迪克特：《菊与刀——日本文化的类型》，商务印书馆1996年版，第12页。

国经济的发展对于日本而言无疑是有利的。然而日本政界和官员中的很多人却对中国抱有某种厌恶之感。"① 试想，双方的心理观念这样矛盾，如何能"世世代代友好下去"？

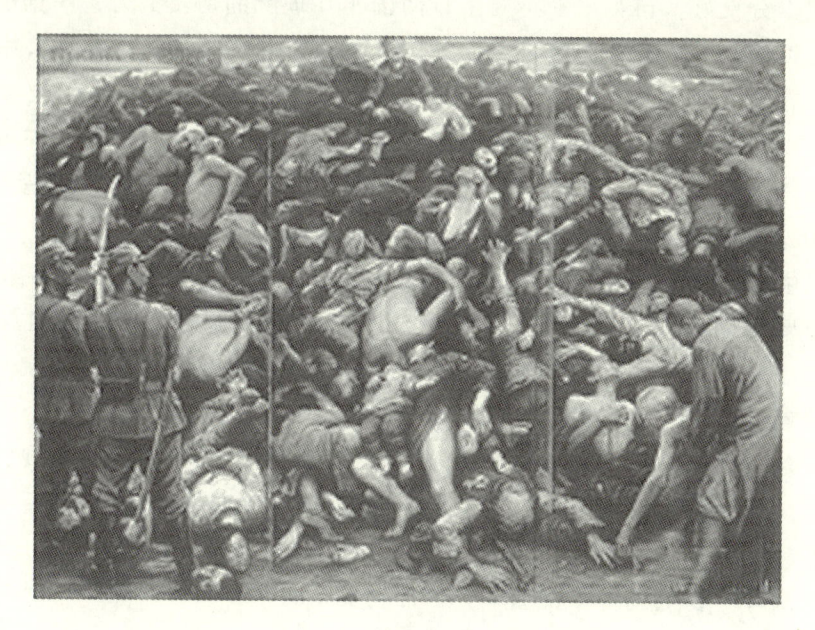

南京大屠杀

近年来，随着互联网的扩展，使人们获得了在主流渠道之外表达各种看法与情感的机会。中国以"爱国者同盟网"为主的80个网站上发表的对日评论，已对中国政府对日政策产生不可忽视的影响力。连前日本驻中国大使阿南惟茂也说："中国民众通过互联网表现反日情绪越来越明显，这成为日中关系中出现的新现象。"其中最经常提起的话题，便是反映他们对日本国内未能像德国那样反省战争责任的不满。一位参观过附属于靖国神社的军事历史博物馆的中国大学生，在看过其中对南京大屠杀的解释后，曾怒不可遏地说："这就是我们两个国家永远不能成为真正朋友的原因。我们怎么能够信任一个继续厚颜无耻编造历史的

---

① 藤野文昭：《应以长远观点看待中国的经济发展》，《日本与中国》旬报，2004年7月15日。引自《参考消息》。

国家。"[1]

　　这种情况，使近年某些日本学者关于构筑"日中知识共同体"设想与努力显得十分苍白。他们淡忘了日中文化传统的巨大差异。尽管其愿望十分良好，可如果缺少对中日两国相互理解的切实努力，毕竟难以如愿以偿。与之相比，倒是有的人的说法更实际，他们认为，在日中间还没有完全建立起互补或伙伴关系。为建立这样的关系，确实有必要解决历史问题，但这对两国政府来说非常困难。因为不论怎么做，都可能刺激两国国民的民族感情。因此，互相把历史观强加给对方，或进行轻易的妥协都不会解决历史问题。而比这更重要的是应该努力避免历史问题影响现在的日中关系。目前，相互间的如实"理解"是比统一认识更首要的问题。[2] 而中国则有人主张，中日关系应走"第三条道路"，其意思是："既不搁置或回避历史，也不将历史问题视为双方关系的主要障碍，而是注重拓展中日间的共同利益；针对双方在历史上的分歧，尝试建立政府和民间的理性对话管道，通过交流了解对方的历史观，求得共识，并逐步修正自身历史观中一些片面的成分。"[3] 这样一些主张比那种把中日"友好"的前景神圣化，却不注重双方真正相互"理解"的空洞呼吁要低调得多，但毕竟更加切实可行。

---

　　[1] 霍华德·弗伦奇：《失败者在军事博物馆书写历史》，《纽约时报》2002年10月30日。引自《参考消息》。
　　[2] 小岛朋之：《日中必须从对历史的不同认识中寻求"理解"》，《产经新闻》2004年2月14日。
　　[3] 邱震海：《中日关系应走第三条道路》，香港《亚洲周刊》2004年7月11日。

二

周氏兄弟与日本

说到近代以来中国人对日本国情与文化性质的认识，在那里有过亲身生活体验的众多中国留学生的看法不可忽视。其中，后来成为作家并将种种感受形诸笔墨的，莫过于周氏兄弟即鲁迅和周作人最引人注目。

鲁迅和弘文书院同学合影

所谓"引人注目"，首先是兄弟二人对日本的态度反差巨大：终生评论日本较少的是鲁迅，最多的要数周作人；鲁迅着眼于日本的国民性及其文化传统，常叹深入理解日本之难，感慨颇多而分析精练，仿佛无心细说端详，周作人则倾心日本民俗与风土人情，喋喋不休中颇见乐不思蜀之态。彼此差别如此之大，又恰成互补，从不同角度触及日本社会的真情实况和日本文化传统的本质。至于在政治情绪上，鲁迅对日本染指与侵略中国的野心终生警觉并横眉冷对，可惜未能活到日本投降那一天；而周作人虽命长却附敌落水，与日本的因缘竟污染了其民族气节。不妨说，周氏兄弟对日本，称得上酸甜苦辣各得其味。至于从日本方面看，一般大都对鲁迅表示钦佩与敬仰，而对周作人则感觉亲切者居多，少有中国人那种"怒其不争"的遗憾与惋惜，从中反映出中日两国在道义观念上的某些差异。

近代以来，中国留学生在日本的境遇不可一概而论，经历平和与受过刺激的都大有人在。周作人属前一种。他说："我后来常听见日本人说，中国留学生回国后多变成抗日，大约是在日本的时候遇见公寓老板或警察的欺侮，所以感情不好，激而出于反抗的罢。我听了很是怀疑，以我自己的经验来说，并不曾遇见多大的欺侮，而且即使有过不愉快的事，也何至于以这类的细故影响到家国大事上去，这是凡有理知的人所不为的。"[1] 至于鲁迅，则是在仙台看战争宣传片后决定弃医学文的，其有周建人后来的回忆为证，即在日俄战争期间，鲁迅曾在街头遇到日本人挑衅质问："为什么不回去流血？还在这里读书做什么？"鲁迅气愤不过，竟与那人冲突了起来。[2] 应该说，他们的不同感受反映了当时日本社会并存的两个侧面与气氛，都是真实的，不好认定孰重孰轻，更难说谁真谁假。关键是当事人斤斤于个人的好恶还是基于民族的情感，以及能否对日本传统特征有整体地理解与把握。

日本作家太宰治（1909—1948）创作过以鲁迅为主人公的小说《惜别》，其中曾描写"鲁迅"关注"日本独有的清洁感"。书中主人公的思考是："清洁感，在中国完全看不到的这种日本的清洁感，究竟是从哪里来的呢？他开始考虑这种清洁美的根源是否隐藏在日本家庭的深处，或者说他也注意到，日本人似乎毫无例外地怀有在他的国家完全看不到的清纯的信仰（称作理想也可以）。"此外，小说里的"鲁迅"还

---

[1] 周作人：《留学的回忆》，《留日同学会季刊》1943 年。
[2] 周建人：《略谈关于鲁迅的事情》，人民文学出版社 1954 年版，第 43 页。

谈论日本的本居宣长、平田笃胤、水户派和赖山阳等国学家，以及攘夷精神在明治维新中的重要性和优越性之类。毫无疑问，这些想象显然与实际上的鲁迅有些隔膜，那只是作者的心声而已，他并没真正理解鲁迅当年对日本究竟立足于何种视角。至于周作人后来愿意讲自己对日本式生活的喜好，并非因为他在北京大学教日本语和日本文学，便热衷介绍日本的风土人情。实际上，这反映了他俩或两种中国人对日本及其文化特征的不同着眼点，即是着重于总体上的认识还是沉湎于世俗细节。两种着眼点，恰好对应了中日两国传统的基本差异：一侧重"大体"，一推崇"精细"。

这当然不是说，周作人从未有过对日本文明的整体性理解。鲁迅评论过："日本国民性，的确很好，但最大的天惠，是未受蒙古之侵入；我们生于大陆，早营农业，遂历受游牧民族之害，历史上满是血痕，却竟支撑以至今日，其实是伟大的。"①又说："他们的文化先取法于中国，后来便学了欧洲；人物不但没有孔、墨，连做和尚的也谁都比不过玄奘。兰学盛行之后，又不见有齐名林那、奈端、达尔文等辈的学者；但是，在植物学、地震学、医学上，他们是著了相当的功绩的，也许是著者（指《出了象牙之塔》作者厨川白村——引者注）因为正在针砭'自大病'之故，都故意抹杀了。但总而言之，毕竟并无固有的文明和伟大的世界的人物；当两国交情很坏的时候，我们的论者也常常于此加以嗤笑，聊快一时的人心。然而我以为惟其如此，正所以使日本能有

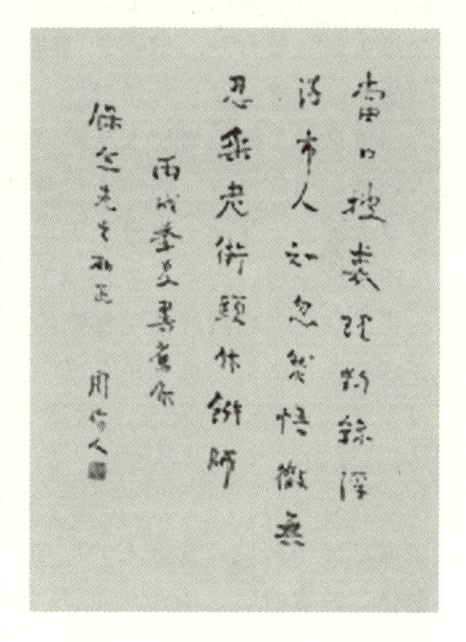

周作人书法

---

① 鲁迅致尤炳圻，1936年3月4日。《鲁迅全集》第13卷，人民文学出版社1981年版，第682—683页。

今日,因为旧物很少,执著也就不深,时势一移,蜕变极易,在任何时候,都能适合于生存。不像幸存的古国,恃着固有而陈旧的文明,害得一切硬化,终于要走到灭亡的路。中国倘不彻底地改革,运命总还是日本长久,这是我所相信的;并以为为旧家子弟而衰落,灭亡,并不比为新发户而生存,发达者更光彩。"① 与此类似,周作人则说:"日本古来的幸运是地理上的位置好,人民又勇悍,所以历来他可以杀到中国高丽来,这边杀不过去,只有一回蒙古人想征服他,结果都沉到大海里去了。因此日本在历史上没有被异族征服过,这不但使国民对于自己的清白的国土感到真正的爱情,而且更影响到国民的性情上可以比被征服的民族更要刚健质直一点。"② 对日本的正面评价与鲁迅相差无几。至于对日本最大的抵牾与保留,鲁迅提到:"记得在日本留学时候,有些同学问我在中国最有大利的买卖是什么,我回答:'造反'。他们便大骇怪。在万世一系的国度里,那时听到皇帝可以一脚踢落,就如我们听说父母可以一棒打杀一般。"③ 而周作人对日本人的"忠君"传统也"很不为然,觉得这是一时的习性,不能说是国民性"。④

可见,不能说周作人从来就对日本完全认同。在20世纪20年代李大钊被军阀绞杀时,周作人曾帮助其家人躲过了倾巢之祸,后听日本人对李大钊死于非命一事说三道四,他曾怒不可遏地斥责:"日本人对于中国幸灾乐祸,历年干涉内政,'挑剔风潮',已经够了,现今还要进一步,替中国来维持礼教整顿风化,厉行文化侵略,这种阴险的手段实在还在英国之上。英国虽是帝国主义的魁首,却还没有来办'顺天时报'给我们看,只有日本肯这样屈尊赐教,这不能不说同文之赐了。'逢蒙学射于羿,尽羿之道,思天下唯羿为愈己,于是杀羿。孟子曰,是亦羿有罪焉。'呜呼,是亦汉文有罪焉欤!"⑤ 文末引用章太炎关于逢蒙向后羿学箭最后竟杀之的比喻,指责日本人恩将仇报,一时情绪颇为激昂。在这前后,他还写过不少揭露日本人办《顺天时报》干涉中国

---

① 鲁迅:《〈出了象牙之塔〉后记》,1925年。
② 周作人:《日本管窥》,《国闻周报》第12卷第18期,1935年5月。
③ 鲁迅:《华盖集续编·学界三魂》。
④ 周作人:《日本管窥》,《国闻周报》第12卷第18期,1935年5月。
⑤ 周作人:《日本人的好意》,《语丝》第131期,1927年5月。

内政与挑拨是非，以及日本浪人在中国恶劣行径的文字，是其对日态度最为强硬的时期。

不过，具体情境下的一时激昂与对日本的总体反感或保留似乎并非一回事。当后来日本的对华野心越发狂妄甚至大举进犯时，鲁迅在临终的病榻上对其表示过强烈的民族义愤并宣示以抗日者为"同志"；而在乃兄去世不久，周作人却不顾多人警示，屈从日本的傀儡政权，酿成了终生污点。在中国人痛恨的"汉奸"里，当年留日学生或与日本人交友者不在少数，但归根到底还取决于不同的道义立场与人格方面的差异。说到鲁迅与乃弟性情上的异同，早有人比较评判过："他与乃兄鲁迅在过去时代同称为'思想界的权威'，现在因为他的革命性被他的隐逸性所遮掩，情形已比鲁迅冷落了。但他不大愿做前面挑着一筐子马克思，后面担着一口袋尼采的'伟大说谎者'，而宁愿做一个坐在书斋里吃苦茶的寂寞'隐士'，他态度的诚实，究竟比较可爱。"① 确实，周作人没有"装腔作势"甚至"哗众取宠"的欲望，但那被某些人视为"诚实"与"可爱"的"隐逸性"，却在国难当头的大是大非面前暴露了其"与世无争"的可怕一面，即变成了"与敌无争"。最后无可奈何地"顺势"，使其柔性人格容忍了民族的奇耻大辱。自然，这是就中国人的感情来说的，至于周作人所依附的日本人则很难理解这种民族道义观。像作家武者小路实笃的印象是："周作人是有品格的镇静的和平的人。他和哥哥鲁迅性质似不同，我觉得鲁迅也是好的人，但同周作人可以自在地说话，日本话能说也很方便。"② 也许正是日本人所谓鲁迅的人"好"却未必"可以自在地说话"的耿介与刚性人格，使他们无法将鲁迅像周作人那样完全归为"自己人"。反过来，周作人让日本人觉得毫无芥蒂与隔阂，在一定程度上意味着丧失了中国人应有的自觉。

鲁迅也并非事先料定日本势必贪得无厌而存心挑起战争，开始主要是目睹不断恶化的局势，担忧日本居心叵测。因此，他多次提醒与感慨的是中日之间的利害冲突与彼此难以沟通，即使对内山完造似的日本友

---

① 苏雪林：《周作人先生研究》，《青年界》第6卷5号，1934年12月。
② 武者小路实笃《牟礼随笔》，《日本评论》1938年3月号。译文见《友情的通信》，《宇宙风》第75期，1938年9月。

人，也不掩饰其心境：

> 据我自己想，只要是地位，尤其是利害一不相同，则两国之间不消说，就是同国的人们之间，也不容易互相了解的。
> ……
> 据我看来，日本和中国的人们之间，是一定会有相互了解的时候的。新近的报章上，虽然又在竭力的说着"亲善"呀，"提携"呀，得明年，也不知道又将说些什么话，但总而言之，现在却不是这时候。①

另一方面，由于中日尚未到全面开战的时候，着眼于文化，鲁迅也没有以偏概全，他同时提醒应该汲取日本的长处以自强。比如："在这排日声中，我敢坚决的向中国的青年进一个忠告，就是：日本是很有值得我们效法之处的。譬如关于他的本国和东三省，他们平时就有很多的书——但目下投机印出的书，却应除外，——关于外国的，那自然更不消说。我们自己有什么？"② 以及"即使排斥了日本的全部，它那认真的精神这味药，还是不得不买的。"③

后来，随着日本侵华气焰的逐渐嚣张，鲁迅的对日态度越来越变得明朗与强硬起来，显示出一个与日本曾有因缘的中国人面对两国交恶时局的民族尊严。大多数人会相信，按照鲁迅一贯的为人处世原则，他当真活着看到周作人附敌变节，肯定要比当初因弟媳作梗而导致兄弟关系破裂时更为愤然与痛心。

实际上，像所有"骨质疏松"的人一样，周作人对日本的"随顺"也有些欲推还就的扭捏作态。即使在"落水"前后，他也表白过"日本文化可谈，而日本国民性终于是谜似的不可懂"④，以及"应当于日本文化中忽略其东洋民族共有之同，而寻求其日本民族独有之异"⑤ 之

---

① 鲁迅：《且介亭杂文二集·内山完造作〈活中国的姿态〉序》，1935年。
② 鲁迅：《集外集拾遗补编·"日本研究"之外》，1931年。
③ 增田涉：《鲁迅的印象》，大日本雄辩会讲谈社1956年版，第124页。
④ 周作人：《日本管窥之四》，《国闻周报》第14卷第25期，1937年6月。
⑤ 周作人：《日本之再认识》，《中和月刊》第3卷第1期，1942年1月。

类，意在显示与之保持距离。但是尽管他的表达十分婉转，甚至充满委曲，终究给人以强权下苟且怯懦的感觉。比如，他曾说："我觉得中日两国民现今迫切地需要一个互相坦白的披露胸襟的机会，中国固然极须知道日本，而在日本至少同样的也有知道中国人之必要。理想的办法是各地人先讲自己的事情，无论怎么说都好，只要诚实坦白，随时互相讨论商榷，不久自然可望意见疏通，感情也会和好。"①这已属于丧失了民族尊严之后的苦口婆心了。

周作人

周作人如此难堪的结局，其教训究竟何在？与以往的不少探讨与剖析相比，从中日文化关系的角度着眼，也许可以提供一些新的启示：周作人喋喋不休地称赞日本生活方式、风土人情，似乎暗示着他在不知不觉地默认，他本人起码不是特别反感日本文化那种崇尚实在的自然和已有的事实，却轻视关乎人的尊严的社会伦理或道德观念，即笔者在本书中反复申说的"缺德"这一日本历史传统特征。而反观鲁迅对日本式生活与风情相对冷静却多次论说中日文化性质的差异，意味着其在"拿来"外国文明时具有清醒的自主态度。如同本书中关于"缺德"的说法绝非贬斥日本文化一样，当论及周作人与日本知识分子和文人的软弱性时，也不应该仅仅从品格高低的角度来进行判断。透彻认识一国文明的根本性特征，才是这一议题的根本目的。因此，就周作人与鲁迅的民族气节方面的迥异表现来说，其中在民族气节的巨大反差，无疑与对外国即当时特指日本文明的认同程度有关系。如果说得苛刻一点，不妨说鲁迅受惠于留学日本开阔了视野而奋力拯救中国，周作人则在留学中丧失了自己的民族感觉和心理根基。当他们共同生活过的日本处于与祖

---

① 周作人：《急工之辩》，《苦口甘口》，太平出版社1944年版。

国敌对的状态时，两人便不能不分道扬镳了，毕竟兄弟情谊大不过民族情怀。

回顾周氏兄弟发人深省的历史经验，面对当今空前开放的"全球化"潮流，中国对于个人认同民族文化的要求已经日益宽容，世界各地的华人、华侨越来越多便是明证。今后，生活国度的选择会比血缘的选择更加自由，不能强求所有出生于华夏的人都始终固守着这片土地。但是，如果一个人还情愿认同中华民族的传统，那将会面临着在非常境况下如何维护中华民族的尊严，不卑不亢地为人行事的考验。但愿后人能够以周氏兄弟为镜鉴，莫再步周作人的后尘，应该像鲁迅那样对中外文化关系之复杂有清醒的、自觉的意识。面对荣辱时能堂堂正正，不要再让"中国人"的形象在世界上受辱蒙羞。

三

电影《紫日》和《鬼子来了》

  拍电影是为了给人看。一部电影能让人看了后想说点什么，意味着还有些看头；而两部影片能使人产生一些联想，表明它们已不再是个别或孤立的现象，各自的内涵肯定具有一定的普泛性，值得大家连贯起来思索与回味。

  这两部电影分别指的是《紫日》和《鬼子来了》。

  这两部电影都带有强烈的个体操作与个人风格，就任何一部看，都称得上是编导的个性化作品。《紫日》由冯小宁集编剧、导演、摄影于一身，姜文在《鬼子来了》里则既导又演。它们与以前众多反映主流意向、集体创作的《铁道游击队》、《地道战》等"抗日影片"有所不同，显示出两位编导的独特设想与视角。不过，这两部主题观念与艺术风格相互参差的影片也有引人注目的共同之处，即两者与以往那些"抗战"故事有所不同，着重讲述的是"战后"的非"抗战"性人物与题材。当然，"战后"的时空背景无法与"战中"截然分开，如《鬼子来了》的故事开始于日本投降前半年，直至主人公愤起报复由国民党"接收大员"关押的日本战俘而被处以死罪，吹毛求疵地说，影片也许改名为《鬼子去了》更合适一些；而《紫日》的英文名字译为"紫色的落日"，比中文片名更显示出故事发生在日本投降以后。这两部电影中主人公无论是杨玉福还是马大三，基本都身处于恨不得"抗战"却无法参战的"战后"时代。他们或是没有了对手或是找错了对手，最终只能作为非"抗战"者怒视日本侵略者却无法报往日的深仇大恨，最终留给观众的是那"战后"的悲愤回忆以及关于战争与人性之类伦理问题的思索。

电影《鬼子来了》

不能说描写"抗战"题材的影片眼下已经完全过时了。对中国人来说，大约今后任何关于抗日战争的电影，只要不落入浅白或公式化的窠臼，都不难引起强烈反响。连翻拍并无多少新意的电视连续剧《平原游击队》也评价不俗。实际上，冯小宁和姜文也是从"抗战"的银幕形象走过来的。当后者扮演"我爷爷"在《红高粱》中扛着炸药奔向陷阱，要与其中的日本鬼子同归于尽时，尽管悲壮中略带儿戏的味道，但那无疑是《紫日》里的杨玉福求之不得的中国"爷们儿"该有的血性。因此，不妨把《紫日》和《鬼子来了》看作是"抗日"故事的后续题材。

关于描写"战后"非"抗战"故事的影片，以前也有过如《清凉寺的钟声》那样描写中国母亲拯救与抚养日本遗孤的感人肺腑之作。不过,伟大的母爱与儿女情长固然深沉感人,但其毕竟无法替代或囊括无数中国人遭受蹂躏的深仇大恨以及关于侵略者既是"鬼"又是"人"的复杂矛盾的思考。要想厘清这些历史上纠缠不清的伦理死结,单靠一时激愤无法快刀斩乱麻。只有痛定思痛,把战后浓缩与沉积下来的憎恶、怜悯、悲愤、酸楚等错综复杂的心理体验"中和"起来,回味并深度展示其中的尖锐冲突,才能够激发后人把对世界历史的思考升华到道德伦理的高度。就此来说,《紫日》和《鬼子来了》是不约而同的认真尝试。

冯小宁《紫日》的主题是"太阳发了紫,就是快落山了",反衬的是在日本侵略者失败的瞬间中国人的人性光彩,其意象庄重而又深沉;姜文根据尤凤伟的小说改编摄制的《鬼子来了》则显得庄谐杂糅,以看似俏皮甚至哭笑不得的情节与对白,活现出中国农民面对日本"鬼子"被迫变成"人"时的尴尬与无所措手足。由于无法拆解道德的悖论,他们竟最终充当了貌似公正的法律的刀下鬼。

关于日本侵略军的"鬼子"的残忍的本性无疑罄竹难书。使《紫日》主人公杨玉福撕肝裂肺的"杀母之仇",会使人联想起日本现代作家安部公房(1924—)的电影《厚墙壁的屋子》里差不多一样的场景:日本士兵被命令屠杀中国老百姓时进退两难。当时,对日本士兵来说,"长官的命令就是(天皇)陛下的命令!"因此他们大都无力违抗,大多以无辜中国人的牺牲来换取自己的存活。在《鬼子来了》中,最终砍杀马大三的日军花屋小三郎,竟是根据中国接受投降官员的指令,更让人心惊胆战。这些都意味着,日本士兵们的行为是国家与集团施虐战略的一部分,未必要由个人负全责。可即便如此,中国人仍有充足的理由把个别日本军人视为国恨家仇的报复对象,因为他们毕竟是战争罪行的参与者,这也是中国人曾将日本侵略军蔑称为"鬼子"的原因。中国话中的"鬼子",是一个反映极端厌恶与仇视情绪的脏词。此外,也是对人性情特点的一种品评,通常指人的"机智"甚至"狡诈"。这双重的含义使"鬼子"的称呼充分反映了中国人面对侵略者的轻蔑。不过,当转换到了日本军队投降以及"战后"的历史背景上,则涉及"鬼子"的另一种大都不常提及的含义,即像《礼记》所说:"众生必死，死必归土，此谓之鬼。"据后来《尔雅》一书的解释："鬼之为言，归也。"也就是说，在中国古代，"鬼"与"归"二字可以互训。《左传·昭公七年》里有云："鬼有所归，乃不为厉，吾为之归也。"由此，称人为"鬼子"，也许还意味着其应该回到自己该去的地方。不知道是有意还是无意，虽然电影名叫《鬼子来了》，可其中的中国农民却少有说"鬼子"的，称他们为"日本子"，也许就暗示着日本人将要回国了。

果然，从法律的角度说，后来被俘的两个"鬼子"不管多么罪恶累累，都只能被当作"人"对待。农民们不懂战争法，最初也许确实害怕押送俩"鬼子"的"我"，即游击队真来要"人"，可到后来，面对着曾经恨之入骨的"鬼子"却怎么也不忍心杀死他们。开始时，村民们为究竟由谁去"处置""日本子"吵闹得不可开交，后来从城里请来的"杀人高手"也在虚张声势之后逃之夭夭。其理由再简单不过：人人无法躲过伦理的"天谴"，谁都下不了杀"人"之手。至于《紫日》中杨玉福在日本投降以后，同样急欲寻找"鬼子"报"杀母之仇"而不能，最后，他面对的竟是一个纯洁无知的日本女学生秋叶子。中国农民在面对强暴、残忍等不义的日本"鬼子"时曾经拼死反抗，但当看到眼前不是"鬼"而是"人"时，无一不显露出再朴素不过的慈悲心肠。莫以为电影中的这些情节纯属编造，据日本镇压中国劳工的"花冈惨案"中的幸存者讲，在日本东北地区花冈矿山做苦役的中国劳工们的暴动行动所以最终失败并受到残酷镇压，原因之一是因为想错过两个日本人的工作日而推迟了日期。这两个日本人，一个年岁小些，是被叫做"小孩太君"的越后谷义勇，另一个姓十川，年龄稍长，被称为"老头太君"。这两个人平时比较同情中国劳工。前者是监工，每当无人巡视时，他俩经常会让中国人休息。后者是个伙夫，有时候会偷着多给中国劳工些吃的。中国人对"受滴水之恩当涌泉相报"的为人之道刻骨铭心，为了让这两个日本人躲过当事者的责任，劳工们招致了自身的惨败。这些事例说明，中国人即便在遭受日本"鬼子"蹂躏时，也没有忘记报答敌国中那些曾有恩于自己的"人"。正像日本著名中国研究家竹内实先生根据个人的感受所说：

……中华世界文化的特点,并非仅仅是积累知识,或对概念条分缕析,而是以人性为根基。我觉得,这种文化就是以谁都能理解的浅显话语,来传播先人领悟的智慧。

看融合重于对立,对人对己都设身处地待以温情,这无疑就是中华世界,也可以说是广大亚洲世界的精神。①

中国百姓无言的人道情怀,他们忠厚的道义伦理,他们善良的人性观念,即使在身陷绝境时也袒露无遗。然而,深谙华夏文明精髓的日本学者的这一殷切期盼是否会真正引发其同胞的共鸣,却不能不令人怀疑,因为虽然日本也位于亚洲,但其文化传统毕竟与中华文明相差巨大。其中最典型的是,与中国深厚的伦理传统相比,日本历来倾向崇力而轻义。其顺理成章的发展趋势,便是近代日本较早进入了与包括亚洲邻国在内的世界"争利"的阶段。按日本启蒙思想家福泽谕吉所说:"争利,固然为古人所讳言,但是要知道争利就是争理。今天,正是我们日本与外国争利讲理的时期。"② 试想,如此以"争利"为至上目标的国家,人们心目中所谓的"理"若不是"弱肉强食"甚至"恃强凌

电影《紫日》

---

① 竹内实:《在接受第三次福冈亚洲文化奖时的讲演》,《竹内实文集》第1卷,中国文联出版社2002年版,第9页。
② 福泽谕吉:《文明论概略》,商务印书馆1959年版,第71页。

弱"的社会达尔文主义还会是什么？人民怎么会视"扶弱济贫"或者"设身处地"等道德观念为至高无上的精神信条？日本在整个第二次世界大战期间的疯狂行径证实了《圣经》里的一句箴言："一个人是不是正义，不是仅看他的信仰，而是看他的行动。"

在这样一种文化观念的支配下，日本曾一度在亚洲称雄称霸，不可一世，并自以为会"武运长久"。为此，着眼于马大三惨死于日本刀下的悲剧结尾，有人解读电影《鬼子来了》的主旨，得出了伦理与实力相比色厉内荏甚至一文不值的结论：

> 在当代的艺术家里，我看不到有谁比姜文更深刻更刻骨地意识到了力图置生命于死地的伦理势力在生命的力能面前最终将无可挽回地失败的必然性，有谁比他更透彻地看穿了伦理的诅咒的无力和色厉内荏，有谁比他对伦理势力的失败更不抱有任何感伤之情……姜文的深刻就在于他对使这种伦理主义血腥破产的生命的力能不做任何伦理的诅咒，对为这种力能所歼灭的、为伦理主义所教化了的个体不抱任何同情……电影结尾处主人公最后被他所释放的日军士兵亲手枭首就不带有任何道德谴责因素，因为那个士兵在执行一个由战胜者一方发出的军令，因此既不负有任何道德的责任，也不负有任何法律的责任。他的行为只说明了高度有效地集体化了的权力意志在任何情况下都将歼灭旨在扼杀生命的伦理主义。那个彻底浸淫于伦理主义之中的主人公的灭顶之灾，最雄辩地说明了伦理主义意识形态所造成的伦理期待是多么有害、多么具有毁灭性。《鬼子来了》这部电影宣布，伦理主义的破产是万劫不复的。[①]

不能不说，这是一个似是而非的判断。确实，当一国乃至世界历史呈现出危机或大转换的时代，由于现实的利害迫在眉睫，人们不能不追求"经世致用"的经济或军事实力，于是，陈义高下的伦理道德说教便显得于事无补或大而无当。每当在这种由理向势、由义向利、由价值理性向工具理性转变的历史关头，都会有人诅咒伦理是沉重且有害的精

---

① 刘晗明：《陈凯歌案件：一个戏剧美学问题》，《读书》2003 年第 5 期。

神包袱，觉得最管用的莫过于枪炮。然而，天下事不可以一时成败论英雄，尽管日本的铁蹄曾踏得黄土地上烟尘滚滚、血流成河，可中国人还是依靠强烈的民族自尊与道德义愤等所谓"软实力"持久地以弱克强，最终让不可一世的东洋"硬实力"败下阵来。中国农民身上的"软实力"，其"义正"也许未必"辞严"，像《紫日》中的杨玉福眼睁睁看着老母亲被日本兵捅死，只能声嘶力竭地高骂"有种的朝我来"、"我×你八辈祖宗！"而《鬼子来了》里的马大三则对乡亲们发誓："我宁可没命也不去当汉奸。"这类朴素几乎到了粗俗地步的道义信念显然没有日本军人出征前的"忠君"誓言那样冠冕堂皇，但中国人的内在伦理信念使任何荷枪实弹都显得相形见绌。这也就是中国古语所说的"三军可夺帅也，匹夫不可夺其志也"。尤其是，人们心中深仇大恨持久延续的程度，绝非瞬息万变的政治局势的即时性可以比拟，两者的对比有点像是"朝菌不知晦朔，蟪蛄不知春秋"。因此，一时的军事胜败并不能根本扭转人心的向背，终究是深沉而无法抹杀的民族记忆更能制约历史的走向。中国人常把"前车之鉴，后人之师"的话挂在嘴上，就是为此。也因此，杨玉福才觉得应该把日本女学生秋叶子遗留的八音盒再送回大兴安岭，马大三也有理由在被日本人砍下头颅后死不瞑目。两部影片均以象征性的结尾暗示了谁会"笑到最后"。

毫无疑问，以杨玉福、马大三为代表的中国农民法律常识与其道义观念相比显得很不均衡。他们既宽厚仁义得可爱，又冲动鲁莽得可怜，日本鬼子"恩将仇报"的十恶不赦行径使他混淆了战场上的敌人与放下武器的俘虏之间有什么不同，从而酿成了如《圣经》所说的"有义人行义，反致灭亡；有恶人行恶，倒享长寿"的可悲结局。在有的日本人看来，这可能恰好验证了福泽谕吉早有的论断："拿智慧和道德相比较，认为智的作用是重而广的，德的作用是轻而狭的。"① 也许正是日本人这种"重智轻德"的文化观念，使他们觉得与知识的客观实在性、正误标准的明确性相比，伦理道德意识不仅形同虚设，而且莫衷一是，善恶难分。于是，直至百年以后，试图篡改历史以掩盖当年日军侵略罪行的"新历史教科书编撰会"，仍在所编历史教科书的《前言》说

---

① 福泽谕吉：《文明论概略》，商务印书馆1959年版，第75页。

出令世人咋舌的奇谈怪论："因为想法和感觉因人、民族、时代的不同而截然不同，所以很难清清楚楚地描写一个事实，不能简单地说这就是事实。"编者的宗旨并非是如实描述历史，而"要以自由、无拘无束的眼光来看待历史，结合各种各样的观点，仔细地论证历史。"可见，日本文化在对待道德观念上有多么轻率，多么让人捉摸不定。好在已有越来越多的日本人对这种漫不经心、视伦理道德为儿戏的社会风气开始反思，竟有日本演员参与《紫日》和《鬼子来了》的拍摄便是明证，其象征着中日两国民众对那段不堪回首的历史的共同正视。

　　实际上，着眼于"战后"的"非抗战"性思考的目前并非仅有冯小宁与姜文。由于身处历史悠久的国度，中国人大都认同毛泽东"风物长宜放眼量"的态度，将希望寄托于"来日方长"。除得益于技术的日新月异，中国互联网上关于中日关系的议论越来越多之外，更有中国民众关注战后日本遗存的战争史料与物证并竭力搜求和购买，以实物强化本国同胞对那黑暗时代的印象与记忆。像媒体上报道，有的农民自费筹办"日军侵华罪行"的展览以警示后人莫忘国耻。而且在中国，自觉热心于这种社会性历史教育后继有人，如时念国在日本的种种努力便是其一。[①] 他们与冯小宁、姜文等影片相互配合，形成了中国人对日本伦理传统新的"非抗战"冲击。以前曾有日本人因中国"抗战"影片多是冲杀画面在心理上有过拒斥情绪，那么，目前已开始的中国"非抗战"思考与活动也许有助于中日两国民众平心静气的心理沟通。

---

① 张鹏：《他从日本购回"罪证"》，《中国青年》2002 年第 12 期。

四

敬告日本人

　　自明治维新向近现代社会转型以后，日本迅速国富民强，成为亚洲的先进，其在很大程度上得益于日本民族的强烈向心力与凝聚力，凡是在日本有过经历的人都会感受到这一点。而与之相比，当今日本最大的麻烦与苦恼，主要表现在国际关系上，尤其是周边各国与之离心的倾向。思索这种日本内外反差与尴尬的局面，会令人想起曾获得诺贝尔物理学奖的日本科学家江崎玲于奈说过的一段话："从美国回到日本，恐怕谁都会对日本的狭小有所感触。按人口比例，日本国土狭小。同美国比，日本的道路、街道、房屋都很小。很多人和物的存在都离自己很近……大约与此有关系，日本人一般来说对离自己近的东西，对于自己的家庭或家族、亲戚朋友，或者自己的学校，自己所属的组织、企业等都执著珍爱，而对于距离自己较远的东西则不关心或者冷淡。这种情况使得日本人对组织有很大的忠诚心，而且可以说是一种'见木不见林'式的忠诚。总之，（日本人）对事物的看法很容易受到局限。我认为，日本人缺乏从远处着眼对事物全体下判断的倾向，即日本人看事物是近视的。这种情况还不仅限于空间，也适用于时间上。日本人只把注意力集中在当前的问题而缺乏计划性，巧于小的战术，在许多场合缺乏长期的战略。"[1] 与中国古代秦始皇的"远交近攻"略策相反，似乎近代日本热衷的是"近交远攻"。就像对日本相当熟悉的原西德总理施密特在

---

　　[1]　江崎玲于奈：《美国与日本：在纽约的思考》，读卖新闻社1980年版，第138页。引自《参考消息》。

1987年所写的回忆录所说:"在日本,也有很多人认识到日本在世界特别是亚洲没有朋友的事实。无论任何人都希望有朋友,但是,日本人不知道如何做才能得到朋友。"

京都平安神宫

实际上,这并非只是当今才有的状况。早在20世纪,周作人就说过这样的例子:"去年秋天我往东京,在一个集会上遇见好些日本的军人和实业家,有一位中将同我谈起许多留日学生回去都排日,这是什么缘故,他以为一定是在日本受了欺侮的结果。我说这未必然,以我自己的经验来说不曾受到什么欺侮,我想这还是因为留学生看过在本国的日本人再看见在中国的日本侨民的行为的缘故吧,中国老百姓见了他们以为日本人本来是这样的,无可奈何也就算了,留学生知道在本国的并不如此而来中国的特别无理,其抱反感正是当然了。"[①] 接着,周作人举了日本人让中国人反感的事实,比如他们损人利己地到中国大卖吗啡之类。至于后来日本大肆侵略亚洲,惹得各国人赴汤蹈火在所不辞,更是众所周知的。不过,在近一个世纪以后,许多日本人至今仍在多次反复向外国人提出类似的疑问,仿佛他们至今还没有真正搞懂其中的玄机。

---

① 周作人:《日本管窥》,《国闻周报》第12卷第18期,1935年5月。

如在香港回归中国的时候，日本的朝日新闻社一位驻中国机构的负责人再次质疑说，英国人同样侵略过中国，而且霸占香港达百年之久，为什么他们对英国人的仇恨不像对日本人那样强烈，这是否意味着中国人在对待外国人的侵略历史上有双重标准？显而易见，面对日本人的这类疑问，再像以前那样仅以具体、个别的事例去解释，仍难以奏效，恐怕应该换换脑筋，转而从大处着眼去琢磨其中的奥妙。

江崎玲于奈所说导致日本"近交远攻"的思维方式，会使人想起中国"诸葛一生唯谨慎，吕端大事不糊涂"的古话①。也许正是因为日本人办自家事处处认真小心，却在国际大局上不能像吕端那样头脑清醒，才使自己总是搞不好与外国的关系。要是日本人当真觉得中国人对自己的仇恨比对英国强烈，就不该追问受害者有什么"双重标准"，最好扪心自问当年日本侵略军在中国的所作所为造成的物质与精神伤害，与英国相比哪一个更严重。世界上没有无缘无故的爱与恨，与其质疑中国人的"双重标准"，不如正视日本在中国酿成的与英国人不同的"双重效果"。由此可见，除了就事论事之外，中国人也可以在世界大势或立国之道等长远国家战略问题上对日本有善意的警告，给对方一些听起来未必舒服却不可不知的所谓逆耳忠言。

其敬告之一是：国之为国与人之为人一样，追求经济富有、实力雄厚固为世之常理、人之常情，但绝不可忽视道义等伦理观念的涵养与制衡，否则便有退化为"弱肉强食"的"人面兽心"的危险。

想当年，日本曾以强弱为区别国家善恶的唯一标准，耻笑国力"落后"的邻国为"野蛮"。如福泽谕吉曾说，现今"世界各国相互对峙，处于禽兽相食之势。若食人者为文明之国人，而被食者为不文明之国，则我日本应加入食人者行列，与文明国人共求良饵。"② 由于无视"扶弱济贫"乃崇高美德，"为富不仁"必遭世人唾弃的公则，"夫怀势利之心，以观文化，固无往而不抵牾。"③ 最终证明"野蛮"的倒是富国强兵的日本自己。鲜明与强烈的成败对比启示人们，社会发展之

---

① 诸葛亮（181—234），三国蜀汉政治家。以谋略超凡、鞠躬尽瘁著称。吕端（935—1000），北宋大臣。曾任宰相，被宋太宗称为"小事糊涂，大事不糊涂"。
② 福泽谕吉：《外交论》，《福泽谕吉全集》第9卷，岩波书店1960年版，第192页。
③ 章太炎：《印度人之观日本》，《太炎文录初编》。

"势"固然不可阻挡，财富与实力人人羡慕，但都不可仗"势"践踏与蹂躏人类文明的内在精髓即道义之"理"，否则必受历史的惩罚。日本著名实业家和政治家永野护（1890—1970）在战后的讲演中曾总结日本战败的教训说，"日本国策的基本理念错误"在于"只追求日本繁荣"。按中国人长期的历史经验，也就是所谓"得道多助，失道寡助"。此后时过境迁，得益于多种有利的条件，日本又在废墟上迅速复兴起来，特别是20世纪"自60年代开始的日本高速增长以来，这个地区的开发速度是惊人的。用英语来形容的话，即使不是 breakneck（扭断脖子般的惊险），也是 breathtaking（喘不过气似的惊心）。然而目前的问题是，经过30年的彻底变化，出现了一种眩晕或酪酊的状况，很难去考虑和反省为什么要如此发展，以及这种发展会走到什么地步的问题。60年代的社会中，人们一致认为劳动、储蓄、投资、开发和增长是为了实现体面、幸福、充实、有创造性的生活的手段。90年代问题的微妙之处是增长和开发已不是达到目的的手段，而是目的本身了。"[①] 如此国家实力与伦理价值的本末倒置，令人担心日本今后即使继续保持世界经济强国的地位，其发展路径仍有可能步入歧途，甚至重新陷入绝境。其关键所在，必须防止物质文明与道德文明两者的失衡，使日本文明的内在谦恭心态与严格的日本礼仪真正相互匹配与相称，那样才能真正实现与邻为善。世界各民族强弱的命运历来此起彼伏，谁都不可能永远称霸天下或长期陷入贫弱的境地。像日本这样的边缘文明当自身壮大到一定程度的时候，偶尔会觊觎中心文明的权威也许情有可原，但仅仅具备雄厚的物质"硬实力"并不能令天下人真正钦佩与心仪，一味逞能地耀武扬威恰正反衬出"暴发户""软实力"的积累不足，难当世界权威的大任。

其敬告之二是：为国之道与为人之道一样，所谓"知人者智，自知者明"。各国必须根据自身筹码在世界天平上的轻重，恰如其分地界定在世界和地区中的位置，坚持"安分守己"与"适可而止"的处世之道，不可有非分或狂妄之念。

---

① 加文·麦考马克：《虚幻的乐园——战后日本综合研究》，上海人民出版社1999年版，第32页。

广岛原子弹爆炸遗迹

回想以往日本侵略军被中国人蔑称为"小日本",可能是因为那时日本人身体大都矮小,但中国人内心更深层的感觉却是:本为东海岛国的区区日本竟想以武力征服整个亚洲,实在有些"癞蛤蟆要吃天鹅肉"。日本是一个人人"安分守己"的"秩序社会",可一走出国门,却往往会变得旁若无人甚至肆无忌惮。其中的主要原因,有点儿像长期在海上漂泊的船员一旦登陆上岸便会失态地放浪形骸一样,变得忘乎所以。记得早在20世纪20年代,日本自由主义人士石桥湛山(1884—1973)曾心安理得地以"小日本"的国家目标为满足,可惜那时多数人都对他不以为然。到1945年年末,一位名叫林赛·帕罗特的美国人在一期《纽约时报杂志》周刊上发表文章,再次预言日本的经济再不可能"急剧扩张……日本的前景是退回到自给自足的小国地位。"[①] 实际上,凭借自身的自然条件与日本人的勤勉与认真,日本成为自给自足的"小康"之国是不成问题的,日本人中也流行"小的才是美好的"的信念。然而,总有一些人不肯以此为满足,偏要争强好胜地跻进"超级大国"的行列。与之相比,面临着"崛起"宏伟前景的中国,反

---

① L.C.克里斯托弗:《日本心魂》,中国对外翻译出版公司1986年版,第5页。

倒一再宣布永远"不称霸",永远不做"超级大国"。不同取向反映了中国人显然比日本人深谙东方哲学的"韬光养晦"或"过犹不及"之道。回顾事过其"度"便容易适得其反的历史教训,目前已有人指出:日本"政府为收入增长和产出增长所做的工作已经很充分了。人们享受着满意的饮食、舒适的住房,没有去工作的迫切需要,虽然从 GNP 的计算来讲增长是很慢了甚至停滞了。在这样一个社会中,对经济停滞甚至包括失业的广泛讨论都被轻松地一带而过,并且在实际上,事情各个方面都已经足够好了,生活还有其他的乐趣,而不是一味地追求更多的物质消费。我们和某些日本人误解了这样一个事实,一个像日本那样经济成功的国家已经不再需要不停地倒腾了,应该适可而止了。"① 所有这些规劝,无非都是告诫日本人,今后他们应该以冷静、平和的心态准备面对周边国家将不可避免地形成另一个"中心"的历史趋势。这一"此起彼伏"的新时代对很多日本人来说也许相当苦涩,但只有安于"小康"国家的地位,才是日本之福。已有日本经济学家预测到必须正视的事实:"21 世纪的日本恐怕首先需要接受不再是经济大国的事实。唯其如此,才能找到前进的道路。"② 到 21 世纪中期,世界将形成美国、中国、欧元和印度四大经济区,届时日本的国内生产总值只能占到世界经济规模的 5%—6%,恐怕很难再被称为经济大国。但"日本不再是经济大国并不意味着日本人生活水准将会下降。即使日本国内生产总值因人口减少而下降,其人均国内生产总值也不会减少,每位消费者的生活水平也并不会降低。与人口减少相对应的是国内市场规模的缩小,人们会因此担心需求不足。但是,劳动人口的减少也意味着日本企业供给能力的降低,加之只会进行消费却不能从事生产的老人比例增高,日本国内供需将面临调整。企业收益倒不一定会降低。"日本面对这一前景将有两种选择:一是与其他东亚国家组成结合体,成为某一经济区的一部分;二是作为独立的小国自行其是。

其敬告之三是:日本今后既不必因曾"受害"而耿耿于怀,也不

---

① 约翰·加尔布雷斯:《今昔随想》,《读书》2003 年第 2 期。
② 栌浩一、熊谷润一:《日本必须摒弃大国意识,否则经济前景岌岌可危》,《东洋经济》2003 年 7 月 5 日。引自《参考消息》。

要因"受益"而一时窃喜，应放眼长远，调整自身在国际上的形象，力求坦诚、开放地与各国"同舟共济"。

日本人长期有一种挥之不去的"受害"情结，这种情结过去聚焦在长崎与广岛的原子弹、北方四岛以及战争阵亡人数上……至于其"加害"了人家多少、又曾从中"受益"几何，却很少提及。最近几年，这种"受害"情结也在经济上有所反映，一位名为劳拉·海因的学者指出："日本人满脑子是别人的经济行为怎样使他们受害，而从不考虑自己的经济行为对他人有何不良后果。这种'受害者情结'与他们政治上（特别是战争问题上）的'受害者情结'一脉相承。"[①] 前些年，日元在面临亚洲金融危机时曾大肆贬值企图嫁祸于人，但人民币始终坚持稳定。可到后来，日本有人竟转而屡次指责中国出口通货紧缩和"挖空"了日本劳动力市场。美国摩根斯坦利公司首席经济学家斯蒂芬·罗奇便反对这种指责，他认为："日本公司并不是被迫把生产活动转移到中国的。这是竞争力不强、成本较高的日本生产商为了在日益开放的全球经济中立足而采取的合理策略。"[②]后来其他日本学者以及日本首脑也不得不承认，中华经济圈崛起可使日本摆脱衰退，其并非威胁而是助力。《亚洲周刊》则刊文指出，现在有越来越多的日本国民认识到，日本的经济停滞不是中国的发展造成的，恰恰相反，中国的发展有助于日本摆脱经济上遇到的困难，近期日本经济有所复苏的事实便证实了这一点。这使日本国民对"中国威胁论"的危言耸听难以恭维，日本的一些主流媒体也难以拼凑到"有力"证据和材料再去宣传"中国经济威胁论"。

与此相反，目前仍有人在旷日持久地遭受着日本侵略战争的伤害，多次发生的日军遗留在华毒气弹泄漏伤人的事件便是例证。日本政府已向中方支付3亿日元用于补偿这一事件给中方造成的损失。但是，事情并没有真正结束，目前在中国境内依然存有大量日本在第二次世界大战期间遗弃的武器。如果这些武器不尽快销毁，将会有更多中国无辜百姓

[①] 薛涌：《从日元贬值看亚洲未来经济格局》，新加坡《联合早报》2002年1月4日。引自《参考消息》。

[②] 斯蒂芬·罗奇：《为什么中国不应给人民币重新定值》，香港《南华早报》2003年7月18日。引自《参考消息》。

日本投降仪式

"受害"。由此不难理解,日本要真正恢复与外国的友好关系还有多么漫长的道路。据 2003 年 9 月 7 日至 10 月 5 日对中国 31 个省、自治区、直辖市青年的 1827 份问卷调查,其中 10.2% 的人对日本能够解决好在华武器遗留问题表示乐观,41.3% 的态度不很明确但倾向于肯定;而持否定意见的青年人比例与持肯定态度的青年人比例相当,共占 48.5%,其中,认为"不太可能"的共占 28.2%,更有 1/5 的受访者(20.3%)悲观地表示:"我对此不抱任何希望"。类似历史遗留问题提醒日本人注意,不可再一相情愿地沉湎于"受害者"情结,更应设身处地正视日本国还曾是"加害者"的事实。如果纵容甚至煽动厚此薄彼的病态情绪,只会引诱日本人因贪得无厌而重陷历史的怪圈。

所谓的历史怪圈并非难以逃避的宿命,其取决于国家与民族的心理目标是"知足常乐"还是"唯我独尊"。这使人联想到一位名叫保罗·科埃略的巴西人曾讲过的一个故事《阿富总是太贪心》,作者自说"不知道这个故事是否来源于日本，但其中容许贪权取代慷慨这样一些念头，实在是对所有追逐梦想的人的一个有趣警告"。因此，虽然文字稍长一点，还是应该抄下来，与那些认真思考日本前途的人们共勉：

　　许多年以前，在北海道住着一个名叫阿富的年轻人。他以敲石块为生，对自己的命运深为不满且整日怨天尤人。

　　他不完全信奉基督教，但听说每年至少有一次人类的愿望会被恩准实现，便在圣诞节那天虔诚祷告。令他吃惊的是，一个天使果然从天而降。

　　"你身体健康，前程似锦。"天使说，"年轻人应该脚踏实地，为什么你总在发牢骚呢？"

　　"上帝对我不公，他从没有给过我发达的机会。"阿富回答。

　　于是，天使去向上帝求助，上帝说，"既然是圣诞，阿富的任何愿望都应得到满足。"

　　第二天，当阿富正在辛苦劳作的时候，他看见一辆马车驶过，里面坐着一位贵族，全身珠光宝气。阿富擦了擦那脏兮兮的脸，怨愤地说："为什么我不是一个贵族呢？那才应该是我的命运！"

　　"就让你成为贵族吧。"天使欣喜地低语。

　　阿富忽然变成了一座华丽宫殿的主人，拥有巨大的财产、许多仆人和马匹。但有一次，阿富出门，天气酷热难挡。即使是在他那贵重的遮阳伞下，阿富仍然挥汗如雨。于是，他觉得地位还不够高，居于他之上的还有王子和国王，而比王子和国王更高的是太阳，它不需要服从任何人——太阳才是真正的国王。

　　"亲爱的天使，为什么我不是太阳呢，那才是我的命运！"阿富抱怨道。

　　"那就让你成为太阳吧！"天使大声说，隐藏起他对这种极度的野心感到的悲哀。

　　正如他所要求的，阿富变成了太阳。

　　正当阿富在天空中照耀大地，接受人们对他无穷力量的惊叹，并随心所欲地使谷物成熟或枯萎时，一个黑点向他移来。这个黑点越来越近，阿富发现那是一片乌云，正在他四周蔓延，使他无法再看清楚地球。

"天使！"阿富叫道，"乌云比太阳更强大！我要成为乌云！"

"那你就成为乌云吧！"天使回答。

阿富被变成一片乌云，他觉得他终于实现了自己的梦想。

"我太强大了！"当他遮蔽太阳的时候，他忍不住叫嚣。

忽然，他发现荒芜的海边矗立着一块巨大的花岗岩，其历史可追溯到世纪之初。

阿富觉得那岩石是在公然挑衅他，于是掀起了一场前所未有的风暴，海浪愤怒地咆哮着，猛烈地拍打着岩石，企图将它连根拔起，掷入大海深处。

岩石却不为所动，巍然耸立。

"天使！"阿富抽泣道，"岩石比乌云更强大！我应该成为岩石。"

于是，阿富又变成了那块岩石。

"现在谁还能打败我？"他得意地想，"我是世界上最强大的！"

几年过去了，直到一天早晨阿富发现有什么东西正在刺入他的体内，随之而来的是剧烈的疼痛。他那花岗岩身体的某些部分仿佛要被劈成碎片了。然后，他听到沉闷而接连不断的砰击声并再次感到可怕的剧痛。

他恐惧万分，于是大哭："天使，有人要杀我！他比我更厉害，我要成为他那样的人。"

"好吧！"天使流着眼泪感叹道。

于是，阿富又回了从前敲石头的生活中去了。

日本古老街道

编 外

中日文化心理比较杂谈

一

相互理解非易事

　　我写过一本书叫《谈古论今说"圆满":中国心理偏失》,那本书主要是写给中国人看的。其提笔初衷,是想提醒正进入现代化进程的中国同胞们,莫忘"五四"以来那些有责任感且有胆有识的中国文化人,无情剖析和批判中华民族热衷于"大团圆"的心理病态的勇敢气魄,希望国人对在悠久历史中形成的圆满崇拜意识有更清醒、深刻的反省和校正。那应该说是我奉献给中国民众治疗传统心理"家丑"的一剂"苦口良药"。

　　说到"家丑",不能不让人联想起经常挂在中国人嘴上的一句俗语,即所谓"家丑不可外扬"。我在那本书里,不仅对中国文化心理的病态"家丑"白纸黑字地予以公开贬斥与责难,那本书当真传播开去,外国人也可以读到。也许有人会觉得,我如此不顾"内外有别"的祖训,大挖深揭国民心理的"疮疤",是不是有点儿过于刻薄,会不会让同胞们的"脸面"过于难堪?

　　对于这种顾虑,我总觉得讳疾忌医不如直言不讳。如今世界各国都处在无法逃避的"开放"时代:经济要靠"开放"搞活,科学技术要靠"开放"提高,包括民族心理和国民精神在内的文化传统的反思与救治,同样需要"开放"的心态才能卓有成效。在远眺可望宇宙之大、细察能辨秋毫之末的当今,再像中国旧戏《三娘教子》的故事那样,指望着"闭门思过",或者是想"小辫子不留外人手",不仅显得羞涩扭捏,也明显缺乏自新的诚意。中国还有一句相当透辟的俗话,是

"丑媳妇总得见公婆"。除非中国人不想再生活在这个世界上，否则就非开诚布公地袒露真相不可，其中也包括精神和心理方面的毛病。

大约因为华夏民族历经沧桑、传统久远的缘故，中国人深沉含蓄、不露声色的待人处世方式，称得上举世罕见。其实，不只外国人觉得中国人讳莫如深，即使是我们自己也常发"人心难测"、"知人知面不知心"之类感慨。可见，要想真正理解或者摸透中国人的心理特点，相当不容易。对西方人来说，这自不待言。就连与中国"一衣带水"的日本，也同样是越渴望了解中国文化，越热心于日中友好的人们，越认为中国人的文化心理难以把握。比如，出生在日本，并在日本文坛上成名的华侨作家陈舜臣（1924—　）就多次强调，中国人和日本人之间实在难以真正理解与沟通。乍一听这话，人们会认为是文人的故弄玄虚。但如果拜读过陈舜臣的书便不得不承认，他这一见并非过分夸张。他在1971年由日本祥传社出版的随笔集《日本人与中国人》中，曾明确反对关于日本与中国属于"同文同种"的说法。他觉得，对日本人来说，中国实际上是一个既近又远的国度。所谓"近"，无疑是从地理距离上讲；而他所说的"远"，则是说中日两国，不管在文化传统还是在民族心理方面，差距都相当大。因此，陈舜臣主张：

> 我们中日两国的邻居，与其去寻找相互共同之处，不如去尽量发现相互之间的差异，并由此推而广之进一步认识到：
> 这样一种状况，几乎是对对方毫无了解。
> 这是更为明智之举。
> 因为使用相同的文字，于是便觉得似乎了解对方。但是这种"似乎"实在是靠不住的，有时还会招致巨大的麻烦。
> 对对方一无所知——我想应该从一张白纸的状态开始。这自然是对两国人民的期望。[①]

陈先生是基于在生活中的实际感受，才说出这种真诚告诫中日两国人的"老实话"的。比如，他在书中对中国"文化大革命"的误解，

---

① 陈舜臣：《日本人与中国人》，花城出版社1988年版，第93页。

即认为那是一场"广泛的说服运动"的看法,就明确反映出陈舜臣虽是华人,但他观察中国事情的眼光,并不同于中国内地人。应该说,是他周围日本文化的影响、日本人的思维习惯,使其对"文化大革命"得出了完全不同于中国内地的结论。这种对中国事物难以理解的异国作家的错误看法,实际上反映了中日两种文化背景的巨大差异,以及不同国家和民族的人们心理之间难以相互理解的事实。

日本斯那库中的恶作剧

到20世纪80年代,日本著名中国研究家竹内实(1923—)先生,在谈论日中两国关系时,更尖锐地提出了"友好容易理解难"的观点。竹内实先生认为:

在我看来,一国(或者民族、地区)与另一国之间,"友好"固然不容易,然而更困难的却是"理解"。极言之,友好容易理解难。①

---

① 竹内实:《友好容易理解难》,日本合力出版社1980年版,第154页。

竹内实以中国"文化大革命"风云变幻难以把握为例，说明日本人若是对中国的实际状况、人情世故或社会趋势毫无所知，当然也可以与中国"友好"。

　　毫无疑问，只有真正懂得中国的这些内情，才能确立名符其实的友好关系。因此，所谓"友好"是容易的，而进一步超越这种"友好"去寻求"理解"的时候，则会有困难。而与"理解"不沾边、装模作样的"友好"，是不能称作友好的。①

毕竟是深思熟虑的学者，竹内实先生对不同国家和民族相互之间"理解"与"友好"关系的这一真知灼见，比起那些基于礼貌而应酬敷衍，或者是为了某些实利的需要，别有用心喊出的"友好"要真诚得多也深刻得多。尽管在历史上，早就有人不断憧憬并且呼吁各国和各民族人民之间团结互助、和睦相处的"大同"社会，企盼着能有一天实现全人类不分敌我的美好境界。但是，人们一直向往和追求的这种文明远景，与人类历史上实际接连不断的血与火的国家冲突、民族仇杀相比，要显得苍白得多，也空洞得多。似乎人们至今仍未找到一条真正能够实现那种美好理想的切实可行之路。在这种无奈的历史和社会真实面前，与其再继续奢谈那些令人无限神往，实际兑现起来却遥遥无期的终极文化目标，还不如切实寻求一些使各国人们相互之间能够真正沟通和了解的有效方法，找到足以加深不同民族之间相互认识与了解的实际途径。而提出"友好容易理解难"的主张，其实就是将不同国度人们之间的精神联系，彼此设身处地体谅对方的心境，看得比古往今来种种完美的世界前景更重要。或者说，要争取达到那个久远以后的最终目的，首先应该开始真正有利于人们互相理解的征程。而事实是，至今一般人总是觉得人类的"大同"理想最重要，而对达到这种境界所必需的过程或者途径并不十分在意。这似乎称得上人类的精神通病。在对友好与理解的关系这个问题的认识上，人们同样难免这种缺憾。

---

① 竹内实：《友好容易理解难》，日本合力出版社1980年版，第166—167页。

陈舜臣在他的随笔集《日本人与中国人》里，曾以自己的切身体验，批评过日本人重视结果和目的却比较忽视过程与手段的心理偏向。陈先生认为，历史悠久的中国人，早就开始了探索生活道路的过程。记录和汇集着这种长期探索和思考过程的文化典籍，可看作是中国人获得的结果与结论。而日本人从中国那里接受了并受惠于这些中文典籍，于是，动不动就去图书馆查阅书中对某一问题是怎么解释的，竟不再过问中国人当初是如何得出了这些结论。他认为，日本人的这种心理习惯，实际上意味着"对话者是书籍，是除掉了过程的结论，即观念。"对此，他批评说：

  对日本人来说，"结果"是重要的东西。
  如果没有它，甚至连话也说不了。即重视结果，其反面就是：轻视过程。
  再有，因为必须尽快知道结果，于是"性急"便在日本民族性格中扎下了根。[1]

我对陈先生的这一批评心有戚戚。因为我在《谈古论今说"圆满"：中国心理偏失》一书中，同样批判和否定过重结果而轻过程的思维偏向。只是我在写这本书之前还没读到《日本人与中国人》一书。我与陈舜臣先生的见解竟如此大同小异，仿佛是不约而同。所谓"大同"，是说我们批评的传统心理毛病都一样；而"小异"，是指我要校正的是中国人的精神弊端，而陈先生却认为日本人也推崇结论而轻视过程。至于我和陈先生的区别，是我并不认为中国人历来多么看重过程。不管征诸中国人的审美观念，还是检讨中国传统社会心理与哲学意识，中国人同样有崇拜目的和结果，却忽视手段和过程的思维偏颇，而且偏失的程度并不比日本人轻与浅。尽管以前已有人如鲁迅等多次揭示过这一点，但中国人至今没有十分警觉。究竟我们两个人的判断与分析谁更贴近事实，谁说得更有道理，那就只能靠读者在对照阅读两本书之后，自己得出结论了。

---

[1] 陈舜臣：《日本人与中国人》，花城出版社1988年版，第79页。

应该指出的是，陈舜臣先生在《日本人与中国人》一书里，还赞同地引用过日本作家冈仓天心（1863—1913）和长谷川如是闲（1875—1969）的话。他们都说，日本人有一种非完整性意识，就是常愿事物保持不圆满的状态。如此说来，日本人偏爱结果、轻视过程的毛病，恐怕并不像中国人那么严重。众所周知，中国历来非常钟情和神往那种圆满的、对称性之类稳定与平衡状态，其称得上华夏民族心目中最理想的状态与境界。日本人也许未必能够完全幸免崇拜结果、忽略过程这一人类传统心理通病，但他们还保留着热衷于非完整性、不稳定性的心理爱好，这与中国人偏执地崇拜对称和圆满状态的心理相比毕竟稍逊一筹。可见，还是中国人崇拜结果的病态心理更为严重。这么讲，绝不是故意言重以求中国人从心理沉疴中警醒，而是基于对历史和现实实事求是的认识。无论如何，中日两国的学者们，都先后关注到民族精神的剖析和疗救问题，这似乎是志同道合的。我觉得，这是各国民众心理与意识自觉性空前提高的反映，是民族文明进步的一种表现。

东京大学赤门

近代以来，出于自我认识以及有助于外国人正确理解中国文化的目的，有不少胆识俱备的中国文化人，如鲁迅、胡适等，都不约而同并深恶痛绝地揭示和鞭挞过所谓"大团圆"之类的心理痼疾。此外，还有一些来华外国人，也对中国人的心理特征进行过描述。而今读到这些文字，总感到前一类批判大都点到为止，言而未详；后一种人所写，又多是带有印象与感情的色彩，得出的结论常常隔靴搔痒，没有触及要害。比如，有些书分别列出了中国人如忍耐、懒惰和油滑之类性格特点，那不过是某些品德缺欠，还算不上心理与精神的缺陷。何况，更少见有人提出可以校正这些弊病的适当途径或者方法。正有感于此，我尝试写了《谈古论今说"圆满"：中国心理偏失》一书，试图从思维方式和心理特征的角度，在前人努力的基础上，力求深刻揭示中国人盲目地追求诸事皆有最终圆满结局之类的审美情趣和社会心理，以及隐蔽其中的哲学目的意识。在那本书里，我从中国人惯于欣赏"大团圆"式文学叙事情节入手，广泛地涉及中国世俗、历史和政治行为方面反映出来的类似心理特点，尽量进行令人信服的解释。我希望，已对这一心理性习惯"久而不闻其臭"的中国人，或许能借此有些清醒，并下决心根本疗治代代相传的民族心理痼疾。

　　近年在日本，自己又读了一些在国内难以看到的文化心理方面的书籍和文章。我更坚信，自己对盲目崇拜结果圆满的中国传统心理的分析批判是必要的。同时，我还受到不少新启示，有些新的联想和思考。比如，我觉得中国人和日本人在大小、好坏、内外等心理观念上的异同作些比较，会有助于人们对中国传统精神和心理结构有更深入的了解。为此，我陆续写了以下几篇关于中日心理杂谈的短文，愿意与热心中日文化比较研究和对此有兴趣的朋友们交流，并且希望听到各种不同的意见。

二

大小之辨

我的一位青年朋友毛丹青,最近出版了一本名叫《发现日本虫》的书。在书中,作者积长期在日本生活和学习的感受,对他心目中的日本人的形象做了这样的比喻:

> 日本人工于精、细、专,崇尚秩序和集体,追求准确、一丝不苟和琐细,连商品都以"精巧于小",而非"万全于大"著名于世。这样的习惯和心理,犹如蚂蚁、蜜蜂那种社会性的小昆虫。也许由于这些特性,使得他们善于模仿、超越而难以于开启大手笔;说话也多绕着弯子,叫人费思量;野性发作,不可理喻,自当属于动物世界。这些散在的印象逐渐在脑海中汇总、加深,终于构成一幅似虫非虫的草图:日本虫。

不管这个比喻是否贴切,其基本概括是毋庸置疑的,那就是:与中国人比较而言,日本人似乎心中无"小事"。在中国人看来多么微不足道,多么不值得费心专注的所谓"鸡毛蒜皮"之类琐细事物,在日本人眼中,要他们做来,也大都是一种让中国人觉得大可不必,甚至难以理解的全神贯注、全力以赴的样子。好像在日本人心目中,很少会因事分大小,而有"值不值得做"的质疑或者反思。他们处事的兴趣,全在一事物的自身上,并不常与别的事物比较轻重。于是,即使是对那些中国人不屑一顾,觉得不妨马虎从事的东西,日本人也从不肯省力,同样要摆弄得相当精到、利落。这常常惹得中国人会说日本人太"死心眼儿"。较早注意到日本国民性的鲁迅，就曾感慨地说：日本人办事太认真。办事认真到"太"的程度，其中大约也不无纠偏之意。不过，鲁迅对日本人心理的这一特点，还是肯定和称赞的成分居多。他如此感慨，主要是与中国人愿意贪大求全、"宁图大事而不谋小利"的心理毛病相对照而言。

关于日本人认细小而不贪大的心理特点，即使那些与日本人接触不太多的中国人，也会有些类似的感受。这也许是日本国土虽然狭小，历史并不悠久，人口素质也未必个个都是天才，却能自近代以来，在经济技术和综合国力方面迅速处于亚洲的前列，让世界刮目相看的重要原因之一。难怪有人感叹说：精于雕虫小技的日本人，竟能集腋成裘，终成龙腾虎跃之势。而历来以"龙的传人"自诩的中国人，近百年来倒要受小小日本"虫"的欺侮。这种大、小倒置的怪现象，长期以来，常让华夏有志之士扼腕愤愤，心不服而气不顺。

但是，如果不只是义愤填膺而是想真正挽回颓败的国运，振兴中华国力，仅有扼腕愤愤之心显然不够，此外还应有对中国传统文化利弊明察秋毫之识才行。这应有之识之一，便是应该正视中国文化，包括传统心理方面的某些弱点，并能采别的国家、民族的心理特点之长以补自己之短才行。在这方面，如从"大"、"小"之辨角度进行反思的，在近代中国也曾有过。像著名学者王了一（1900—1986），在学术观念上主张大小兼顾。他将自己的文集命名为《龙虫并雕斋琐语》便含有这样的意思。但以前了解这种新思维角度的，主要限于少数学术圈子里的人。大多数中国人，至今仍陷在崇"大"贬"小"的心理惯性中而浑然不觉。

比如，品味一些中国民间词汇，就不难看出这种明显的心理倾向。中国人说谁"捡了芝麻，丢了西瓜"，那显然是贬义。即使是"事无巨细"一词，也不一定是好话。其他带有"小"字的成语，更常常用来陪衬"大"之重要，像"因小失大"等。据说，这个成语出自《吕氏春秋》，讲燕国联合秦、韩、魏几国讨伐齐国时，齐王因为舍不得兑现原许诺给部下的那点儿赏金，竟亡了国。这历史上的教训，应该说是血淋淋的，而中国人后来竟少有提及它的。后人记下的，倒不少是宁舍

"小"而取"大"的事例。如在《淮南子》里,有"目察秋毫之末,而不闻雷霆之声;耳调玉石之声,目不见泰山之高"的话,意在提醒人们,识"小"未必会见"大"。后来,项羽(前232—前202)竟理直气壮地宣称:"大行不顾细谨,大礼不辞小让。"其不仅不让人觉得粗率,还被视为气度豪迈。大约正是出于对这种恋大弃小心理的认同,中国人至今仍对项羽的"大丈夫"气概钦佩有加,很少有人叹惜其"霸王别姬"的下场是多么悲惨。到唐代,诗人元稹(779—831)也曾劝诫人们:"磨剑莫磨锥,磨锥成小利"。可见,中国人历来对"大事"是多么的情有独钟,而对"小事"则终究觉得不如"大事"重要,对其再认真,也难成为"大事"。于是,中国人对所谓"小事",常常敷衍塞责并不难理解。久而久之,粗心、轻率处置"小事"的态度,在中国,几乎成了"大丈夫"作风的同义语。

　　中国人重"大"轻"小",大约因为所处的环境和条件,本有些即使因"小事"失足陷于窘迫,也未必会走投无路的优越性。这可以举出如中国地域比较广大,"东方不亮西方亮",或者是人多势众,"杀了我一个,自有后来人",等等。应该说,这些确实称得上是中国作为东方"大"国,不至于轻易走上穷途末路的得天独厚之处。所以,有句俗语常挂在中国人的嘴上,叫做:"瘦死的骆驼比马大"。即使是穷死,也以"大"而自豪。但可惜,中国人未能早早悟懂另一个道理,即再"大"的死物也难敌"小"生命的蚕食。近百年来,尽管中国曾经"大模大样",不在乎一城一池之失,可后来,"老大帝国"只能听凭那些仅有几百万人口的区区"小"国列强任意宰割,最终招致几乎亡国的"大"难。这比历史上齐王那因小不谋而失大利的故事,不知严酷多少倍。也许正是这些痛苦的教训,才使鲁迅等觉醒者尖锐地揭示和批评中国人那种"贪大求全"的心理传统。在如此严酷无情的现实面前,仍旧说什么"大"比"小"好,已经形同自我嘲讽了。

　　再看我们的东邻日本。从他们借用"大丈夫"这个汉语词汇伊始,似乎从来就没有用作表示过如中国人那种大手大脚、不拘小节的豪迈气势。"大丈夫"一词在日语里,只是表示一种"不必介意"的淡淡应对态度。同一个词语,在中日两国表达的含义如此不同,仿佛让人觉察出,日本人对"大"的观念并不像中国人那么热衷,或者说,他们没

日本濑户内海大桥

有中国人那么强烈的迷恋"大事"情结。日本人喜欢从小处着眼,所谓日本人"认真"的心理特点,主要就是指他们很少舍"小"求"大"。眼睛盯住一点或一滴,津津有味,乐此不疲,很少有什么对更"大"的期待。在日本语里,像中国"大丈夫"那种目空一切、居高临下的"大气"词汇,实在不多;而不厌其烦的精细之词倒不少见。像"念に念を入れよ",译成中文不外是"小心再三"的意思。这在中国人看来,肯定过于谨小慎微了,恐怕多少还有鄙视之意。还有"痫もちの事破り"一词,有人觉得其与中国的"小不忍则乱大谋"相近,其实是有些牵强的。这个词在日语里,只是说脾气大容易坏事,与中国人心目中的所谓"大谋"不太沾边。自然,日语中也不是没有带"大"字的成语,这有"大事の前に小事"、"大事を取る",等等。可据说,它们大都是提醒办事要认真,与中国人所说的成就"大业"的意思,差别相当大。

还有一件事更能说明日本人对"大"的观念不太崇拜。像在每年8月16日夜晚,日本古城京都的"大文字"焰火便是一例。这祭典称得上所有日本人津津乐道的活动。当晚,京都点燃的"大"字,除东边如意岳山以外,西北的衣笠山上也有一个,再加上北山松崎的"妙法"、西面妙见山上的"船"形火,以及更西端的"鸟居"形火,其景象不可谓不壮观。但令中国人奇怪的是,日本人对"大文字"的来历虽有种种传说,可至今没有一个人在这项活动中的"大"字上做什么文章,比如,解释那些火光冲天的"大"字有什么丰富含义之类。要是换成中国人，肯定会因此大做文章，而且会别出心裁地不断变换花样，来阐发火红的"大"字有多么宏大的象征意义。

那么，日本人与中国人"大而无当"的心理偏失相反，他们倾向于精细和小巧，是否意味着全是长处，毫无精神误区呢？自然也不是。日本人的心理特点，同样是一利伴有一弊。这主要是指他们不厌小事，精于细枝末节，办事认真严谨，但也常常表现得心胸狭隘，缺乏恢弘的气度以及从宏观长远地审时度势。这就是为什么日本近百年来在微观、细微之处做得相当出色与到家，却在天下大势，像对历史或国际时机的整体把握方面竟屡屡失误的重要原因。在明治维新以后，日本政治、经济和军事实力迅速增长，这将他们传统文化心理的优势表现得淋漓尽致。但是，日本人囿于这种一时一势的成功，沾沾自喜而变得盲目起来，民族心理的狭隘性空前恶化。于是，错估了本国与邻国的关系，在本有余力可以与邻国友善互利的历史关头，却妄想独霸亚洲甚至整个东半球。这在中国人看来，犹如"小鼠吞大象"一样，属于精细有余、恢弘不足，从而导致了大小倒置、昧于大局与不自量力的狂妄。也就在日本侵华战争姿态显露出来的时候，鲁迅曾在名为《今春的两种感想》的讲演中，从民族心理的差异上说明过，日本军人何以会在中国杀害那些穿戴有"抗日"标记的徽章和衣服的中国人：

> 其实这完全是因为脾气不同的缘故，日本人太认真，而中国人却太不认真。中国的事情往往是招牌一挂就算成功了。日本人则不然。他们不像中国人这样只是作戏似的。日本人一看见有徽章，有操衣的，便以为他们一定是真在抗日的人，当然认为是劲敌。这样不认真的同认真的碰在一起，倒霉是必然的。

鲁迅还说，同日本人"太认真"与中国人"太不认真"的态度差别直接联系的，还有心理的不同，那就是日本人的眼光"太近"，而中国人的眼光则"太远"。一个"太近"，另一个"太远"，也容易发生冲突。例如，中国人为救"月食"放鞭炮，而日本以为中国是在放枪打日本人，于是双方关系又紧张了起来。日本人"太认真"和眼光"太近"，与中国人"不太认真"和眼光"太远"一样，都属心理上的偏执和弊病。为此，鲁迅告诫中国人，应该"认真点"，而"眼光不可不放大但不可放得过大"。如果我们回顾历史，就会明白鲁迅所言之深刻："这本是两句平常话，但我的确知道了这两句话，是在死了许多生命之后。许多历史的教训，都是用极大的牺牲换来的。"

不妨假想一下，要是当初日本人和中国人都能头脑清醒些，各自有自知之明并能在传统心理上自觉做些校正，相互折中一些，也许日本人不至于得意于一时一事的成功，胆大妄为地要独霸东亚；而中国人也不必全力以赴，付出重大牺牲持久抗战。那样，双方都可免受些曾经的历史灾难。显然，不管是中国人还是日本人，都不应忘记鲁迅在谈及中日两国心理差异时说的一句至理名言，那就是：

> 我希望一般人不要只注意身边的问题，或地球以外的事情，社会上实际问题也要注意些才好。

这是提醒人们，太热衷于"庞大"，或者太偏重于"细小"，都会误入歧途，必须使人们的心理着眼点远近适中、大小兼顾。征之中外历史，此言可不信乎？

三

好坏之分

我初出国门,是20世纪80年代到日本访问。那时,白天按邀请单位的安排,去大学或研究机构讨论与交流,其中也穿插在各地名胜的观光活动。眼里看见的,是日本各界人士紧张的工作节奏、繁忙的经济与商业活动、洁净与平和的环境气氛,再加上人们普遍较高的物质生活水平,当时的主要印象,是感觉资本主义社会仍具有相当活力,国民对前景也大体乐观。然而,到了晚上,当在下榻的旅馆打开电视机,或者是抽空翻看当地的报纸,从中国来的同行们难免议论纷纷,觉得那充斥在日本新闻媒体里的宣传基调,与实际上发达、富庶的社会环境实在不大协调,甚至可以说反差相当大。要是只看,或者是只听传媒的报道,刚到的中国人会觉得,日本这个国度真可称得上"千疮百孔"与"祸不单行"。在他们的媒体里,虽然不能说一点"正面"的东西都没有,可其中大量与主要的,多是犯罪案件,要不就是社会丑闻的曝光,或者是火灾、车祸与公害之类有闻必录式的大小消息。特别是对那种在中国人心目中根本算不上有什么意义、无关紧要的偶然事件,比如某人自杀、某对名人夫妇离婚,等等,都会不厌其烦地絮叨好几天,让我觉得相当腻烦。大家都说,眼里看到的那点发达国家的"正面形象",差不多全让日本扫兴的媒介报道,扫荡得暗淡无光了。

我当时除了与大家颇有以上同感之外,还联想到另一个问题,那就是日本人每天接触这种宣传,却不太像我们感觉的那样心灰意冷,这究竟意味着什么?后来又听说,以前曾对中国式"正面报道"的新闻风格颇有微词的人，到欧美等国看过回来也反映，觉得要当真把发达国家那种以暴露阴暗为主的宣传方法原样搬到中国来用，未必真正行得通。他们担心，中国老百姓总听或者常看这样的"坏人坏事"，人会不会变坏了，社会气氛是否也会受影响？这些议论都让人联想到，长期以来国外那些指责中国内地新闻宣传"报喜不报忧"、"说好不说坏"和"粉饰太平"之类的诘难。他们批评说，因为共产党害怕中国老百姓对政治现实不满意，社会心理不安定，便故意地强迫新闻界讲假话，造假象，歌功颂德。确实，对比着看，中国内地的宣传报道，是比资本主义社会的新闻媒介明亮与乐观得多。在中国，报刊和广播、电视里的消息，主要分两大类：一是报道党和政府机关与领导的活动、会议的主题，其中多是关于国家和民族建设的"成就总结"，另外还加上对更加美好前景的"宏伟展望"；至于社会存在的问题或现实困难之类，大都说是"暂时的"、"完全可以克服的"。二是对于人们见义勇为、助人为乐等"好人好事"的反映和报道，表现出当局提倡良好品德、风尚的指向。至于报道那种不能不说的犯罪案件和社会丑恶之害，基本是点到为止，不像国外媒体那样极力地渲染和张扬。新闻界要是真像国外的媒体那样去做，不仅政府会干预，连民众也要质疑，是不是"唯恐天下不乱"？可外国人却常把这说成是中国共产党和政府爱以"好话"新闻"欺骗"大众。因此，听多和看惯了如此报道的中国人，初出国门后对国外新闻的灰暗格调，反感的程度不能不相当强烈。

　　实事求是地讲，中国共产党的历史并非尽是由"光明"或"胜利"串成的，令人"心灰意冷"的时运其实并不算少。即使是在掌握政权以后，也屡因领导决策的失误，走过许多"弯路"，甚至造成了像"文化大革命"那样空前的"民族灾难"。然而，要说中国当政者对这些历史与现实中的"黑暗面"有意视而不见，或者认为他们能够长期执掌政权，是因为能够"欺骗人民"，那也不公允。正如一位外国哲人所说：可以在某一时刻欺骗所有的人，也可以始终欺骗某一部分人，但谁也不可能始终欺骗所有的人。不管什么政党，仅靠"抹杀缺陷"、"歌功颂德"之类的欺骗办法，想在一个人口众多与文化传统悠久的国家里长期掌权，无论如何难以置信。中国共产党对自身的失误，也曾做过不少自我批评。如果它毫无正视现实的精神，始终文过饰非，那就很难解释，何以至今其仍能得到多数中国人的信赖。所以，说到中国新闻媒体以"正面宣传"为主的特点，仅从中国共产党的政治意愿去考虑恐怕是狭隘的，并不能清楚说明其中的要害。试看任何政治力量，哪一个情愿渲染自己执政中的"丑闻"，会将舆论"把柄"授予政敌来诋毁自己的"政绩"？从这点来看，中国共产党在新闻宣传方面"以正面报道为主"的主张和观念能被中国人普遍接受，恐怕也有适应中国传统心理习惯的原因。也就是说，中国在新闻宣传上"好事"多而"坏话"少的风格，与中国人对"好"、"坏"等传统观念的理解有着内在联系。仅从政治意图的层面上指责中国政府宣传的"正面"东西太多，或者中国人埋怨外国的媒体太"暗淡"，都难免"隔靴搔痒"，未能触及问题的根本。

东京红灯区

我在《谈古论今说"圆满"：中国心理偏失》一书里，曾从中国人"大团圆"的欣赏与审美爱好入手，触及中国社会、历史和哲学意识各个侧面，试图揭示出，中国人比较普遍和长期地热衷于追求生命"寿终正寝"，或者是事情"结局圆满"，实际上是华夏文化精神中"目的意识"比较突出与强烈的表现。其他国家和民族虽然也无一例外地都表现有自己的"目的意识"，但像中国人一样目的意识毫无制约地过度

"膨胀",或对最终目的盲目崇信,却不理解过程和手段的重要意义,则会变成一种民族精神病态。比如,中国人对人与事,都愿追问"到底怎样",而且特别神往于结果的"美好",奢望事事最后能够收场"圆满",却并不怎么关注或者致力于事情的必要步骤,以及那些为达到目的必需的方法之类。这无论如何不能说是正常的心理状态。当然,这并不是说"只管耕耘,不问收获"就一定是心理健康的标志,但只想象事情必有或会有好的结果,却对达到这一目的、实现这一理想的过程中必不可少的具体细节不管不问,其心态毕竟相当幼稚和脆弱。有人曾经概括,中国的心理传统属于与西方的"罪感文化"有所区别的"乐感文化",确实有些道理。但是,由于追求和沉醉于"乐",便忽略为获得这种"乐感"必须面对的诸多现实曲折,以及那些心灵上的痛苦,终究算不上是什么健全的心态。这是应该对中国人的"大团圆"情结进行系统批判与认真疗救的主要原因所在。

中国人为人与处世的心理习惯,总怀有乐观的期盼却不愿往坏处设想,这种情绪称得上根深蒂固。例如,每到年节辞旧迎新,要预见未来吉凶祸福的时候,中国人总喜欢听别人说些所谓"吉利话",讨厌那些"晦语"。虽然外国人也有在年节祝福的风俗,可相对来说,此时中国人对"死"、"坏"等词的刻意忌讳和较真态度确实举世少见。即使在当今,在传统文化情调浓厚的中国农村,人们随说话之吉凶而喜怒哀乐的传统,仍然相当普遍。至于说到对将来的预料,人们常讲的,是"船到码头自然直",还有"车到山前必有路"之类。不妨说,中国人自古早有"报喜不报忧"的偏向。

孔子曾经自白:"恶称人之恶者"① 说自己是最不喜欢说别人坏话的人。至于所谓"坏话"是否真实,却不太介意。这很有些投人所好,主张"冤家宜解不宜结"的味道。在中国,对人如此,对自己则有"眼不见"世事愁苦,以求"心不烦"的修身养性或者明哲保身之道。人们真诚地相信,兴高采烈总比愁眉苦脸要好。古书中,很久之前已有"一日快活敌千年"的话。② 后来,还不断出现过"沉忧能

---

① 《论语·阳货》。
② 《北史·和开土传》。

伤人，绿鬓成霜逢"、①"愁与发相形，一愁白数茎"等说法。② 用当今中国老百姓的话讲，便是"笑一笑，十年少；愁一愁，白了头"。这就难怪，中国历来的文人不少都愿如苏东坡在《喜雨亭记》里所说的那样，"有喜，则以名物，示不忘也。"因为说到底，在中国人心目里，"歌功颂德"和为人"树碑立传"之类，都是积德行善的好事，即使是言不由衷，甚至有些阿谀之嫌，也算不上什么"违心"。这与某些外国文化传统中偏爱品味人生困苦或情愿咀嚼世事的艰难和悲伤的心理特点，显然有些不太一样。这也许称得上某些学者概括的中国人的"乐观主义"精神，还有中国文化"乐感"特色的典型例证。这种精神特色使得中国人几千年来，尽管历经挫折，屡遭劫难，却磨炼出了比那广袤的疆域还要博大的精神空间。"退一步海阔天空"式的心理回旋技巧，使中国人很少有像日本民族那种对事认真得近乎"死板"，一遇困惑便觉得走投无路，甚至视自杀为家常便饭。相比之下，日本人大都不觉"死"有多么不好，多么可怕。他们对文学故事，很少期待结尾"团圆"。像美国学者鲁思·本尼迪克特（Ruth Benedict，1887—1948）在著名的《菊与刀》一书中说：日本人看戏，大都是为了含泪抽泣地品味命运如何使男主角走向悲剧的结局，和美丽的女主角遭到杀害。"甚至日本的现代电影，也是以男女主角的苦难为主题。两人互相爱慕却又不得不放弃所爱的人；或者他们幸福地结婚了，其中一方却不得不自杀以履行义务；或者是，妻子献出一切以挽救丈夫的职业生涯，勉励丈夫磨砺才艺以成为优秀演员，而在丈夫成名前夕，妻子却隐身市井，让丈夫自由享受新的生活；丈夫成名之日，妻子却贫病交迫，无怨而死去，如此等等。总之，无需欢乐结局，但求唤起对男女主角自我牺牲精神的惋惜和同情。"③ 而心理空间相对开阔的中国人，却常常"自我感觉良好"，更宁愿看到种种故事的"圆满"结尾。尽管"人逢喜事精神爽"的中国传统心理特色并不能使人们躲开或逃避掉历史与现实生活中的种种苦难，即使心胸

---

① 李白：《怨歌行》。
② 孟郊：《自叹诗》。
③ 鲁思·本迪尼克特：《菊与刀——日本文化类型》，商务印书馆1985年版，第85页。

较为豁达的男人，也有过慨叹"丈夫有泪不轻弹，只因未到伤心处"的时候，但面对着世事的残酷，大多数中国人还是以所谓"苦海无边，回头是岸"，还有什么"好了疮疤忘了痛"等自我安慰的方法来应付。中国的文化精神发展到这种地步，其中似乎已夹杂着对苦难视而不见，很难说仍是十分健全的心态。特别是在民族灾难深重的近百年来，中国人这种偏爱"报喜不报忧"、"不见棺材不落泪"的所谓"乐观精神"传统，更表现为强颜欢笑的虚伪，甚至带有自我解嘲的味道。这便是鲁迅笔下的那个阿Q的种种言行使中国人哭不得又笑不出来的主要原因，也使《阿Q正传》等作品在现代中国文化心理的变革历程中，体现出非常重要的价值。

实际上，阿Q只是鲁迅嘲讽的中国人极易获得心理满足感的艺术典型之一。此外，他在多处文字里还触及过中国人情愿奉迎说"好话"，不肯正视无情的现实，故意含糊其辞，甚至"瞒"与"骗"的病态行为。比如，他的文集《野草》中有一篇短文就是写这种心态的，名字叫《立论》。所举的事例，是为朋友喜得贵子喜庆的时候，中国人要为究竟说"实话"还是让主人听了高兴的话伤透了脑筋。鲁迅举这种在中国并不罕见的"难堪"场面，寓意是揭示：在中国为人处世敢于面对真实，常会使别人踌躇和尴尬，最后的周旋办法，只能是"顾左右而言他"：

"说要死的必然，说富贵的许谎。但说谎的得好报，说必然的遭打。你……"

"我愿意既不谎人，也不遭打。那么，老师，我得怎么说呢？"

"那么，你得说：'啊呀！这孩子呵！你瞧！多么……阿唷！哈哈！Hehe！he, hehehehe！'"

试问，历尽沧桑的中国人如今再读这篇文章，是否仍会觉得爱听"好话"乃心之常态，并算不上一种偏失？他们对这种民族精神的疾病，是否仍能够麻木不仁？

像国外新闻那样将社会涂抹得昏天黑地固然未必就好。然而，如传统的中国心理习惯那样，毫无根据地企盼与相信未来一定比现在"美好"，也只能自自欺人。别人、别国的事情，咱不太好干预，但对自己的"心病"还是不再继续讳疾忌医为好。否则，也许走过若干年之后，中国人再翻读鲁迅的文章，大约仍会羞愧得无地自容。

四

内外之别

中年以上的中国人还会记得，在 20 世纪 80 年代以前，国内不少城市与郊区接合部的公路岔口，常会插有告示牌，上面分别用中文和英文写着同样的字句："外国人未经允许不准超越！"当时中国人大都明白，所谓"不准超越"的那些地方，也并非全是要避开外国人的"军事基地"，或是有什么"国家机密"必须严守，而主要是因为那里的实际状况可能有损于中国的对外形象，还不宜于对外国人"开放"。那时，每当看见这样的牌子，我就常联想起中华先祖们在华夏大地构筑已久的那有名的"万里长城"。在现代中国，土石的"长城"已经消失了防御的功用，但人们对外来人曾长期怀有防范与戒备的心理，也就是说，中国人的心理"现代精神长城"久久没能拆除。

当然，说中国人习惯于与外国人保持距离，并不是说他们对身边生活乃至国家大事中的缺憾或弊端总是视而不见。实际上，中国实事求是与自我反省的传统颇为悠久。比如，目前在中国，有些反映种种社会问题的文章，不便公开在报刊上发表，仍可以登在专给国内特别是供各级领导干部阅读的"内部报刊"，像"参考资料"之类上。所谓"不便于公开发表"，是指有些事情不易对外"张扬"，"不足与外人道"，以在"自家内"不动声色解决为妥，不想让外国人都知道某些"扫兴"的问题及其解决过程的"内幕"。这就是中国人历来强调的"内外有别"的惯例。说得透彻一点，这种心态的核心便是所谓"家丑不可外扬"的观念。

对于中国人不太喜欢袒露无余，比较愿意掩饰自身"内情"的心理习惯，包括近在咫尺的日本人在内的外国人，也都觉得有些莫名其妙。他们觉得这是中国人"爱面子"等虚荣心的反映。实际上，这样的论断虽有道理但并不完全准确。中国人"爱面子"是实情，不过，将"爱面子"心理仅仅归结为"虚荣心"则有些简单化了。应该说，中国人宁肯"护内"不愿"外露"的心态，也确有狭隘的"护短"意识在内，后来它逐渐演变成了一种下意识的精神传统：无论什么事，都不太愿让"隐情"暴露无遗。不妨就此做些对比来看。比如，日本每到什么"祭"的时候，总有些男子或者女人几乎赤身裸体地护拥着大彩车什么的，尽情欢娱。中国人看了会很惊异：他们为什么不多穿点衣服，竟那么裸露？日本人觉得只有如此才痛快潇洒的感受，中国人无论如何都难理解。与此类似，日本的相扑运动员，下身只是捆条宽带子。中国观众看了，同样觉得有些不"雅观"。至于日本人男女同浴的风俗，更是被中国人视为"野蛮"和"不文明"。政治上也有类似的例子，像在"洛克希德事件"中被判刑的日本人佐藤孝行，可以再被安置在第二届桥本内阁里当总务厅长官。中国人会认为，人一旦恶行暴露，便"盖棺定论"了。这样的政治家若再"出山"，就太不知"羞耻"了。

这些心理习惯的不同，都反映出中国人较少"暴露癖"。他们自觉或不自觉地倾向于对外掩饰"内情"与事情的"内幕"，甚至到内心的情感。宁意让外人看到事物的最终结果或美好的圆满，却不肯轻易把事情的细节和过程显露给外人。如此隐而不露地保持一定程度的朦胧与神秘的色彩，使中国传统文化在外国人心目中，始终有耐人寻味的神秘魅力。而中国人觉得，这样可以让自尊心得到相当的满足。于是，中国人给外国人最显著的印象便是含蓄和内向。甚至有外国人说，中国人表情平淡，喜怒不形于色，几乎称得上"冷漠"。究其实，中国人也并非没有情感的波澜，只是他们不轻易"外露"，愿意隐蔽罢了。

说中国人的表情比其他民族"冷漠"也不无道理，但据此就认定他们不管遭遇到什么，其心境都无动于衷甚至麻木不仁，却是没有透彻了解华夏精神传统的皮相之见。不管是统计数字还是具体事例都能说明，中国人的感情是很丰富和复杂的，可因为能够自我宽慰，胸襟也显得比较豁达。这与处事认真得有些过于拘谨和"钻牛角尖"，不懂什么

日本京都本愿寺

叫心理松弛,动不动就自杀的日本人相比,反差相当大。如果将日本人的心理特点概括为"外松内紧"的话,即外界对他们的约束未必多么严酷,但他的个人内心里却总是如履薄冰,那中国人的精神特点,可称得上是有些"外紧内松"。

在日本的中国人,从新闻媒体上看到被人欺负的学生寻了短见,还有那些因破产走投无路,最终步入了自尽绝境的消息,常常会抱怨日本人经不起"折腾",悟不透"好死不如赖活着"的生活哲学。可反过来,日本人常质疑的则是:中国人怎么能长期忍受共产党那种"集权"式的社会体制?但这种相互间的质疑,除了日本人对中国共产党的本质有误解之外,还受彼此昧于各自的心理方式而未能弄懂对方的精神传统的因素的影响。譬如,在现今中国,人们大都觉得生活差强人意,但心情比较开朗,其中固然主要因为中国共产党执政与俄国共产党之类的"专政"毕竟不太一样,另一个不可否认的方面,则是由于中国人历来有相当突出的自我放松能力,可以在强调"思想统一"和"言行一律"的条件下,保持相当的个人心理自由度。在共产党执政的中国,确实有过如"反右派"、"文化大革命"等人人自危、斩杀一切个人自由的年代。不过,在平常情况之下,中国人的精神是能够做到相当松弛的。这种"精神自由度"是指:在执政党和政府似乎相当严格的社会控制与管束下，人们可以通过"变通"甚至所谓"睁一眼闭一眼"，即"打折扣"等自我心理调节方法，获得比较轻松的心理气氛与精神状态。因此，中国人并不像有些外国人想象得那么拘谨，可以生活得相当随意与自在。在中国，曾流行这样一首民谣，来描述各级农村干部逐层向下传达党中央文件内容的过程，说得很形象也很幽默：

中央一大本儿，省里两张纸儿，县里动动嘴儿，农民打个盹儿。

这几句民谣调侃得也许过于挖苦和夸张，但党中央郑重其事、内容相当繁复的政治文件，在向全国各级传达的过程中，确实像"雁过拔毛"一样被层层化简，传达到基层农民那里时已所剩无几，这种状况在中国并不罕见。不应该把这仅归咎为中国民众知识水平的低下或对政治"冷淡"，其中中国人惯于自我心理放松的传统表现得相当明显。这种态度在中国，也常被视为"不负责"，总受到指责和批评，可一般人已习以为常，觉得司空见惯。中国这种看似"马虎"和"敷衍"，形同"一盘散沙"的社会状态，意味着老百姓在心理上有着不小的"宽松度"。对中国人这种精神"诀窍"，那些心理上"外松内紧"，以"认真"办事态度闻名于世的日本人是很难懂得也不太容易学会的。中国人的口头禅，常讲的是"树挪死，人挪活"，还有那"东方不亮西方亮"之类，这表明，广阔的黄土地足以使他们"随遇而安"。实际上，除自然空间宽松这一特点之外，中国人也有比较开阔的"心理空间"。这种心理的"开阔"，是中华民族经历过许多的生活波折，却总能顽强地存活下来且生生不息的秘密之所在，也是他们生活的主要精神动力。

当然，中国人这种"外紧内松"的心理特点，也绝非没有弊端。其反面的效果，也促成了中国人对什么事都有些漫不经心甚至苟且偷生的生活态度。大多未在东方生活过的外国人一般会觉得，在中国这样有古老文明传统的国度里，一切都应该是源流久远、古香古色的。然而当他们身临其境时，就会发现并非如此。中国其实不像他们原来设想的那么古朴，好多本是中国传统的东西，比如华夏古代的服装、发式、茶道，还有古语音之类，现在要想寻觅旧貌，也许要到日本或朝鲜等国度去了。在如今中国，不管是人们的生活习惯还是文化传统，与古代相比已经大相径庭。说得准确些，中国原本是一个对"外"刻意给人以固老、稳定的形象，而在"内"即本质却是个对旧有传统并不太在意，文化风貌代代有变的国家。这其实并不奇怪，孔夫子（前551—前479）早在两千多年前就在江河边感叹过："逝者如斯夫。"意思是说，世间万物原本就是那么日夜不停地流变，这一观念已经深入中国人的心里甚至骨髓。

"外紧内松"的精神类型，使中国人承受得住外人看起来十分"集权"的社会约束，而在他们的心里，仍然能够游刃有余地伸缩自如，不至于因一时一事的困顿便痛感走投无路。如此长短兼备、优劣并存的精神特点，既不好简单地全盘肯定，也不应贬斥得一无是处。对外国人而言，他们实在不必一知半解地指手画脚，宣称什么中国心理模式已经完全"落伍"。在中国人自身，则应该时时有清醒的反省，既不必得意于"内松"的清闲，也不应自满于能够油滑应对"外紧"的约束。他们必须在今后漫长的文化进程中，找寻一条真正无须依赖神秘的宗教信仰，依靠全部与深刻的世俗经验和理性，去把握自身与民族灵魂健康发展的新途径。这是中国人唯一的精神前途，也是值得每一代人思索与寻求的民族生路。

后 记

在前些年日本国际交流基金会召集的一次北京聚会上，人民文学出版社的文洁若女士曾以原新加坡驻日本大使李炯才先生的《日本：神话与现实》一书为例，感慨作为日本近邻的偌大中国，早该有人写一本能够准确揭示日本文化本质特征的著作，以有助于中日两国之间的正确认识和理解。正是她的这番话触动了笔者一个久有的欲望或称小小的"野心"，觉得自己可以尝试来做这件事。

笔者的这种欲望是在多年研究日本战后中国学的过程中逐渐强烈起来的。相对于日本人研究中国的时间之长与人数之众，中国人对日本的看法至今仍是民间多情绪化，学术分析却支离破碎，很难构成准确的判断与全面的评价。这是在屡屡听到亲朋好友谈及日本多是以偏概全或者感情用事而积累起来的印象与感触。后来，陆续读了一些国内外"日本论"著作，越发强化了自己的这种看法。正如香港《信报》月刊在评论一本分析日本军队侵华凶残行为的英文著作时所写："中国国民经过半个世纪后，仍然对日本侵华战争所造成的心理、精神、情绪损伤无法忘记，而且继续要求日本道歉或赔偿；但是中国学术界、教育界、官方民间、传媒界、出版界，从未对日军侵华凶残行为的成因及背景进行过有系统而深入的研究。"连日本历史上何以屡陷侵略战争泥沼的文化根源尚且说不透彻，更何谈今后两国之间的真正理解与和平相处？

那么，日本文化传统及其心理特征果真那么难以捉摸吗？以前有人把日本比拟成宇宙中的"黑洞"，意思是其擅长吸收世界各种信息与优秀文化成果，但外界却难窥其内在结构与奥秘。不过，据说曾坚持这种

"黑洞"理论的英国著名科学家霍金最近改变了观点，认为"黑洞"并没有摧毁吞没所有物质，经过一段时间，也会有反映宇宙的"信息"逃逸或泄露出来。后来，他还向两位跟他打过赌的物理学家认输，对方赢得了一套棒球百科全书。听到这种传闻，笔者更有了尝试揭示日本文化传统基本特质的信心。尽管有学者警告任何一种文化传统都相当丰富与复杂，不要冒险去企图分离出某种单一、纯粹的本质，但笔者仍想把自己对日本传统特征的理解公诸世人。这既可供中国人感受与认识日本参考，也许还有助于日本人对本国文化本质的反思，如中国古诗云："不识庐山真面目，只缘身在此山中。"

本书对东邻岛国的描述力求客观与公正，分析与评价则有褒有贬。如果有人读后觉得文字虽然坦诚听后却未必舒服，那笔者的回答是：本人已出版的《谈古论今说"圆满"：中国心理偏失》一书，对中华民族传统心理弊端的揭示更不留情面。本书兼顾日本文化传统的得失两面，而前书则重在针砭病态，笔者坚持的是严于律己、宽以待人的文德。

笔者预测，本书提纲挈领的写法会使中国人大体把握日本的基本状况及其传统轮廓，而感觉细致入微的日本读者可能不太习惯这种风格。尽管如此，仍希望日本读者能够耐心品味书中对其文化传统的种种点评，无论是否同意笔者的观点，首先彼此要有沟通才行。否则，相互"理解"不透彻，所谓"友好"只能停滞在表面客套上，那不仅无益而且有害。

有不少日本朋友和日本各基金会好意资助自己去日本研究。按中国人的道义观念，笔者与其说"好"话，毋宁更应该说"实"话，才称得上真正受恩图报。这既基于对自己的良知，也是对友邻日本负责任。

2012 年 2 月于京西